伊人说·读史书系

中国历史的7张面孔

吕思勉 著

成都时代出版社
CHENGDU TIMES PRESS

图书在版编目（CIP）数据

中国历史的 7 张面孔 / 吕思勉著 . -- 成都 : 成都时代出版社，2020. 12

ISBN 978-7-5464-2720-1

Ⅰ . ①中… Ⅱ . ①吕… Ⅲ . ①历史人物—人物研究—中国—古代—通俗读物 Ⅳ . ①K820.2-49

中国版本图书馆 CIP 数据核字（2020）第 226254 号

中国历史的 7 张面孔
ZHONGGUO LISHI DE 7ZHANG MIANKONG

吕思勉 著

出 品 人	李若锋
责任编辑	樊思岐
责任校对	李 航
装帧设计	柳育婷
责任印制	张 露
出版发行	成都时代出版社
电　　话	（028）86618667（编辑部） （028）86615250（发行部）
网　　址	www.chengdusd.com
印　　刷	三河市嵩川印刷有限公司
规　　格	710mm × 1000mm　1 / 16
印　　张	16
字　　数	240 千
版　　次	2020 年 12 月第 1 版
印　　次	2020 年 12 月第 1 次印刷
印　　数	1-20000
书　　号	ISBN 978-7-5464-2720-1
定　　价	49.80 元

序言

人不能没有历史，也不能忘却历史。作为地球生物圈的其中一员，与普通动物不同的是，人同时具有生物属性和社会文化属性。当我们追溯自身的生物属性时，我们会谈到细胞、分子；当我们追溯自身的社会文化属性时，则必然要回望我们的历史。这两者虽然是两个截然不同的时空尺度，但却是始终萦绕在人类内心和精神深处的自觉诉求，也是支配人类社会科学与人文发展的根本动力。

中华历史源远流长。数千年来，在华夏广袤的大地上，各色族群、政权、君王、将相、名士、贤达……次第登场，与普罗大众一道，共同谱写了厚重绵长、绚丽多姿的历史篇章。如果将历史比作一个舞台，那么上述这些活跃于历史舞台上的社会精英群体就是一个个鲜活的舞台角色，他们的生命历程和故事在各自的历史时空下展开、完成，没有剧本，却通过口耳相传或历史书写给后人留下了一幅幅形色各异的历史面孔，或温润如玉、或粗犷骄横、或雄才大略、或工于心计、或隐逸旷达、或显赫于市……

作为一个国家、民族共同的记忆，历史是宝贵的精神财富。读史可以阅览世事变迁，可以洞察人心深浅，常言所谓读史明智，实则是建立在阅世、察心的基础之上。不过特别值得注意和警惕的是，“史”者重在真实，如若读了“伪史”，恐明智难得，反误入歧途。历史本身的发展过程不以人的意志为转移，但是历代史学家笔下的历史书写却因受制于时代、材料等因素而有真实与失实之别，由此传递给后人的历史图景是需要观之而三思的。此外，更糟糕的现象是“人人皆可著史”，以肆意戏说歪说历史为能事，以迎合市场猎新、猎奇、猎艳、猎俗的需求，或更为赚得盆钵满盈，其结果便是导致了历史读物的鱼龙混杂。因此，从这个意义上讲，历史留给后人或真实、或虚幻、或清晰、或模糊的面孔，是需要我们为之潜心求证、拨开云雾、摘下面具方能得见庐山真面目的，也只有饱含了这些功夫和努力作品才是真正值得一读的历史作品。《中国历史的7张面孔》无疑在这一范畴之内。

吕思勉先生与陈垣、陈寅恪、钱穆并称民国“史学四大家”。与另三位显著不同的是，吕思勉注重史学普及工作，在其洋洋洒洒数以千万字计的作品当中，既有考证精深的专门研究，亦有为数不少的贯通史著和历史教科书，如《中国通史》《中国民族史》《白话本国史》等等，是为象牙塔史学与公众史学衔接开风气之先并身体力行者之一。唐人刘知几曾提出史家应具备史才、史学与史识，清人章学诚在此基础上又加上了一个“史德”，吕先生可谓才、学、识、德兼备，其学问的通达是建立在深厚的旧学功底和新学思想的基础之上，单是通读二十四史三遍，即是一个令所有历史研究者叹为观止的事情。就本书的选编内容而言，通篇行文用语精炼考究，论证精当，征引宏富，识见颇为突出。

本书的结构编排一共包括七个部分，分别是：“传说中的神秘面孔”“族群源头的模糊面孔”“权杖顶头的君王面孔”“风云际会的将相面孔”“传习天下的为学面孔”“特立独行的名士面孔”和“游走世间的游仙僧宦面孔”。这些“面孔”类型本身为数不少，每一个个体又富于个性，一张面孔属于一个独立的族群或生命个体，但它所串联起来的历史线索和历史故事又属于整个时代。在吕先生的文笔之下，既有抽丝剥茧的考订，亦有排比史料之描摹。当我们游走于这些面孔之间的时候，仿佛置身于一个精心构设的历史人物博物馆，可以恣意体验族群迁徙的浩荡声势，感受王朝兴替的滚滚车轮，领略帝王心术的摄魄微妙，拥抱名士贤达的文教化人，探索游仙僧宦的神秘踪迹……

从语言和阅读体验的角度来看，作者文风的时代烙印显著，有文言、白话也有现代汉语，虽然乍一看似乎不“友好”，但实际上并不难读，相反，沉浸其中，或可得兴趣盎然之感。另外，对收录的有些篇目，将其采用的民国纪元的纪年方法已作通俗的换算，便于读者更清楚地了解时间脉络。当前，我们身处于信息化时代，网络编织的无形大网让一切都在加速，衣食住行、工作节奏、人际关系等，概莫能外，与之相应的文化快餐也以图像、动画、视频等形式纷至沓来，令人眼花缭乱，喧嚣的背后可能是心灵的干瘪、大脑的焦虑和精神的无处安放。因此，若能得一二闲暇，暂别俗务，倒不妨潜下心来咀嚼文字，与诸历史面孔对照、对视、对谈、对思一番，想必在得以文化营养滋润心灵的同时，也是丰富人生阅历之一乐事吧。

天津市社会科学院研究员　王兆祥

目录

第一章　探究一张传说中的神秘面孔

第二章　揭开一张族群源头的模糊面孔

第四章　细看一张风云际会的将相面孔

第五章　品味一张传习天下的为学面孔

第六章　笑看一张特立独行的名士面孔

第七章　闲看一张游走世间的游仙僧宦面孔

第一章

探究一张传说中的神秘面孔

中华历史源远流长，在古老华夏的广袤大地上，有许多古代历史人物，以其特殊的生命色彩，演绎了一幕幕生动而又丰富的传奇；他们以独具的面孔，在开天辟地、创造文明等历史长河中，弥散着古老的气息，留下了神秘而诱人的传说。如盘古、伏羲、神农、少昊、女娲等。

盘古考

今世俗无不知有盘古氏者，叩[①]以盘古事迹，则不能言，盖其说甚旧，故传之甚广，而又甚荒矣。

盘古故事，见于《五运历年记》[②]者曰："元气濛鸿，萌芽兹始，遂分天地，肇立乾坤。启阴感阳，分布元气，乃孕中和，是为人也。首生盘古，垂死化身，气成风云，声为雷霆，左眼为日，右眼为月，四肢五体为四极五岳，血液为江河，筋脉为地里，肌肉为田土，发髭为星辰，皮毛为草木，齿骨为金石，精髓为珠玉，汗流为雨泽，身之诸虫，因风所感，化为黎甿[③]。"据《绎史》卷一引。见于《述异记》[④]者曰："昔盘古氏之死也：头为四岳，目为日月，脂膏为江海，毛发为草木。秦汉间俗说：盘古氏头为东岳，腹为中岳，左臂为南岳，右臂为北岳，足为西岳。先儒说：盘古氏泣为江河，气为风，声为雷，目瞳为电。古说：盘古氏喜为晴，怒为阴。吴楚间说：盘古氏夫妻，阴阳之始也。今南海有盘古氏墓，亘[⑤]三百余里，俗云：后人追葬盘古之魂也。桂林有盘古氏庙，今人祝祀。"据《汉魏丛书》本。《绎史》无末十一字。见于《三五历记》[⑥]者曰："天地混沌如鸡子，盘古生其中。万八千岁，天地开辟，阳清为天，阴浊为地。盘古在其中，一日九变。神于天，圣于地。天日

① 叩：询问。

②《五运历年纪》：内容为中国的上古传说，作者是三国时期的徐整。

③ 甿（méng）："氓"的异体字。黎甿，即黎氓，黎民的意思。

④《述异记》：主要记录神鬼怪异之事。作者是南朝齐的祖冲之。

⑤ 亘（gèn）：连绵。

⑥《三五历纪》：内容为中国的上古传说，作者是三国时期的徐整。

高一丈，地日厚一丈，盘古日长一丈。如此万八千岁，天数极高，地数极深，盘古极长。后乃有三皇。”据《绎史》卷一引。案《厄泰梨雅优婆尼沙昙》[①](Aitareya Upanishad) 云太古有阿德摩 (Atman)，先造世界。世界既成，后造人。此人有口，始有言；有言，乃有火。此人有鼻，始有息；有息，乃有风。此人有目，始有视；有视，乃有日。此人有耳，始有听；有听，乃有空。此人有肤，始有毛发；有毛发，乃有植物。此人有心，始有念；有念，乃有月。此人有脐，始有出气；有出气，乃有死。此人有阴阳，始有精；有精，乃有水。”《外道小乘涅槃论》云：“本无日月星辰，虚空及地，惟有大水。时大安荼生。形如鸡子，周匝金色。时熟破为二段：一段在上作天，一段在下作地。”《摩登伽经》云：“自在以头为天，足为地，目为日月，腹为虚空，发为草木，流泪为河，众骨为山，大小便利为海。”《五运历年记》《三五历记》之说，盖皆象教[②]东来之后，杂彼外道之说而成。《述异记》首数语，即《五运历年记》之说。秦汉间俗说亦同。此说疑不出秦汉间，任氏误也。至其所谓先儒说、古说、吴楚间说者，则皆各自为说，与上诸说不同。

《山海经·海外北经》云：“钟山之神，名曰烛阴。视为昼，瞑为夜。吹为冬，呼为夏。不饮，不食，不息；息为风。身长千里。在无放肾（qǐ）之东。其为物，人面，蛇身，赤色，居钟山下。”《大荒北经》云：“西北海之外，赤水之北，有章尾山。有神，人面蛇身而赤。直目正乘，其瞑乃晦，其视乃明。不食，不寝，不息。风雨是谒。是烛九阴。是谓烛龙。”此二者即一事，皆谓其身生存，不谓已死，《述异记》所谓先儒说及古说者盖如此。《路史》[③]谓：“荆湖南北，今以十月十六日为盘古氏

①《厄泰梨雅优婆尼沙昙》：佛教经典。

②象教：释迦牟尼去世之后，众弟子刻木为佛，以形象来教人，因此佛教又成为象教。

③《路史》：此书取材庞杂，记载了上古以来的神话传说和史事。作者是南宋的罗泌。

生日，以候月之阴晴。”《初三皇纪》。可见《述异记》所谓古说者流传之久矣。至其所谓吴楚间说者，则盘古氏明有夫妻二人，与一身化为万有之说，尤厘然各别。

盘古即盘瓠之说，始于夏穗卿。见所作《古代史》。予昔亦信之，今乃知其非也。盘瓠事迹，见于《后汉书·南蛮传》，其说云：“昔高辛氏[1]有犬戎之寇，帝患其侵暴，而征伐不克，乃访募天下：有能得犬戎之将吴将军头者，购黄金千镒，邑万家，又妻以少女。时帝有畜狗，其毛五采[2]，名曰槃瓠。下令之后，槃瓠遂衔人头造[3]阙下。群臣怪而诊[4]之，乃吴将军首也。帝大喜。而计槃瓠不可妻之以女，又无封爵之道，议欲有报，而未知所宜。女闻之，以为帝皇下令，不可违信，因请行。帝不得已，乃以女配槃瓠。槃瓠得女，负而走。入南山，止石室中。所处险绝，人迹不至。于是女解去衣裳，为仆鉴之结，着独力之衣。帝悲思之，遣使寻求，辄遇风雨震晦，使者不得进。经三年，生子一十二人，六男六女。槃瓠死后，因自相夫妻。织绩木皮，染以草实。好五色衣服，制裁[5]皆有尾形。其母后归，以状[6]白帝。于是使迎致诸子。衣裳班兰，语言侏离；好入山壑，不乐平旷。帝顺其意，赐以名山广泽。其后滋蔓，号曰蛮夷。外痴内黠，安土重旧。以先父有功，母帝之女，田作贾贩，无关梁符传租税之赋；有邑君长，皆赐印绶，冠用獭皮。名渠帅曰精夫，相呼为姎（yāng）徒。今长沙武陵蛮是也。”《水经·沅水注》与此说同而辞较略，云：“今武陵郡夷，即槃瓠之种落也。其狗皮毛，适孙世宝录之。”夏氏谓汉族古帝，踪迹多在北方，独盘古祠在桂林，墓

---

① 高辛：指帝喾（kù）。

② 采：通“彩”。

③ 造：来到。

④ 诊：察看。

⑤ 制裁：裁剪制作。

⑥ 状：告诉。

在南海，疑本苗族神话，而汉族误袭为己有。案干宝《晋纪》，范成大《桂海虞衡志》，皆谓“岁首祭盘瓠，杂糅鱼肉酒饭于木槽，叩槽群号为礼”。《文献通考·四裔考》引。而今粤西岩峒中，犹有盘古庙，以旧历六月二日为盘古生日，远近聚集，致祭极虔；此予昔所以信夏氏之说也。由今思之，殊不其然。凡神话传说，虽今古不同，必有沿袭转移之迹，未有若盘古、槃瓠之说，绝不相蒙者。

《后汉书注》云：“今辰州卢溪县西有武山。黄闵《武陵记》曰：山高可万仞。山半有槃瓠石室，可容数万人。中有石床，槃瓠行迹。《水经注》云：“武水源出武山。水源石上，有槃瓠迹犹存矣。”今案山窟前有石羊石兽，古迹奇异尤多。望石窟，大如三间屋。遥见一石，仍似狗形，蛮俗相传，云是槃瓠像也。”《路史·发挥》云：“有自辰、沅来者，云卢溪县之西百八十里，有武山焉。其崇千仞。遥望山半，石洞罅[1]启。一石貌狗，人立乎其旁，是所谓槃瓠者。今县之西南三十，有槃瓠祠，栋宇宏壮，信天下之有奇迹也。”《注》云：“黄闵《武陵记》云：山半石室，可容数万人，中有石床，槃瓠行迹。今山窟前石兽，石羊，奇迹尤多。《辰州图经》云：隍石窟如三间屋。一石狗形，蛮俗云槃瓠之像。今其中种有四：一曰七村归明户，起居饮食类省民，但左衽（rèn）。二曰施溪武源归明蛮人。三曰山獠。四曰犵獠（gē liáo）。虽自为区别，而衣服趋向，大略相似。土俗以岁七月二十五日，种类四集，扶老携幼，宿于庙下。五日，祠以牛彘（zhì）酒鲊（zhǎ），椎鼓踏歌，谓之样。样，蛮语祭也。云容万人，循俗之妄。”自唐迄宋，遗迹依然，足见《后汉书》所谓槃瓠者，实仅指武山一种落。《后汉书》说虽荒唐，中实隐藏实事。如衣服，居处，语言，俗尚，及中国待之之宽典等。独力、仆鉴，盖其衣结之名。精夫之精，义虽难解，夫固汉族称长上之辞，如大夫、千夫是也。姎徒尤确为汉语。其事托之高辛者，楚之先，为高辛火正。楚与吴世仇。吴将军，盖本谓吴之将军。复以槃瓠狗种，称其人为

---

① 罅（xià）：缝隙。

犬戎，以冠吴将军上，遂若吴为其人之氏族矣。

《公羊》[1]言“楚王妻娟[2]”，同姓为昏，楚盖自有此俗。《广韵》獛（pú）字注引《山海经》云：“獛铅，南极之夷。尾长数寸。巢居山林。”今经无。《后汉书》述哀牢夷，亦云“衣皆着尾”。濮之先，固亦在荆、豫之域，《左氏》[3]：“王使詹桓伯辞于晋曰：巴、濮、楚、邓，吾南土也。”昭公九年。又云“楚子为舟师以伐濮”，是也。昭公十九年。将军，战国后语。金以镒计，封以户数，亦皆秦汉时制。然则槃瓠传说，盖起于楚，而经秦汉后人之改易，所指固不甚广，其原亦非甚古也。孰与夫盘古之说，东渐吴会，南逾岭表，且视为凡生民之始者哉？《路史》又谓会昌有盘古山；湘乡有盘古堡；雩（yú）都有盘古祠；成都、淮安、京兆，皆有庙祀；又引《元豊[4]九域志》，谓广陵有盘古冢庙；与所谓荆湖南北，以盘古生日候月阴晴者，固与槃瓠渺不相涉。《述异记》谓：“南海中有盘古国，今人皆以盘古为姓。”则盘古亦自有种落，此当与南海之盘古墓、桂林之盘古祠有关。吴楚间盘古之说，盖亦同出一原。惟本夫妻二人，故有墓；若一身既化为万有矣，又何墓之有焉？岂闻创造天地万物之神，乃待以衣冠为冢者哉？然其与槃瓠之说，不可绲（gǔn）而为一，则又无待再计矣。

《路史》又引《玄中记》云：“高辛时，犬戎为乱。帝曰：有讨之者，妻以美女，封三百户。帝之狗曰檗槃，去三月，而杀犬戎，以其首来。帝以女妻之，不可教训，浮之会稽，东有海，中得地三百里封之。生男为狗，女为美人，是为犬封氏。《玄中》之书，《崇文总目》曰不知撰人名氏，然书传所引，皆云郭氏《玄中记》，而《山海经注》狗封氏事，与《记》所言一同，知为景纯。”罗氏因谓槃瓠之说，乃因《山海

①《公羊》：指《公羊传》。

② 娟（wèi）：妹妹。

③《左氏》：指《左传》。

④ 豊（fēng）：同“丰”。

经》而讹。今案《海内北经》云："在昆仑墟北有人曰大行伯，把戈。其东有犬封国。"郭《注》云："昔槃瓠杀戎王，高辛以美女妻之，不可以训，乃浮之会稽东南海中，得三百里地封之。生男为狗，女为美人。是为狗封之民也。"又曰："犬封国曰犬戎国。状如犬。有一女子，方跪进杯食。有文马，缟（gǎo）身朱鬣（liè），目若黄金，名曰吉量。乘之寿千岁。"《注》云："黄帝之后卞明，生白犬二头，自相牝（pìn）牡，遂为此国，言狗国也。"郭《注》又云："《周书》曰：犬戎文马，赤鬣白身，目若黄金，名日吉黄之乘。成王时献之。"

《六韬》曰：文身朱鬣，眼若黄金，项若鸡尾，名日鸡斯之乘。《大传》曰：驳身朱鬣鸡目。《山海经》亦有吉黄之乘寿千岁者。惟名有不同，说有小错，其实一物耳。今博举之，以广异闻也。"《大荒北经》云："大荒之中，有山名曰融父山，顺水入焉。有人，名曰犬戎。黄帝生苗龙，苗龙生融吾，融吾生弄明，弄明生白犬，白犬有牝牡，是为犬戎。"《注》云："言自相配合也。"案郭注《海内北经》之犬戎，即本《大荒经》为说。《书大传》所云犬戎文马，即散宜生①取之以献纣者，其为西北之国可知。《海内北经》"犬封国曰犬戎国"，曰上当有夺字。《经》本不以犬封、犬戎为一，《注》意尤皎然可明，谓其由一说传讹，似近武断。会稽海中，不知果有槃瓠传说否？即使有之，亦武山种落，播越在东，或则东野之言，辗转传布；要不容与盘古之说并为一谈也。

《路史》又引《地理坤鉴》云："盘古龙首人身。"《地理坤鉴》，非必可信之书，然小道可観②，其言亦时有所本。《鲁灵光殿赋》曰："图画天地，品类群生。杂物奇怪，山神海灵，写载其状，托之丹青。千变万化，事各缪形。随色象类，曲得其情。上纪开辟，遂古之初。五龙比翼，人皇九头。伏牺鳞身，女娲蛇躯。"李善注："《列子》曰：伏羲、女娲，蛇身而人面。"又云："《玄中记》曰：伏羲龙身，女娲蛇躯。"画壁

① 散宜生：西周的开国功臣。

② 観（guān）：同"观"。

之技，必自古相传，匪由新创。古帝形貌，皆象龙蛇，则以文明肇启，实在江海之会也。会稽、南海，皆尊盘古，固其宜矣。是其年代，必远在高辛之前，安得与槃瓠之说并为一谈邪？

伏羲考

《易·系辞传》："古者包牺氏之王天下也。"《释文》云："包，本又作庖。郑[①]云：取也。孟、京作伏。牺，郑云：鸟兽全具曰牺。孟、京作戏，云伏，服也；戏，化也。"案郑说非也。《白虎通义·号》篇说伏羲之义曰："下伏而化之，故谓之伏羲也。"《风俗通义》引《含文嘉》曰："伏者，别也，变也；戏者，献也，法也。伏戏始别八卦，以变化天下；天下法则，咸伏贡献，故曰伏戏也。"此今文旧说。《礼记·月令疏》引《帝王世纪》曰"取牺牲以共庖厨，食天下，故号曰庖牺氏"，则袭[②]郑曲说[③]也。此说实本于刘歆[④]。《汉书·律历志》载歆《世经》曰："作网罟（gǔ）以田渔取牺牲，故天下号曰炮牺氏。"《易》但言"为网罟以佃以渔"而已，歆妄益[⑤]以"取牺牲"三字，实非也。

古代帝王，踪迹多在东方，而其后率传之于西，盖因今所传者，多汉人之说，汉世帝都在西，因生傅会[⑥]也。而伏羲之都邑，亦不能外此。

①郑：指郑玄，字康成，东汉末年经学大师。

②袭：沿袭。

③曲说：错误的说法。

④刘歆：西汉经学家。

⑤益：增加。

⑥傅会：即附会，把没有联系的事物说成有联系。

《御览·皇王部三》引《诗含神雾》曰："大迹[1]出雷泽，华胥履[2]之生宓（fú）牺。"按《淮南·地形》曰："雷泽有神，龙身人头，鼓其腹而熙。"《山海经·海内东经》曰："雷泽中有雷神，龙身而人头，鼓其腹。在吴西。"《史记·五帝本纪正义》引作"鼓其腹则雷"。郭《注》引《河图》曰："大迹在雷泽，华胥履之而生伏牺。"又曰："今城阳有尧冢，灵台，雷泽在北也。"本于《汉志》，盖相传之旧说也。《水经·瓠子河注》："瓠河又左径雷泽北，其泽薮在大成阳县故城西北一十余里，昔华胥履大迹处也。"亦同《汉志》。乃《御览》又引《遁甲开山图》曰："仇夷山，四绝孤立，太昊之治，伏牺生处。"又《水经》："渭水过陈仓县西。"《注》曰："姚睦曰：黄帝都陈，言在此。荣氏《开山图注》曰：伏牺生成纪，纪徙治陈仓也。"《注》又曰："成纪水故渎，东径成纪县，故帝太昊庖牺所生处也。"则将伏羲之迹，移至秦、陇之间矣。案《左氏》昭公十七年曰："陈，大皞（hào）之虚也。"与宋大辰之虚、郑祝融之虚、卫颛顼（zhuān xū）之虚并举，所谓大皞，实为天帝之名。皇甫谧（mì）因此附会，以为伏牺都陈，已为非是。《水经·渠水注》："陈城，故陈国也。伏牺、神农并都之。城东北三十许里，犹有牺城。"今又移诸陈仓，于是并黄帝之都而移之矣。《注》又云："南安姚瞻以为黄帝生于天水，在上邽（guī）城东七十里轩辕谷。"则因移黄帝之都，又并其生处而移之矣。《注》又曰："瓦亭水又西南出显亲峡，石岩水注之，水出北山，山上有女娲祠。"案《遁甲开山图》又曰："女娲氏没，大庭氏王。次有柏皇氏、中央氏、栗陆氏、骊连氏、赫胥氏、尊卢氏、祝融氏、混沌氏、昊英氏、有巢氏、葛天氏、阴康氏、朱襄氏、无怀氏，凡十五代，袭庖牺之号。自无怀氏已上，经史不载，莫知都之所在。"盖自女娲以上，无不为之伪造都邑矣。《遁甲开山图》，盖专将帝王都邑，自东移西者也。《路史》曰：女娲出于承匡。《注》曰："山名，在任城县东

①迹：脚印。

②履：踩上去。

七十里。《寰宇记》云：女娲生处，今山下有女娲庙。”又言“任城东南三十九里又有女娲陵”。女娲本创造人物之神，说见《女娲与共工》条。其后附会，以为伏羲之妹。《风俗通义》。任城地近雷泽，《寰宇记》之说，盖由此而生。虽不足据，所托尚较古。然《寰宇记》又谓女娲治中皇山之原，山在金之平利。又《长安志》谓骊山有女娲治处，亦见《路史》引。则皆《遁甲开山图》等既出后傅会之辞，其为时弥晚矣。

《楚辞·大招》曰：“伏戏《驾辩》，楚《劳商》只。”《注》曰：“伏戏，古王者也。始作瑟。《驾辩》，《劳商》，皆曲名也。言伏戏氏作瑟，造《驾辩》之曲，楚人因之，作《劳商》之歌，皆要妙之音，可乐听也。”伏戏遗声在楚，亦其本在东南之证。

有巢燧人考

服虔[①]云：“自少皞以上，天子之号以其德，百官之号以其征。自颛顼以来，天子之号以其地，百官之纪以其事。”《左氏》昭公十七年《注》，《月令》“孟春其帝大皞”《疏》引。案伏牺之义，谓下伏而化之；神农犹今言农业。服说是也。《韩非·五蠹》曰：“上古之世，人民少而禽兽众，人民不胜禽兽虫蛇。有圣人作，构木为巢以避群害，而民说之，使王天下，号曰有巢氏。民食果蓏[②]蚌蛤，腥臊恶臭，而伤害腹胃，民多疾病。有圣人作，钻燧取火以化腥臊，而民说[③]之，使王（wàng）天下，号曰燧人氏。”此亦所谓德号者也。《周书·史记》曰：“昔者有巢氏，有乱臣而贵。任之以国，假之以权，擅国而主断。君已而夺之，

---

① 服虔：东汉经学家。

② 蓏（luǒ）：古文指瓜类植物的果实。

③ 说（yuè）：同“悦”。

臣怒而生变，有巢以亡。”此有巢，与韩非所云必非同物，盖以地号者也。以德号者，其去后世盖已久远，民已不能详记其行事，徒以功德在人，久而不忘，乃即以其德为其人之称号耳，安能识其兴亡之由乎？《庄子·盗跖（zhí）》曰：“古者禽兽多而人民少，于是民皆巢居以避之，昼拾橡栗，暮栖木上，故命之曰有巢氏之民。古者民不知衣服，夏多积薪，冬则炀[1]之，故命之曰知生之民。”炀亦用火，所称当与《韩非》同，特无燧人之名耳。

《礼记·月令疏》云：“伏羲、神农、黄帝、少皞，皆以德为号也；高阳、高辛、唐、虞，皆以地为号也；虽以地为号，兼有德号，则帝喾、颛顼、尧、舜是其德号。”案帝喾、颛顼、尧、舜等，皆徒为美称，与巢、燧等有实迹可指者又异，其意已颇近乎后世之号谥。生而称之，类乎后世之徽号[2]。死而称之，类乎后世之美谥[3]。然则同一德号，其间又有微别也。

《论衡·正说》曰：“唐、虞、夏、殷、周者，土地之名。皆本所兴昌之地，重本不忘始，故以为号，若人之有姓矣。说《尚书》者谓之有天下之代号。功德之名，盛隆之意也。故唐之为言荡荡也，虞者乐也，夏者大也，殷者中也，周者至也。其褒五家大矣，然而违其正实，失其初意。唐、虞、夏、殷、周，犹秦之为秦，汉之为汉。秦起于秦，汉兴于汉中，故曰犹秦、汉。使秦、汉在经传之上，说者将复为秦、汉作道德之说矣。”此亦以后人之见议古人耳，若反诸古俗，则以德为号者正多也。

祝融列为三皇之一，共工氏霸九州，皆尝王天下者也，而其号皆为官名，则以其功德皆出于其官守，以其官称之，犹之以其事称之，亦即所谓德号耳。《左氏》哀公九年，史墨曰：“炎帝为火师。”火师者，火

---

①炀（yáng）：烤火。

②徽号：即尊号。

③谥（shì）：即谥号。

官之长，亦即祝融也。《吕览[1]·勿躬》曰："祝融作市。"《易》言神农氏"日中为市"，此祝融即神农，犹以其官称之也。

《御览》引《遁甲开山图》曰："石楼山在琅邪，昔有巢氏治此山南。"《淮南·修务》："汤整兵鸣条，困夏南巢，谯[2]以其过，放之历山。"《注》："南巢，今庐江居巢是。历山，盖历阳之山。"《遁甲开山图》言地理，殊不可信，读《纬书之三皇说》《伏羲考》两条可见。高[3]《注》亦以后世地名言之耳，无确据也。案寒地之民多穴居，热地之民多巢居；寒地之民，多食鸟兽之肉，热地之民，多食草木之实。《礼记·礼运》曰昔者先王未有宫室，冬则居营窟，夏则居桧巢。未有火化，食草木之实，鸟兽之肉，饮其血，茹其毛。未有麻丝，衣其羽皮。后圣有作，然后修火之利。范金合土，以为台榭宫室牖（yǒu）户。以炮以燔（fán），以亨以炙，以为醴（lǐ）酪。治其麻丝，以为布帛。"盖兼南北之俗言之，不徒有冬夏之别也。

《庄子》言有巢氏之民，昼拾橡栗，暮栖木上，可见其多食草木之实。《韩子》言其食蚌蛤，可见其在江海之交。又《庄子》言其不知衣服，可见其皆裸袒。此皆可想见其在南方。《春秋命历序》言人皇氏出旸（yáng）谷，分九河，人皇即遂人，九河疑九州之误，已见《纬书之三皇说》条。《御览》引《古史考》曰："古之初，人吮露精，食草木实，穴居野处。山居则食鸟兽，衣其羽皮，饮血茹毛，近水则食鱼鳖螺蛤。未有火化，腥臊多害肠胃。于是有圣人，以火德王（wàng）。造作钻燧出火，教人熟食，铸金作刃。民人大说，号曰燧人。"此说实本《礼运》，而以他说附益之。其言修火之利，皆以范金与熟食并举，盖古之遗言。观后来范金之技，南优于北，亦可见开化之始于南方。窃疑巢、燧皆当在古扬州之域也。至汤放桀之南巢，则当在兖（yǎn）州，说见《论汤放桀地域考》条。

---

① 吕览：《吕氏春秋》。

② 谯（qiào）：责备。

③ 高：指高诱，东汉末年学者，著有《淮南子注》等。

神农与炎帝、大庭

《左氏》昭公十八年："宋、卫、陈、郑皆火。梓（zǐ）慎登大庭氏之库以望之。"《注》："大庭氏，古国名，在鲁城内，鲁于其处作库。"《疏》云："先儒旧说，皆云炎帝号神农氏，一曰大庭氏。服虔云：在黄帝前。郑玄《诗谱》云：大庭在轩辕之前。亦以大庭为炎帝也。"案《诗谱序》云："诗之兴也，谅不于上皇之世。大庭、轩辕，逮[①]于高辛，其时有无，载籍亦蔑云焉。"但叙大庭于轩辕之前，初未明言其为炎帝。《疏》云："大庭，神农之别号。《礼记·明堂位》曰：土鼓，蒉桴（kuì fú），苇籥（yuè），伊耆氏之乐也。《注》云：伊耆氏，古天子号。案《郊特牲注》同。《周官·秋官·伊耆氏注》云："古王者号。"《礼运》云：夫礼之初，始诸饮食。《注》云：中古未有釜甑（zèng），而中古谓神农时也。

《郊特牲》云：伊耆氏始为蜡。蜡者，为田报祭。案《易·系辞》称神农始作耒耜[②]，以教天下，则田起神农矣。二者相推，则伊耆、神农，并与大庭为一。"《礼记》标题下《疏》云："郑玄以大庭氏是神农之别号。案《礼运》云：夫礼之初，始诸饮食，燔黍捭（bǎi）豚，蒉桴而土鼓。又《明堂位》云：土鼓苇籥，伊耆氏之乐。又《郊特牲》云：伊耆氏始为蜡。蜡即田祭，与种谷相协：土鼓苇籥，又与蒉桴土鼓相当；故熊氏云：伊耆氏即神农也。"说与《诗疏》同。《疏》之所云，仅能明神农、伊耆是一耳，其即大庭，羌无左证。《鲁颂谱》云："鲁者，少昊挚

① 逮（dài）：到。

② 耒耜（lěi sì）：翻土用的农具。

之墟也。国中有大庭氏之库，则大庭氏亦居兹乎。”亦未言大庭即神农。疏家之言，似乎无据矣。案《月令》“其帝炎帝”《疏》引《春秋说》云：“炎帝号大庭氏，下为地皇，作耒耜，播百谷，曰神农也。”则大庭、神农为一人，说出纬候[①]，而郑与诸儒同本之。疏家不明厥[②]由来，而徒广为征引，是以文繁而转使人不能无惑也。蒉桴土鼓，既相符会[③]，神农居鲁，亦有可征，以三号为一人，虽不中，固当不远。

《史记·周本纪正义》云：“《帝王世纪》云：炎帝自陈营都于鲁曲阜。黄帝由穷桑登帝位，后徙曲阜。少昊邑于穷桑，以登帝位，都曲阜。《太平御览，皇王部》引，下多“故或谓之穷桑帝”七字。颛顼始都穷桑，徙商丘。穷桑在鲁北。或云：穷桑即曲阜也。又为大庭氏之故国。又是商奄之地。皇甫谧云：黄帝生于寿丘，在鲁城东门之北。居轩辕之丘，《山海经》云此地穷桑之际，西射之南是也。”案谧言炎帝自陈营都于鲁者，以炎帝继大皞，《左氏》昭公十七年梓慎言“陈，大皞之虚”故也。梓慎又言“卫，颛顼之虚，故为帝丘”，故谧言颛顼自穷桑徙都之。云商丘者，古本以商丘、帝丘是一，至杜预[④]乃分为二也。

《御览，州郡部一》引《帝王世纪》曰：“相徙商丘，于周为卫。成公梦康叔曰：相夺予享是也。”又曰：“相徙商丘，本颛顼之虚，故陶唐氏之火正阏伯之所居也。今濮阳是也。”《史记·郑世家》：“迁阏伯于商丘。”《集解》引贾逵云：“商丘在漳南。”《水经·瓠子河注》：“河水旧东决，径濮阳城东北，故卫也，帝颛顼之虚。昔颛顼自穷桑徙此，号曰商丘，或谓之帝丘。本陶唐氏火正阏伯之所居，亦夏伯昆吾之邦，殷

① 纬候：指谶（chèn）纬之学。说出纬候：即这个说法出自谶纬之学。

② 厥（jué）：这个。

③ 符会：符合。

④ 杜预：魏晋时期政治家、军事家、学者，著有《春秋左氏传集解》等，是明朝以前唯一一个同时进入文庙和武庙的人，时人誉之“杜武库”，言其博学多才，就像武库里的兵器，样样具备。

相土因之，故《春秋传》曰：阏伯居商丘，相土因之是也。”盖依贾说也。《左氏》僖公三十一年，“卫迁于帝丘。卫成公梦康叔曰：相夺予享。公命祀相。宁武子不可，曰：杞鄫（zēng）何事？”此谓夏后相。《御览·皇王部》引《世本》云：“相徙商丘，本颛顼之虚。”亦以商丘、帝丘为一。

然《左氏》以陈大皞之虚，卫颛顼之虚，与宋大辰之虚，郑祝融之虚并举，大辰必不容说为人名，则其余三者，亦当事同一律。《左氏》昭公十年：“正月，有星出于婺（wù）女。郑裨灶言于子产曰：七月戊子，晋君将死。今兹岁在颛顼之虚，姜氏、任氏，实守其地。居其维首，而有妖星焉，告邑姜也。”所谓颛顼，亦天帝，非人帝也。昭公八年，楚灭陈。“晋侯问于史赵曰：陈其遂亡乎？对曰：未也。公曰：何故？对曰：陈，颛顼之族也。岁在鹑火，是以卒灭。陈将如之。今在析木之津，犹将复由。”此颛顼亦天帝。杜《注》云“陈祖舜，舜出颛顼”，殊非。下文曰“自幕至于瞽叟，无违命”，乃言陈之先耳。宋本作“陈，颛顼之后”，盖因《注》而误也。九年，“陈灾。郑裨灶曰：五年，陈将复封，封五十二年而遂亡。子产问其故。对曰：陈，水属也，火，水妃也，而楚所相也。今火出而火陈，逐楚而建陈也。妃以五成，故曰五年。岁五及鹑火，而后陈卒亡，楚克有之，天之道也，故曰五十二年。”义正与史赵之言同。

然昭公二十九年，蔡墨言少皞氏遂济穷桑，而定公四年，祝鮀（tuó）言伯禽封于少皞之虚，则穷桑地确近鲁。《史记·封禅书》管仲曰：“古者封泰山禅梁父者七十二家，而夷吾所记者，十有二焉。昔无怀氏封泰山，禅云云；虙（fú）羲封泰山，禅云云；神农氏封泰山，禅云云；炎帝封泰山，禅云云；黄帝封泰山，禅亭亭；颛顼封泰山，禅云云；帝喾封泰山，禅云云；尧封泰山，禅云云；舜封泰山，禅云云；禹封泰山，禅会稽；汤封泰山，禅云云；周成王封泰山，禅社首。”管子去古较近，所言必非无据。泰山岩岩，鲁邦所瞻，鲁殆自古帝王之都与？皇甫谧谓自黄帝至颛顼，其都皆在于鲁，却当有所依据也。

《封禅书》又曰：“孔子论述六艺传，略言易姓而王，封泰山禅乎梁父者，七十余王矣，其俎（zǔ）豆之礼不章，盖难言之。”《正义》引《韩诗外传》云：“孔子升泰山，观易姓而王可得而数者七十余人，不得而数者万数也。”今本无此语，然《书序疏》亦引之；司马贞《补三皇本纪》，亦有此语。则今本佚夺，非《正义》误引也。《论衡·书虚》曰：“百王太平，升封泰山。泰山之上，封可见者七十有二；纷沦湮灭者，不可胜数。”然则七十余乃就其可见者言之，即管子所谓夷吾所记，其不可见者，自不止此。万数固侈言之，其多则可想矣。陟（zhì）千里而登封，必非隆古之世小国寡民所克举，则泰山之下，名国之多可知也。七十二加三皇五帝凡八十，加本朝为八十一，三皇五帝之书，掌于外史，自此以上，则方策无存，徒列为因国无主之祀。《管子·治国》云：“昔者七十九代之君，法制不一，号令不同，然俱王天下。”云七十九者，古人好举成数，故以八十一为八十，而又除去本朝，则为七十九矣。《吕览·察今》曰：“有天下七十一圣。”《求人》曰：“古之有天下也者七十一圣。”则就七十二代中去其一代。《淮南·缪称》曰：“泰山之上，有七十坛焉，而三王独道。”则举成数言之也。《齐俗》曰：“尚古之王，封于泰山，禅于梁父者，七十余圣。”与《封禅书》并以辜较之辞言之。异口同声，必非虚语。夫果如后儒之言，封禅为告成功之祭，登封者之多，安得如是？则疑后世帝王都邑，渐徙而西，然后即事用希，在古则每帝常行，初不系其成功与否也。然而泰山之下，名国之多，可无疑矣。

姜氏初虽在东，后则稍徙而西。有邰（tái）为姜嫄（yuán）之国，太王妃曰太姜；武王妃曰邑姜，师尚父虽或曰辟居东海，或曰鼓刀朝歌，而卒佐周文、武以兴，其证也。《水经·渭水注》：“岐水又东径姜氏城南，为姜水。案姜氏城，在今陕西岐山县南。《帝王世纪》曰：炎帝母女登游华阳，感神而生炎帝，长于姜水，是其地也。”盖后来附会之辞也。《漻水注》云："漻水北出大义山，南至厉乡西，赐水入焉。水源东出大紫山，分为二水。一水西径厉乡南。水南有重山，即烈山也。山下有一穴，父老相传云是神农所生处也，故《礼》谓之烈山氏。水北有九井，子书所谓神农既诞，九井自穿，谓斯水也。又言汲一井则众井动。井今湮塞，遗迹仿佛存焉。亦云赖乡，古赖国也。有神农社。赐水西南流，入于漻（liáo），即厉水也。赐、厉声相近，宜为厉水矣。"案《礼记·祭法》："厉山氏之有天下也。"《注》："厉山氏，炎帝也，起于厉山。或曰：有烈山氏。"《疏》云："引《春秋左传》昭二十九年蔡墨辞，云厉山氏，炎帝也，起于厉山者。案《帝王世纪》云：神农氏，本起于烈山，或时称之，神农即炎帝也，故云厉山氏，炎帝也。云或曰有烈山氏者，案二十九年传文也。"按《祭法》之文，略同《国语·鲁语》。《鲁语》作烈山。韦[①]《注》云："烈山氏，炎帝之号也，起于烈山。《礼·祭法》以烈山为厉山也。"韦氏之意，以烈山、厉山为一，郑意似犹不然。然则郦[②]《注》之云，其为后人附会，不待论矣。烈山，疑即《孟子》"益烈山泽而焚之"之"烈山"，《滕文公》上。乃德号，非地号也。又《管子·轻重戊》云："神农作树五谷淇山之阳。"淇山盖即箕山，乃许由隐处，亦姜姓西徙后语也。

《管子》之文，神农与炎帝各别。谯周《古史考》，以炎帝与神农，各为一人，《左氏》昭公十七年《疏》。盖本诸此。又侈靡云："故书之帝八，神农不与存，为其无位，不能相用。"此节之言，不甚可解，然其大意自可见，此神农亦天帝，非人帝也。然则隆古[③]之世，人神之不可分也旧矣。

近人钱宾四穆云："《左传》隐公五年，翼侯奔随。《一统志》：随城在介休县东，后为士会食邑。《续汉书·郡国志》：介休有介山，有绵

---

① 韦：指韦昭，三国时期史学家，著有《国语注》等。

② 郦：指郦道元，南北朝时期北魏地理学家，著有《水经注》等。

③ 隆古：远古。

上聚，之推庙。厉、烈、界皆声转相通。《周官》山虞，物之为厉，郑《注》，每物有蕃界也。然则界山即厉山、烈山也。《日知录·绵上》条，称其山南跨灵石，东跨沁源，世以为之推所隐。汉魏以来，相传有焚山之事。太原、上党、西河、雁门之民，至寒食不敢举火。顾氏[1]颇不信之推隐其地。窃疑相传焚山之事，即烈山氏之遗说也。"《西周地理考》。此说论烈山之义与予合。惟谓炎帝传说始晋，似无解于古之封禅者皆在泰山，故予谓炎帝遗说，实始东方，后乃随姜姓之西迁，流传及于荆、豫，且入于冀方也。钱氏又云："《左》昭八年，石言于晋魏榆。杜[2]《注》云：晋魏邑之榆地。《地理志》：榆次、界休，同属太原。吴卓信《补注》引《汲冢周书》云：昔烈山，帝榆罔之后，其国为榆州。曲沃灭榆州，其社存焉，谓之榆社。地次相接者为榆次。其地有梗阳，魏戊邑。窃疑梗阳亦姜之音变也。"案《汲冢书》恐不足信。即谓可信，亦传说迁移，未必榆罔在晋地也。

《御览》引《帝王世纪》云："神农氏崩，葬长沙。"《路史》引云葬茶陵。又云："地有陵名者，皆以古帝王之墓，竟陵、零陵、江陵之类是矣。"案此足见古代南方陵墓之多，然以为神农，则未必然也。《宋史·礼志·先代陵庙》：淳熙十四年，"衡州守臣刘清之奏：史载炎帝陵在长沙茶陵，祖宗时给近陵七户守视，禁其樵牧，宜复建庙，给户如故事。"

《吕览》高《注》云："朱襄氏，古天子，炎帝之别号。"案以大庭、朱襄附会炎帝，犹之以女娲以后十五君附会伏羲，盖取不甚著名之帝王，附会之于著名者耳。然隆古年代绵远，割据者多，似不必如此也。

---

①顾氏：指顾炎武，明末清初著名思想家、经学家史、史地学家、音韵学家，著有《日知录》等。

②杜：指杜预。

炎黄之争考

阪泉、涿鹿之战，《史记集解》引服虔曰："阪泉，地名。"又曰："涿鹿，山名，在涿郡。""在涿郡"三字，当兼指阪泉言之。又引皇甫谧曰："阪泉在上谷。"张晏曰："涿鹿在上谷。"予昔主服虔之说，谓神农为农耕之族；黄帝教熊罴（pí）貔貅貙（chū）虎，迁徙往来无常处，以师兵为营卫，颇类游牧之族。神农居鲁，鲁邻泰山，古代农业，多始山林之间。神农号烈山，盖即《孟子》所谓益烈山泽而焚之者，谓在湖北随县之厉乡者缪也。河北之地，平旷宜牧，谓黄帝以游牧之族而居此，亦合事情。若上谷则相去太远，盖据汉世县名附会也。《水经·漯水注》："涿水出涿鹿山。东北流，径涿鹿县故城南。黄帝与蚩（chī）尤战于涿鹿之野，留其民于涿鹿之阿，即于是也。其水又东北与阪泉合。水道源县之东泉。泉水东北流与蚩尤泉会。水出蚩尤城，泉水渊而不流。霖雨并则流注阪泉，乱流东北入涿水。《魏土地记》曰：下洛城东南六十里有涿鹿城。城东一里有阪泉，泉上有黄帝祠。涿鹿城东南六里有蚩尤城。《晋太康地理记》曰：阪泉亦地名也。"要皆附会之说。由今思之，此说仍有未谛。《国语·晋语》云："昔少典娶于有蟜氏，生黄帝、炎帝。"《贾子·益壤》曰："黄帝者，炎帝之兄也。"《制不定》曰："炎帝者，黄帝同父母弟也。"三说符会，《益壤》《制不定》，虽同出《贾子》，然各有所本，故谓炎黄兄弟不同，古人书率如此，不足怪也。决非偶然。然则炎、黄本同族，风气相去，必不甚远。教熊罴貔貅貙虎，不必其为实事。迁徙往来无常处，好战之主类然，如齐桓征伐所至即甚广。设或史乘阙佚，传者亦将谓其迁徙往来无常处矣。不必其民遂为游牧之族。且除此二语以外，亦更无黄帝为游牧之族之征也。阪泉、涿鹿，盖当如

《世本》说，谓在彭城为是。

《御览·州郡部一》引《帝王世纪》曰："黄帝都涿鹿，于《周官》幽州之域，在汉为上谷，而《世本》云：涿鹿在彭城南，然则上谷本名彭城。"其曲解真可发一噱。《路史》亦云："《世本》云：涿鹿在彭城。"《续汉书·郡国志》：上谷郡：涿鹿，《注》："《帝王世纪》曰：黄帝所都。《世本》云在鼓城南。"王应麟《地理通释》引《世本》亦作鼓，恐误。《汉书·刑法志注》："郑氏曰：涿鹿在彭城南。师古曰：彭城者，上谷北别有彭城，非宋之彭城也。"师古盖误驳。郑氏实以涿鹿在宋之彭城南也。

《战国·魏策》云："黄帝战于涿鹿之野，而西戎之兵不至，禹攻三苗，而东夷之民不起，以燕伐秦，黄帝之所难也。"此涿鹿在东方之诚证。《贾子·制不定》又谓炎黄"各有天下之半"，又隐见其一在东，一在西矣。《孟子》言周公相武王，诛纣，伐奄，驱虎豹犀象而远之。《滕文公》下。而《周书》言武王狩禽，猫虎熊罴，数至千百。《世俘》。则古者东方之地，本多禽兽之区，盖承水患之后，所谓"兽蹄鸟迹之道，交于中国"也。见《孟子·滕文公》上。奄即鲁，固与彭城相近矣。《索隐》引皇甫谧曰："黄帝生于寿丘。"《正义》云："寿丘，在鲁东门北。"

《论衡·率性》云："黄帝与炎帝争为天子，教熊罴貔虎，以战于阪泉之野。三战得志，炎帝败绩。"《吉验》云："传言黄帝妊二十月而生[①]，生而神灵，弱而能言。长大，率诸侯，诸侯归之。教熊罴战，以伐炎帝，炎帝败绩。性与人异，故在母之身，留多十月；命当为帝，故能教物，物为之使。"其所本者，与《大戴记》《史记》略同，然不必即《大戴记》《史记》也。史公言百家言黄帝，其文不雅驯。此所谓传，盖儒家之说，然仍留神话之迹。亦可见据教熊罴貔貅貙猛虎之文而断黄帝为游牧之族者，未免失之早计也。教熊罴貔貅貙虎之说，或因蚩尤牛首而然，见《述异记》一条。

---

① 妊：怀孕。此句是说，传言黄帝被怀胎二十月才出生。

《史记集解》引《皇览》云：“蚩尤冢在东平郡寿张县阚乡城中，高七丈。民常十月祀之。有赤气出，如匹绛帛，民名为蚩尤旗。肩髀冢[①]，在山阳郡巨野县重聚。大小与阚冢等。传言黄帝与蚩尤战于涿鹿之野，黄帝杀之，身体异处，故别葬之。”《水经·济水注》引略同。高七丈作七尺。案《续志注》引《皇览》亦作七丈。地皆与彭城近。《路史》引《启筮》云：“蚩尤登九淖以伐空桑，黄帝杀之于青丘。”案蚩尤叛父，见《少昊考》条。空桑近鲁，疑为神农氏后裔所处，蚩尤灭之，迁于涿鹿，黄帝又灭蚩尤，而因其旧都也。

《史记》谓黄帝与炎帝战于阪泉之野，又与蚩尤战于涿鹿之野。前引《论衡·率性》及《大戴记·五帝德》，皆与《史记》所本略同，然有战于阪泉之文，而无战于涿鹿之事。《贾子·益壤》云：“炎帝无道，黄帝伐之涿鹿之野，血流漂杵（chǔ），诛炎帝而兼其地，天下乃治。”《制不定》云：“黄帝行道，而炎帝不听，故战涿鹿之野，血流漂杵。”则蚩尤、炎帝一人，阪泉、涿鹿一役，《史记》盖兼采两书，而夺一曰二字也。《周书·史记》谓阪泉氏“徙居至于独鹿”，疑阪泉为神农氏或蚩尤旧号，涿鹿则其新居。蚩尤既灭神农氏，后裔遂袭其位号，故传者混二人为一，黄帝实只与蚩尤战，未尝与神农氏战也。《战国·秦策》亦云：“黄帝伐涿鹿而禽蚩尤。”

黄帝遗迹，又有在今陕西境者，盖出附会。《封禅书》载公孙卿之言，谓：“黄帝郊雍上帝，宿三月。鬼臾区[②]号大鸿，死葬雍，故鸿冢是也。其后黄帝接万灵明廷。明廷者，甘泉也。所谓寒门者，谷口也。黄帝采首山铜，铸鼎于荆山下。鼎既成，有龙垂胡髯下迎黄帝。黄帝上骑。群臣后宫从上者七十余人。龙乃上去。余小臣不得上，乃悉持龙髯。龙髯拔，堕，堕黄帝之弓。百姓仰望黄帝既上天，乃抱其弓与胡髯号。故

① 肩髀（bì）冢：蚩尤墓，又名蚩尤肩髀冢。

② 鬼臾区：又作鬼容区，号大鸿，传说中上古的医家，是黄帝的臣子。

后世因名其处曰鼎湖，其弓曰乌号。”明明极不经[1]之语，乃处处牵引地理以实之，真俗所谓信口开河者也。乃《五帝本纪》谓“黄帝崩，葬桥山”。《汉书·地理志》亦云：上郡：肤施，《注》云：“有黄帝祠四所。”阳周，《注》云：“桥山在南，有黄帝冢。”《武帝纪》：元封元年，“祠黄帝于桥山”。亦见《郊祀志》。盖帝王之所信，则无冢者可以有冢，而祠祭且因之而起矣。史实之淆乱，可胜道哉！《汉书·王莽传》：“遣骑都尉嚣等分治黄帝园位于上都桥畤（zhì），虞帝于零陵九疑，胡王于淮阳陈，敬王于齐临淄，愍王于城阳莒，伯王于济南东平陵，孺王于魏郡元城。使者四时致祠。”案上都当作上郡。桥畤，师古曰：“桥山之上，故曰桥畤也。”

《水经·河水注》：“《魏土地记》曰：弘农湖县，有轩辕黄帝登仙处。黄帝采首山之铜，铸鼎于荆山之下。有龙垂胡于鼎，黄帝登龙，从登者七十人，遂升于天，故名其地为鼎胡。荆山在冯翊（píng yì），首山在蒲坂，与湖县相连。《晋书·地道记》《太康记》并言胡，县也，汉武帝改作湖。俗云：黄帝自此乘龙上天也。《汉书，地理志》曰：京兆湖县，有周天子祠二所，故曰胡。不言黄帝升龙也。”此等不经之说，郦道元已辨之矣。

《渭水注》云：横水：“西北出泾谷峡。又西北，轩辕谷水注之。水出南山轩辕溪。南安姚瞻以为黄帝生于天水，在上邽城东七十里轩辕谷。皇甫谧云生寿丘，丘在鲁东门北。未知孰是也。”又渭水：“又东过陈仓县西。”《注》云：“姚睦曰：黄帝都陈言在此。”赵氏一清曰：“上云南安姚瞻，此云姚睦，未知即一人也？抑误字也？”案《路史》引姚睦云“黄帝都陈仓，非宛丘”，则睦似非误字。然谓黄帝都陈仓，要亦附会之说也。《洧（wěi）水注》：“洧水又东径新郑县故城中。皇甫士安[2]《帝王世纪》云：或言县故有熊氏之墟，黄帝之所都也。”《史记·五帝本

① 不经：不合道理。

② 皇甫士安：指皇甫谧，其字为士安。

纪集解》引徐广曰："黄帝，号有熊。"谯周曰："有熊国君。"案《大戴记·帝系》言昌意产颛顼，颛顼产老童，老童产重黎及吴回，吴回产陆终，陆终氏娶于鬼方氏，产六子，其四曰云郐（kuài）人，郑氏也。重黎、吴回，相继居祝融之职。《史记·楚世家》言季连之苗裔曰鬻熊，实即祝融异文。其后熊丽、熊狂等，世以熊为氏。盖云郐人亦有祝融之号，或但称熊，其地遂称有熊之墟也。实与黄帝无涉。

《五帝本纪》又言：黄帝"披山通道，未尝宁居。东至于海，登丸山，及岱宗。西至于空桐，登鸡头。南至于江，登熊、湘。北逐荤粥，合符釜山"。空桐，《集解》引韦昭云："在陇右。"鸡头，《索隐》云："后汉王孟塞鸡头道，在陇西。一曰崆峒山之别名。"《正义》云："《括地志》云：空桐山在肃州福禄县东南六十里。《抱朴子·内篇》云：黄帝西见中黄子，受九品之方，过空桐，从广成子受自然之经，即此山。《括地志》又云：笄（jī）头山，一名崆峒山，在原州平高县西百里，《禹贡》泾水所出。《舆地志》云或即鸡头山也。郦元云盖大陇山异名也。《庄子》云广成子学道崆峒山，黄帝问道于广成子，盖在此。按二处崆峒皆云黄帝登之，未详孰是。"《路史》云："空同山，在汝之梁县西南四十里。有广成泽及庙。近南阳雉衡山。故马融《广成赞》云面据衡阴。"案《路史》之说是也。近人钱宾四[1]撰《黄帝故事地望考》，亦主是说。钱氏又云："熊山，即封禅书齐桓南伐至召陵所登，乃卢氏南之熊耳也。《水经》：溟（yì）水出河南密县大騩山。《注》：大騩，即具茨山也。黄帝登具茨之山，升于洪堤山，受《神芝图》于华盖童子，即是也。"地亦于雉衡、熊耳为近。黄帝踪迹，至此已为极远矣，必不能至秦陇也。釜山，《正义》引《括地志》云："釜山在妫（guī）州怀戎县北三里。"此又因涿鹿在上谷之说而附会。《左氏》昭公四年，司马侯曰："冀之北土，马之所生，无兴国焉。恃险与马，不可以为固也，从古以然。"可破涿鹿在上谷及涿郡之说矣。

① 钱宾四：指钱穆，其字宾四。

吾昔谓炎帝为耕农之族，好和平，黄帝为游牧之族，乐战斗，其说虽属武断，然谓炎、黄之际，为世变升降之会，则亦不尽诬也。《商君书·画策》曰："神农之世，男耕而食，妇织而衣，刑政不用而治，甲兵不起而王。神农既殁（mò），以强胜弱，以众暴寡，故黄帝内行刀锯，外用甲兵。"《庄子·盗跖》曰："神农之世：卧则居居[①]，起则于于[②]。民知其母，不知其父。与麋（mí）鹿共处。耕而食，织而衣，无有相害之心。此至德之隆也。然而黄帝不能致德，与蚩尤战于涿鹿之野，流血百里。"又《至乐》曰："吾恐回与齐侯言尧、舜、黄帝之道，而重以燧人、神农之言。"《战国·赵策》曰："宓（fú）牺、神农，教而不诛，黄帝、尧、舜，诛而不怒。"《春秋繁露·尧舜不擅移汤武不擅杀》曰："今足下以汤、武为不义，然则足下之所谓义者，何世之王也？则答之以神农。"皆可见炎、黄之际，世变转移之亟也。盖为暴始于蚩尤，而以暴易暴，实惟黄帝。

炎黄之争，人皆知之，然古又有谓黄帝胜四帝者。《御览·皇王部四》引《蒋子万机论》曰："黄帝之初，养性爱民，不好战伐，而四帝各以方色称号，交共谋之。边城日惊，介胄不释[③]。黄帝叹曰：夫君危于上，民安于下；主失于国，案失同佚。其臣再嫁。厥病之由，非养寇邪？今处民萌之上，而四盗亢衡，递震于师。于是遂即营垒，以灭四帝。向令黄帝若不龙骧（xiāng）虎变，而与俗同道，则其民臣亦嫁于四帝矣。"《万机论》非可信之书，然《孙子·行军》篇云："凡四军之利，黄帝之所以胜四帝也。"则其说自有所本也。惜其详不可得闻矣。

---

①居居：安静貌。

②于于：自得貌。

③介胄：铠甲和头盔。释：脱下。

少昊考

今文家[①]叙五帝无少昊，而古文家妄增之，予既于《儒家之三皇五帝说》条发其覆矣。然则少昊何人也？曰：少昊即蚩尤也。

《周书》一书，多存古史，其书传习颇鲜，故语多诘屈[②]，然转鲜窜乱与传讹，实较可信据之书也。《周书·尝麦》曰："昔天之初，诞作二后，乃设建典。命赤帝分正二卿。命蚩尤宇于少昊，以临四方。四，疑当作西。蚩尤乃逐帝，争于涿鹿之阿。九隅无遗，赤帝大慑。乃说于黄帝，执蚩尤，杀之于中冀，名之曰绝辔（pèi）之野。"案《史记·五帝本纪》言："轩辕之时，神农氏世衰。诸侯相侵伐，暴虐百姓，而神农氏弗能征。于是轩辕乃习用干戈，以征不享。诸侯咸来宾从。而蚩尤氏最为暴，莫能伐。炎帝欲侵陵诸侯，诸侯咸归轩辕。轩辕乃修德振兵，以与炎帝战于阪泉之野。三战然后得其志。蚩尤作乱，不用帝命。黄帝乃征师诸侯，与蚩尤战于涿鹿之野，遂禽杀蚩尤。"既言神农氏世衰，诸侯相侵伐，暴虐百姓，弗能征矣，又言其欲侵陵诸侯，未免自相矛盾。盖《史记》此文，采自两书，故其名称不一。炎帝欲侵陵诸侯之炎帝，实即蚩尤，非世衰之神农氏也。参看《炎黄之争考》条。《周书·史记》曰："昔阪泉氏用兵无已，诛战不休，并兼无亲；文无所立，智士寒心。徙居至于独鹿。诸侯叛之。阪泉以亡。"独鹿即涿鹿。阪泉盖蚩尤旧号。既迁于此，遂亦名其地为阪泉之野。故阪泉、涿鹿非两地，其战亦非二役，而神农、蚩尤，则实有两人。蚩尤既并神农，代居元后之位，诸书

① 今文家：即所谓"今文经学家"，与"古文家"相对。

② 诘屈：艰涩难读。

因亦以炎帝称之，故或又误为神农氏也。《周书》之赤帝，盖即世衰之神农氏，蚩尤初为之卿。《礼记·月令疏》曰："东方生养，元气盛大，西方收敛，元气便小，故东方之帝，谓之大皞，西方之帝，谓之少皞。"此语当有所本。《左氏》文公十八年《疏》引谯周曰："金天氏，能修大皞之法，故曰少昊也。"其证也。《盐铁论·结和》曰："轩辕战涿鹿，杀两皞蚩尤而为帝。"两皞者，一大皞，一少皞，所谓二卿也。蚩尤初为神农氏少皞，既灭神农氏，盖代居赤帝之位，而别以人为少皞，涿鹿之战，与其两卿俱死也。

褚先生[①]补《史记·建元以来侯者年表》，载田千秋上书曰："父子之怒，自古有之。蚩尤叛父，黄帝涉江。"似蚩尤为神农氏之子。虽不必信，然其为同族则真矣。蚩尤之后为三苗，固姜姓也。姜姓殆内乱而为姬姓所乘与？

《后汉书·张衡传》：衡"条上司马迁、班固所叙与典籍不合者十余事"。《注》举其一事曰：《帝系》：黄帝产青阳、昌意。《周书》曰：乃命少皞清。清即青阳也。今宜实定之。"案《周书》之文曰："乃命少昊清，司马，鸟师，以正五帝之官。故名曰质。天用大成，至于今不乱。"《尝麦解》。"清司马鸟师"，文有夺误，云以正五帝之官，则当有五官，而少昊，司马，鸟师，仅得三官。衡妄加傅会，非是。《左氏》昭公十七年："郯（tán）子来朝。公与之宴。昭子问焉，曰：少皞氏鸟名官，何故也？郯子曰：吾祖也，我知之。昔者黄帝氏以云纪，故为云师而云名。炎帝氏以火纪，故为火师而火名。共工氏以水纪，故为水师而水名。大皞氏以龙纪，故为龙师而龙名。我高祖少皞挚之立也，凤鸟适至，故纪于鸟，为鸟师而鸟名。自颛顼以来，不能纪远，乃纪于近，为民师而命以民事。"此文真伪未敢定，即以为真，亦绝无先后相承之意。《世经》乃云："郯子据少昊受黄帝，黄帝受炎帝，炎帝受共工，共工受大昊，故先言黄帝，上及大昊。稽之于《易》，炮牺，神农，黄帝，相继

① 褚先生：指褚少孙，西汉经学家，曾为《史记》的一些篇章续补文字。

之世可知。”乃于炮牺、炎帝之间，增一共工，曰：“周人迁其行序，故《易》不载。”又于黄帝、颛顼之间，增一少昊，曰：“《考德》曰：少昊曰清。清者，黄帝之子青阳也，名挚。周迁其乐，故《易》不载。序于行。”又并颛顼、帝喾，亦谓周迁其乐，故《易》不载。穿凿甚矣。《考德》，师古曰：“考五帝德之书也。”盖即其所伪撰。《左疏》曰：“《世本》及《春秋纬》，皆言青阳即是少皞，黄帝之子，代黄帝而有天下，号曰金天氏。”纬书固歆辈所造，《世本》亦其徒所改，或后人依歆说所改也。

《礼记·祭法》云：“大凡生于天地之间者皆曰命。其万物死皆曰折，人死曰鬼，此五代之所不变也。七代之所更立者，禘（dì）郊宗祖，其余不变也。”《注》云：“五代，谓黄帝、尧、舜、禹、汤，周之礼乐所存法也。”“七代，通数颛顼及喾也。”“少昊氏修黄帝之法，后王无所取焉。”《疏》云：“周有六乐，去周言之惟五代。”“《易纬》及《乐纬》有五茎、六英，是颛顼及喾之乐。”又云：“《易纬》有黄帝及颛顼以下之乐，无少昊之乐。”则《世经》之言，于纬书亦不尽雠①。盖纬书造者非一手，亦或后人更有改易也。

《左氏》谓少昊名挚，或谓即《周书》名质之转音。然《周书》“故名曰质”句，意实非谓人名，此按文可见者也。《国语·晋语》：“黄帝之子二十五人，其同姓者二人而已。惟青阳与夷鼓皆为己姓。”下文又云：“凡黄帝之子二十五宗，其得姓者十四人，为十二姓：姬、酉、祁、己、滕、箴、任、荀、僖、姞（jí）、儇（xuān）、依是也。惟青阳与苍林氏同于黄帝，故皆为姬姓。”其说自相矛盾。《左疏》谓《世本》己姓出自少昊。《路史》作纪姓，则《国语》下一青阳是误。疑其或处于纪，而因以为氏也。《御览·皇王部》引《古史考》：高阳氏，妘（yún）姓。高辛氏，或曰房姓。

《史记·五帝本纪》曰：“帝喾娶陈锋氏女，生放勋。娶娵訾（jū zī）

① 雠（chóu）：校对。

氏女，生挚。帝喾崩，而挚代立。帝挚立，不善。崩，而弟放勋立，是为帝尧。"《御览·皇王部》引《帝王世纪》曰："帝挚之母，于四人之中，其班最下，而挚年兄弟最长，故得登帝位。封异母弟放勋为唐侯。挚在位九年，政软弱。而唐侯德盛，诸侯归之。挚服其义，乃率其群臣，造唐朝而致禅（shàn），因委至心愿为臣。唐侯于是知有天命，乃受帝禅，而封挚于高辛氏。事不经见，汉故议郎东海卫宏所传云尔。"卫宏之言，未必可信。然黄帝之族，似确有一挚其人，在尧之前。其人究系喾子，抑青阳若夷鼓之后，未可定，要之必为己姓。后来之纪，当出于此也。

《说文·女部》："嬴，帝少皞之姓也。"《御览》及《路史》引《古史考》皆曰：穷桑氏，嬴姓。《左氏》昭公元年，"昔金天氏有裔子曰昧，为玄冥师。生允格、台骀。台骀能业其官。宣汾、洮，障大泽，以处大原。帝用嘉之，封诸汾川。沈、姒（sì）、蓐（rù）、黄，实守其祀。"二十九年，"少皞氏有四叔，曰重、曰该、曰修、曰熙，实能金木及水。使重为句（gōu）芒，该为蓐收，修及熙为玄冥。世不失职，遂济穷桑。"昧，不知即修、熙之后否？钱宾四谓台骀即有骀氏，见所撰《西周地理考》。则是姜姓也。又《山海经·大荒北经》："有人一目，当面中生。一曰威姓，少昊之子。"此皆别一少昊，与挚无涉。盖少昊本司西方之官，人人可为之也。穷桑，杜《注》云："地在鲁北。"《疏》云："《土地名》穷桑阙。言在鲁北，相传云尔。"案定公四年，祝鮀言伯禽封于少皞之虚，《史记·鲁世家》亦云："封周公旦于少昊之虚曲阜。"《御览》六百九十引《田俅子》："少昊都于曲阜。"则以穷桑为在鲁，说自不误。《山海经·东山经》："《东次二经》之首曰空桑之山，北临食水。"食水者，"《东山经》之首曰樕螽①之山，北临乾昧，食水出焉，而东北流注于海。"其地当在青、兖之域。又《北山经》："空桑之山。无草

① 樕螽：郭璞注："速株二音。"

木，冬夏有雪。空桑之水出焉，东流注于滹沱（chū tuó）。”郭[①]《注》云：“上已有此山，疑同名也。”郝[②]《疏》云：“《东经》有此山，此经已上无之。检此篇，《北次二经》之首曰管涔之山至于敦题之山，凡十七山，今才得十六山，疑正夺此一山也。经内空桑之山有三：上文夺去之空桑，盖在莘、虢（guó）间。《吕氏春秋》《古史考》俱言伊尹产空桑，是也。此经空桑，盖在赵、代间。《归藏·启筮》言蚩尤出自羊水，以伐空桑，是也。”予案古代地名，每随人而迁徙。空桑恐正随少昊之族而西迁，台骀之处大原，即其一证也。予因此悟《史记》“青阳降居江水”，“昌意降居若水”，后人以蜀地释之者实误。案《索隐》[③]云：“江水、若水皆在蜀，即所封国也。《水经》曰：水出旄牛徼外，东南至故关为若水。南过邛都，又东北至朱提县，为泸江水。是蜀有此二水也。”

《正义》[④]云：“《华阳国志》及《十三州志》云：蜀之先，肇于人皇之际。黄帝为子昌意取蜀山氏，后子孙因封焉。”今案《水经·若水注》云：“《山海经》曰：南海之内，黑水之间，有木，名曰若木。若水出焉。又云：灰野之山，有树焉，青叶赤华，厥名若木。生昆仑山，西附西极也。《淮南子》曰：若木，在建木西。木有十华，其光照下地。故屈原《离骚》《天问》曰羲和未阳，若华何光是也。然若木之生，非一所也。黑水之间，厥木所植，水出其下，故水受其称焉。”《注》所引《山海经》，前一条见《海内经》，黑水下多青水二字。后一条见《大荒北经》，灰野作泂（jiǒng）野。郝《疏》云：“《文选·甘泉赋》《月赋》注，《艺文类聚》八十九引，并作灰野。”下云：“上有赤树，青叶赤华，名曰若木。”而“生昆仑西附西极”七字为郭《注》。郭《注》又云：“其华光赤，下照地。”郝《疏》云：“《文选·月赋注》引此经，若木下

---

① 郭：郭璞，两晋时期著名文学家、训诂学家，曾为《山海经》《尔雅》等典籍作注。

② 郝：郝懿行，清代著名经学家、训诂学家，著有《山海经笺疏》等。

③《索隐》：指《史记索隐》，唐代司马贞撰。

④《正义》：指《史记正义》，唐代张守节撰。

有日之所入处五字。《离骚》云：折若木以拂日。王逸[①]《注》云：若木在昆仑西极，其华照下地。疑郭《注》当在经中。”案以若木为生昆仑，西附西极，日之所入处者误。此必非经文也。《离骚》云：“饮余马于咸池兮，总余辔乎扶桑。折若木以拂日兮，聊逍遥以相羊[②]。”其文相承，正言日出时。《天问》王逸《注》亦云：“言日未出之时，若华何能有明赤之光华乎？”安得言日入？所引《淮南子》，乃《地形篇》文。其文云：“扶木在阳州，日之所曊[③]。建木在都广，众帝所自上下。日中无景[④]，呼而无响，盖天地之中也。若木，在建木西。末有十日，其华照下地。”此文疑有窜乱。《山海经·海外东经》云：“下有汤谷。汤谷上有扶桑，十日所浴。在黑齿北，居水中，有大木。九日居下枝，一日居上枝。”《注》云：“庄周云：昔者十日并出，草木焦枯。

《淮南子》亦云：尧乃令羿射十日，中其九日，日中乌尽死。《离骚》所谓羿焉毕日，乌焉落羽者也。《归藏·郑母经》云：昔者羿善射，毕十日，果毕之。汲郡《竹书》曰：胤甲即位，居西河，有妖孽，十日并出。明此自然之异，有自来[⑤]矣。《传》[⑥]曰：天有十日，日之数十。此云九日居下枝，一日居上枝。《大荒经》又云：一日方至，一日方出。明天地虽有十日，自使以次第迭出运照，而今俱见，为天下妖灾，故羿禀尧之命，洞其灵诚，仰天控弦，而九日潜退也。”然则若木自在日出处，安得云日所入乎？

王菉友[⑦]曰：“《石鼓文》有字，盖本作。若字盖亦作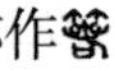，即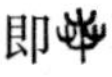

① 王逸：东汉著名文学家，其所作《楚辞章句》为《楚辞》最早的完整注本。

② 相羊：通“徜徉”。

③ 曊（fèi）：同“昲（fèi）”，晒干的意思。

④ 景：同“影”。

⑤ 自来：由来。

⑥《传》：指《左传》。

⑦ 王菉友：王筠，号篆（菉）友，清代语言学家、文字学家。

之重文加𠙵者？如𦯞字之象根形。是以《说文》之叒木，它书作若木，并非同音假借也。盖汉人犹多作[illegible]，是以八分书桑字作桒。《集韵》《类篇》：桑，古作[illegible]，并足征也。《说文》收若字于艸部，从艸，右声，亦似误。"《说文释例》。此说甚精。然则若水亦当作桑水也。《史记·殷本纪》载《汤诰》曰："东为江，北为济，西为河，南为淮，四渎已修，万民乃有居。"古言四渎，实主四方，而江在东，则青阳所降，亦当在东方；而昌意所降，则必古空桑之水。今《山经》所载，虽注滹沱，然其始必在《东次二经》所载之山附近，后乃随民族迁徙而西移也。《史记》言黄帝邑于涿鹿之阿，涿鹿本山名。《周书，王会》，北方有独鹿，盖即涿鹿，为国名或部族名。蜀山者，涿鹿之山，亦即独鹿之国。蜀山氏女，盖即蚩尤氏之女；二族初虽兵争，至此复通昏媾也。《山海经·海内经》云："黄帝妻雷祖，生昌意。昌意降处若水，生韩流。韩流，擢首谨耳[①]，人面豕喙[②]，麟身渠股[③]，豚止[④]。取淖子，曰阿女。生帝颛顼。"郭《注》引《竹书》云："昌意降居若水，产帝乾荒。乾荒即韩流也，生帝颛顼。"又引《世本》云："颛顼母，浊山氏之子，名昌仆。"郝氏《笺疏》云："《大戴礼·帝系篇》云：昌意取于蜀山氏之子，谓之昌仆氏，产颛顼。郭引《世本》作浊山氏，浊、蜀古字通，浊又通淖，是淖子即蜀山氏也。"然则蜀山氏之蜀，乃涿鹿、独鹿之单呼；其字可作浊，亦可作淖；乃望文生义，附会为后世之蜀地，岂不谬哉？《山海经》世系，较《大戴记》《史记》皆多一代。古世系本不能无阙夺，不当据《大戴》《史记》以疑《山海经》也。《竹书》则不足信，其曰乾荒，盖正因《山海经》之韩流而伪造。

近人蒙文通云："《山海经·海内经》云：炎帝之妻，赤水之子听訞（yāo），

① 擢首谨耳：擢首，脖子长。谨耳：耳朵小。

② 豕喙：人的嘴型像猪嘴。

③ 渠股：跰（pián）脚，即罗圈腿。

④ 豚止：止，指脚。豚止，脚像猪脚。

生炎居。炎居生节并。节并生戏器。戏器生祝融。祝融降居于江水，生共工。共工生术器。术器首方颠，是复土穰，以处江水。共工生后土。后土生噎鸣。是祝融者，炎帝之胤也。《世本》：祝融曾孙生伯夷，封于吕，为舜四岳；许慎以大岳佐夏侯许，为祖自炎神，《周语》以共工从孙为四岳，皆见共工、祝融，同祖炎神也。《大荒西经》云颛顼生老童，老童生祝融，是别一祝融，旧说每误合为一人。《风俗通义》说：颛项有子曰黎，为苗之民。郑玄注《吕刑》，说苗民为九黎之君，是应义本于郑氏。《山海经·大荒北经》曰：颛顼生驩（huān）头，驩头生苗民，苗民，黎姓。则颛项疑亦南方民族也。”见所著《古史甄微》第九篇《夏之兴替》。予案《大荒西经》又有文曰：“大荒之中，有山名曰日月山，天枢也。吴姖（jù）天门，日月所入。有神，人面无臂，两足反属于头。山名曰嘘。颛顼生老童，老童生重及黎。帝令重献上天，令黎卬[①]下地。下地是生噎。处于西极，以行日月星辰之行次。”“下地是生噎”，郝氏《笺疏》云：“此语难晓。《海内经》云：后土生噎鸣。此经与相涉，而文有阙夺，遂不复可读。”予案“山名曰嘘”，山字疑误。嘘似即噎之讹，乃神名。“下地是生噎”，下地字误重，是生噎之上，又有夺文。噎盖噎鸣也。

《国语·楚语》云：“昭王问于观射父曰：《周书》所谓重、黎实使天地不通者，何也？若无然，民将能登天乎？对曰：非此之谓也。古者民神不杂。及少昊之衰也，九黎乱德。民神杂糅，不可方物[②]。颛顼受之。乃命南正重司天以属神，命火正黎司地以属民。使复旧常，无相侵渎。是谓绝地天通。其后三苗复九黎之德。尧复育重、黎之后不忘旧者，使复典之，以至于夏、商。故重、黎氏世叙天地，而别其分职者也。其在周，程伯休父其后也。当宣王时，失其官守，而为司马氏。宠神其祖，

① 卬：按袁珂《山海经全译》，似应为“卬”。卬，在这里是“往下按”的意思。跟下段末句的“抑”字，在古代是同一个字。

② 不可方物：无法辨别。

以取威于民，曰：重实上天，黎实下地。遭世之乱，而莫之能御也。不然，夫天地成而不变，何比之有？”“重实上天，黎实下地”，即《山海经》所谓“令重献上天，令黎抑下地”也。

《大荒西经》又云：“有人，名曰吴回。奇左，是无右臂。”又云：“大荒之中有山，名曰大荒之山，日月所入。有人焉，三面，是颛顼之子，三面一臂。”案《说文·了部》：“了，尥也。从子无臂。象形。”孑，“无右臂也。从了乚，象形。”孓，“无左臂也。从了亅，象形。”人岂有无臂及一臂者？此三文盖为神而作。吴回者，《史记·楚世家》云：“楚之先祖，出自帝颛顼高阳。高阳生称，称生卷章，卷章生重黎。重黎为帝喾高辛居火正，甚有功，能光融天下。帝喾命曰祝融。共工氏作乱。帝喾使重黎诛之而不尽，帝乃以庚寅日诛重黎，而以其弟吴回为重黎后，复居火正，为祝融。”合此诸文观之，黎苗确出颛顼，而出于黎之噎，与出于炎帝之噎鸣，又不能谓非一人；然则出于颛顼之祝融，与出于炎帝之祝融，亦不能谓其非一人也。是又何邪？盖《海内经》所谓炎帝者，即是祝融。祝者，属也，融者，光融。古者野蛮之族，恒有守火之司，祝融盖即火正之名，其后因以为氏。古无所谓共主，部族大者即可称王。生时既可称王，死后自可称帝。居火正之官者，尊称其祖，自可谓之炎帝。非古神农氏之后也。然出于祝融之四岳姜姓者，则以昌意娶蜀山氏子，其后或从母姓耳。然则蚩尤虽为黄帝所诛，迄于颛顼之世，其族即已复盛矣。《潜夫论·五德志》谓“颛项身号高阳，世号共工”。共工亦姜姓。

皇甫谧谓颛顼始都穷桑，盖以其承少昊言之。云后徙商丘，于帝喾则云都亳，盖为《左氏》“卫颛顼之虚也”一语所误。《皇览》谓颛顼、帝喾，冢皆在东郡濮阳，皇甫谧谓在东郡顿丘广阳里，见《史记集解》《索隐》及《御览》。又见《水经·淇水注》。亦因此附会。可参看《神农与炎帝大庭》条。《吕览·古乐》，谓帝颛顼生自若水，实处空桑，乃登为帝，则颛顼仍处空桑，帝喾亦当袭其迹耳。郯子言少昊挚之立也，爽鸠氏为司寇；而《左氏》昭公二十年：晏子对齐景公，谓“昔爽鸠氏始居此地，季萴因之，有逢伯陵因之，薄姑氏因之，而后大公因之”。十年：“有星出于婺女。郑裨灶言于子产曰：七月戊子，晋君将死。今兹岁在颛顼之虚，姜氏、任氏，实守其地。《注》：“姜，齐姓；任，薛姓。”居其维首，而有妖星焉，告邑姜也。邑姜，晋之妣[1]也，天以七纪。戊子，逢公以登，星斯于是乎出。”皆古代都邑在齐鲁之地之证。

女娲与共工

司马贞《补三皇本纪》云：女娲末年，诸侯有共工氏，任智刑以强，霸而不王。与祝融战，不胜，而怒，乃头触不周山崩，天柱折，地维缺。女娲乃炼五色石以补天，断鳌足以立四极，以济冀州。上当夺“杀黑龙”三字。《注》云：“按其事出《淮南子》也。”按《淮南·览冥》云：“往古之时，四极废，九州裂；天不兼覆，地不周载；火爁炎[2]而不灭，水浩洋而不息；猛兽食颛民，颛，《御览》引作精，并引高诱《注》曰：“精，弱也。”鸷鸟[3]攫老弱。于是女娲炼五色石以补苍天，断鳌足以立四极，杀黑龙以济冀州，积芦灰以止淫水。苍天补，四极正，淫水涸，冀州平，狡虫死，颛民生。”言女娲治水而不及共工。

《原道》云：“昔共工之力，触不周之山，使地东南倾，与高辛争为帝，遂潜于渊，宗族残灭，继嗣绝祀。”《天文》云：“昔者共工与颛顼争为帝，怒而触不周之山，天柱折，地维绝；天倾西北，故日月星辰移焉。地不满东南，故水潦尘埃归焉。”《兵略》亦云：“颛顼尝与共工争

---

① 妣（bǐ）：母亲。

② 爁炎（làn yàn）：火势蔓延。

③ 鸷（zhì）鸟：凶猛的鸟。

矣。"《本经》云："舜之时，共工振滔洪水，以薄[1]空桑，龙门未开，吕梁未发，江淮流通，四海溟涬[2]。民皆上邱陵，赴树木。舜乃使禹疏三江五湖，辟伊阙，导廛、涧，平通沟陆，流注东海。洪水漏，九州干，万民皆宁其性。"言共工致水患而不及女娲。《楚辞·天问》云："康回冯怒[3]，地何故以东南倾。"《注》云："康回，共工名也。《淮南子》言共工与颛顼争为帝，不得，怒而触不周之山，天维绝，一地柱折，维绝、柱折疑互讹。故东南倾也。"《山海经·大荒西经》云："西北海之外，大荒之隅，有山而不合，名曰不周，负子。"郭《注》引《淮南子》同，亦未及女娲。惟《论衡·谈天》云："儒书言共工与颛顼争为天子，不胜，怒而触不周之山，使天柱折，地维绝，女娲销炼五色石以补苍天，断鳌足以立四极。天不足西北，故日月移焉，地不足东南，故百川注焉。"《顺鼓》云："传又言共工与颛顼争为天子，不胜，怒而触不周之山，使天柱折，地维绝。女娲消炼五色石以补苍天，断鳌足以立四极。"与小司马之言同。

古人传说，每误合数事为一，《论衡》之言，盖蹈此弊，而小司马又沿其流也。古书言共工者：《史记·律书》云："颛顼有共工之陈，以平水害。"又《淮南·本经》言"共工振滔洪水，以薄空桑"，而《吕览·古乐》言"帝颛顼生自若水，实处空桑"，二者实消息相通。此与《淮南·天文》，皆以为与颛顼争者也。《原道》谓与高辛争。《吕览·荡兵》云："黄、炎故用水火矣，共工固次作难矣，五帝固相与争矣。"虽不明言何时，亦可想见其在颛顼之世。《书》言舜摄政，"流共工于幽州"。

《周书·史记》云："昔者共工自贤，自以无臣，久空大官，下官交乱，民无所附，唐氏伐之，共工以亡。"《淮南·本经》谓在舜时。《战

---

① 薄：迫近。

② 溟涬（mǐng xìng）：茫然无际。

③ 冯（píng）怒：冯，大，盛。冯怒，大怒，盛怒。

国·秦策》：苏秦言："禹伐共工。"《荀子·议兵》同。《荀子·成相》云："禹有功，抑下鸿，辟除民害逐共工。"《山海经·大荒西经》云：不周之山，"有两黄兽守之。有水曰寒暑之水，水西有湿山，水东有幕山，有禹攻共工国山。"又《海外北经》云："共工之臣曰相柳氏。九首，以食于九山。相柳之所抵，厥为泽溪。禹杀相柳，其血腥，不可以树五谷种。禹厥之，三仞三沮，乃以为众帝之台。在昆仑之北，柔利之东。相柳者，九首人面，蛇身而青。不敢北射，畏共工之台。台在其东。台四方，隅有一蛇，虎色，首冲南方。"《大荒北经》云："共工臣名曰相繇，九首，蛇身自环，食于九土。其所歍所尼[①]，即为源泽。不辛乃苦，百兽莫能处。禹湮洪水，杀相繇。其血腥臭，不可生谷。其地多水，不可居也。禹湮之，三仞三沮[②]，乃以为池。群帝因是以为台。在昆仑之北。"相繇即相柳，此与《海外北经》所言，系一事两传。又云："有系昆之山者，有共工之台，射者不敢北乡。"则以为在尧、舜、禹之世。无以为与女娲争者。《国语·周语》载太子晋之言曰："古之长民者，不堕山，不崇薮（sǒu），不防川，不窦[③]泽。昔共工弃此道也，虞于湛乐，淫失其身，欲壅防百川，堕高堙庳[④]，以害天下。皇天弗福，庶民弗助。祸乱并兴，共工用灭。其在有虞，有崇伯鲧播其淫心，称遂共工之过。尧用殛[⑤]之于羽山。其后伯禹念前之非度，厘改制量。共之从孙四岳佐之。高高下下，疏川导滞，钟水丰物。封崇九山，决汨九川，陂障九泽，丰殖九薮，汩越九原，宅居九隩（ào），合通四海。克厌帝心。皇天嘉之，祚[⑥]以天下，赐姓曰姒，氏曰有夏。祚四岳国，命以侯伯，赐姓曰姜，氏曰

① 所歍所尼：歍，喷吐。尼，栖息。

② 三仞三沮：三次填满，三次陷坏下去。

③ 窦（dòu）：决开。

④ 堕高堙（yīn）庳（bēi）：削平山陵，填塞洼地。堙，填塞。庳，低处，指洼地。

⑤ 殛（jí）：诛杀。

⑥ 祚（zuò）：赐福。

有吕。”明自共工至禹，水患一线相承，说共工者，自以谓在颛顼及尧、舜、禹之世为得也。

女娲盖南方之神。《楚辞·天问》云：“女娲有体，孰制匠之？”《注》云：“传言女娲人头蛇身，一日七十化。”《淮南·说林》云：“黄帝生阴阳，此黄帝非轩辕氏，阴阳亦非泛言，当指男女形体，与下二句一律。上骈生耳目，桑林生臂手，此女娲所以七十化也。”《说文·女部》：“娲，古之神圣女，化万物者也。”盖谓万物形体，皆女娲所制，《御览·皇王部》引《风俗通》云：“俗说：天地开辟，未有人民。女娲抟黄土作人，剧务，力不暇供，乃引绳于泥中，举以为人。故富贵者，黄土人也；贫贱凡庸者，絙人也。”说虽不同，亦以生民始于女娲。浸（jìn）假遂可以补天，立四极矣。然实与水患无关。《论衡·顺鼓》曰：“雨不霁，祭女娲，于礼何见？伏羲、女娲，俱圣者也，舍伏羲而祭女娲，《春秋》不言。董仲舒之议，其故何哉？俗图画女娲之象为妇人之形，又其号曰女，仲舒之意，殆谓女娲古妇人帝王者也。男阳而女阴，阴气为害，故祭女娲求福佑也。传又言云云，见前引。仲舒之祭女娲，殆见此传也。”仲任揣测，全失董生之意。雨不霁则祭女娲，盖古本有此俗，而董生采之，非其所创。其所以采之，则自出于求之阴气之义，非以传所云而然也。《史记·夏本纪索隐》引《世本》云：“涂山氏女名女娲。”《正义》引《帝系》云：“禹取涂山氏之子，谓之女娲，是生启也。”此说与谓女娲能治水者又迥别，亦后起之说，非其朔也。

《大荒北经》云：系昆之山，“有人衣青衣，名曰黄帝女魃（bá）。蚩尤作兵伐黄帝。黄帝乃令应龙攻之冀州之野。应龙畜水，案畜即蓄字，乃积聚之义，积聚者必先收敛，收敛者必顺其理，故《记·祭统》曰：“顺于道不逆于伦，是之谓畜。”蚩尤请风伯、雨师，纵大风雨。黄帝乃下天女曰魃，雨止，遂杀蚩尤。魃不得复上，所居不雨。叔均言之帝，后置之赤水之北。叔均乃为田祖。魃时亡之。所欲逐之者，令曰：神北行！先除水道，决通沟渎”。又曰：“大荒之中，有山名曰成都载天。有人，珥（ěr）两黄蛇，把两黄蛇，名曰夸父。后土生信，信生夸父。夸父不量力，欲追日景，逮之于禺谷。将饮河而不足也，将走大泽，未至，死于此。应龙已杀蚩尤，又杀夸父，乃去南方处之，故南方多雨。”此说以应龙即魃。去南方处之者，盖谓夸父。日与魃同类。夸父逐日，魃敌风伯、雨师，皆水火二神之争也。

《海外北经》云：“夸父与日逐走，入日。谓使日入也。《史记·礼书集解》引作日入，盖改从后世语法。渴欲得饮，饮于河渭。河渭不足，北饮大泽，未至，道渴而死。弃其杖，化为邓林。”两经所载凡三说：《海外北经》暨《大荒北经》前一说，以为逐日渴死；其后一说，则以为与蚩尤同为应龙所杀。夸父为后土之子。后土者，《礼记·祭法》云：“厉山氏之有天下也，其子曰农，能殖百谷。夏之衰也，周弃继之，故祀以为稷。共工氏之霸九州也，其子曰后土，能平九州，故祀以为社。”《国语·鲁语》：“昔烈山氏之有天下也，其子曰柱，能殖百谷百蔬；夏之兴也，周弃继之，故祀以为稷。共工氏之伯九有也，其子曰后土，能平九土，故祀以为社。”《山海经·海内经》云：“禹、鲧是始布土，均定九州。炎帝之妻，赤水之子听訞郝氏《义疏》云：“《补三皇本纪》云：神农纳奔水氏之女曰听詙为妃，生帝哀，哀生帝克，克生帝榆罔”云云。证以此经，赤水作奔水，听訞作听詙，及炎居以下，文字俱异。司马贞自注云：“见《帝王世纪》及《古史考》。”今案二书盖亦本此经为说，其名字不同，或当别有依据，然古典佚亡，今无可考矣。生炎居，炎居生节并，节并生戏器，戏器生祝融。祝融降处于江水，生共工，共工生术器。术器首方颠，是复土穰，以处江水。共工生后土，后土生噎鸣。噎鸣生岁十有二，洪水滔天。鲧窃帝之息壤，以湮洪水，不待帝命。帝令祝融杀鲧于羽郊。鲧复生禹。帝乃命禹卒布土，以定九州。”厉山即神农，与蚩尤、共工，同为姜姓之国；黄帝、颛顼、高辛、尧、舜、禹则姬姓也：二姓相争之情形，可以想见。祝融，《左氏》《国语》《大戴记·帝系姓》《史记·楚世家》并以为颛顼后。《山海经·大荒西经》亦云：“颛顼生老童，老童生祝融。”又云：“颛顼生老童，老童生重及黎。”而《海内经》独以为炎帝之后，共工之先。案《左氏》昭公二十九年之言，出于蔡墨。墨之言曰：“有五行之官，是谓五官。木正曰句芒，火正曰祝融，金正曰蓐收，水正曰玄冥，土正曰后土。”“少皞氏有四叔：曰重、曰该、曰修、曰熙，实能金木及水。使重为句芒，该为蓐收，修及熙为玄冥，世不失职，遂济穷桑，此其三祀也。颛顼氏有子曰犁，为祝融；共工氏有子曰句龙，为后土；此其二祀也。后土为社。稷，田正也，有烈山氏之子曰柱，为稷，自夏以上祀之。周弃亦为稷，自商以来祀之。”而《国语·楚语》载观射父之言日：“有天地神明类物之官，是谓五官。及少皞之衰也，九黎乱德。颛顼受之，乃命南正重司天以属神，命火正黎司地以属民，使复旧常，无相侵渎。其后三苗复九黎之德，尧复育重黎之后不忘旧者，使复典之，以至于夏商。”然则乱德之九黎，与颛顼命其司地之黎，即蔡墨所谓颛顼氏有子日犁，亦即《大戴记》《史记》《大荒西经》以为颛顼之后者，实同号而异人。后者盖袭前者之位，故亦同称为祝融。实则一为炎帝、共工之族，一为颛顼之后也。蔡墨曰：“昔有飂（liù）叔安，有裔子曰董父，乃扰畜龙，以服事帝舜。帝赐之姓曰董，氏曰豢龙，封诸鬷（zōng）川。鬷夷氏其后也。陶唐氏既衰，其后有刘累，学扰龙于豢龙氏，以事孔甲。夏后嘉之，赐氏曰御龙，以更豕韦之后。”

《国语·郑语》：史伯谓郑桓公曰：“夫黎为高辛氏火正，故命之曰祝融。夫成天地之大功者，其子孙未尝不章，虞、夏、商、周是也。虞幕能听协风，以成乐物生者也；夏禹能单平水土，以品处庶类者也；商契能和合五教，以保于百姓者也；周弃能播殖百谷蔬，以衣食民人者也；其后皆为王公侯伯。祝融亦能昭显天地之光明，以生柔嘉材者也。其后八姓，于周未有侯伯。佐制物于前代者，昆吾为夏伯矣，大彭、豕韦为商伯矣，当周未有。己姓昆吾、苏、顾、温、董，董姓鬷夷、豢龙，则夏灭之矣。彭姓彭祖、豕韦、诸稽，则商灭之矣。秃姓舟人，则周灭之矣，妘邬、郐、路、偪（bī）阳，曹姓邹、莒（jiǔ），皆为采卫，或在王室，或在夷狄，莫之数也，而又无令闻，必不兴矣。斟姓无后。融之兴者，其在芈（mǐ）姓乎？”史伯所举虞、夏、商、周及祝融，亦即蔡墨、观射父所谓五官；协风成物，当为木正。平水土为水正，契当为金正，故殷人尚白。社稷同功，弃当为土正。其云鬷夷，即蔡墨所云董父之后，墨云以更豕韦，则豕韦虽伯于商，其先实为夏所替。然则祝融同族，多为夏所翦灭，谓为高阳之后，理或未然。窃疑颛顼取于蜀山，实为蚩尤之后，见《少昊》条。楚以母系言之，实于姜姓为近，抑或楚之先，实为少昊之祝融，而非颛顼所使司地以属民者也。观《海内经》祝融杀鲧之言，《楚语》三苗复九黎之德，尧复育重黎之后之语，则少皞时之九黎，即《海内经》所称为炎帝之后，共工之先者，与姬姓相争，仍甚烈也。黎盖封地，祝融则官名。颛顼替少昊之祝融，所使继之者，盖居其职，并袭其封土，故黎与祝融之称，二者皆同。惟少昊时之黎，分为九族，故又有九黎之称。颛顼所命之火正，则不然耳。然则《尧典》言黎民，殆即九黎之民，援秦人黔首之名以释之，殆附会而非其实矣。《周语》太子晋谏灵王，鉴于黎、苗之王，亦即《楚语》所谓三苗复九黎之德者。先秦人语，固时存古史之真也。

《韩非·五蠹》曰：“当舜之时，有苗不服，禹将伐之。舜曰：不可。上德不厚而行武，非道也。乃修教三年，执干戚[①]舞，有苗乃服。共工之战，铁铦（xiān）矩者及乎敌，铠甲不坚者伤乎体，是干戚用于古，不用于今也。”案所言舜服有苗事，即书所谓“窜三苗于三危”，亦即《楚语》所谓三苗复九黎之德者，盖当尧、舜之世，九黎之后，又尝与姬姓争也。共工与姬姓之争，实在有苗之先，《韩子》之文，顾若在其后者。古人轻事重言，此等处固所不计。然言共工兵甲之利，亦可见其为蚩尤同族矣。三皇或说，一曰伏羲、神农、祝融，一曰伏羲、神农、女娲。见《三皇五帝》条。祝融列为三皇，可见其尝霸有天下，与共工同；其又曰女娲者，盖汉人久将女娲与祝融，牵合为一也。

少昊氏四叔，何以为三官？玄冥一官，何以两人为之？亦一可疑之

① 干戚：干，盾牌。戚，大斧子。

端。昭公元年，子产言“昔金天氏有裔子曰昧，为玄冥师。生允格、台骀，台骀能业其官”。昧固只一人，允格，台骀，亦只一人继其业也。窃疑四叔初必分居四官，且正以居四官故而有四叔之称。其后祝融为颛顼所替，言祝融者惟知为颛顼氏子，而少皞氏四叔之称，相沿已久，不可改易，乃举修及熙而并归诸玄冥耳。又《国语》言颛顼命南正重司天以属神，命火正黎司地以属民，是祝融一官，亦二人为之也。古未有以二人为一官者，故《郑志》答赵商云火当为北，韦昭亦云然。见《诗·桧谱疏》。然以南北二正为相对之称，又无解于《左氏》以祝融为五官之一矣。案《大戴礼记·帝系姓》，谓颛顼产老童，老童产重黎及吴回。《史记·楚世家》则云：“高阳生称，称生卷章，卷章生重黎，重黎为帝喾高辛居火正，帝喾命曰祝融。共工氏作乱，帝喾使重黎诛之而不尽，帝乃以庚寅日诛重黎，而以其弟吴回为重黎后，复居火正，为祝融。”《集解》：“徐广曰：《世本》云：老童生重黎及吴回。谯周曰：老童即卷章。”卷章疑老童字误，《史记》多称一世。窃疑重黎实二人，其一为少昊氏子，一为颛顼氏子，《大戴》《世本》以为一人实误，惟《史记》之文，犹留窜改之迹。盖称生重，亦即老童，颛顼氏命为火正者也。黎则少昊氏之世居火正者，老童既袭其封土，乃兼称曰重黎，帝喾盖颛顼之误，云帝喾使重黎诛之而不尽者，颛顼命老童诛少昊氏之黎而不尽也。云帝乃以庚寅日诛重黎者，非以老童诛共工不能尽而罚殛之，所诛者仍是少昊氏之黎。楚俗本兄弟相及，吴回居火正，不必以其兄之见诛；吴回生季连，季连之裔孙曰鬻（yù）融，《大戴记》如此，《史记》作鬻熊。仍是祝融异文耳。《大荒北经》云“颛顼生驩头，驩头生苗民，苗民厘姓”，则以三苗为颛顼后矣。《潜夫论·五德志》云“颛顼身号高阳，世号共工”，则以共工为颛顼后矣。古世系固多错乱也。

《左氏》昭公十七年，郯子言黄帝以云纪，炎帝以火纪，共工以水纪，大皞以龙纪。杜《注》云：“共工以诸侯霸有九州者，在神农前，大皞后。”《疏》云：“此《传》从黄帝向上逆陈之，知共工在神农前，大皞后也。”此说未必是，然古以共工与大皞、炎、黄并列，则可知矣。

共工、禹治水

《礼记·祭法》言：“共工氏之霸九州也，其子曰后土，能平九州，故祀以为社。”而《周语》以共工与鲧并列，谓其治水无功。此成败论人之辞，非其实也。《书·皋陶谟（mó）》载禹之言曰：“予决九川，距四海，浚畎浍距川。”九者数之极，九川但言其多；四海谓中国之外；云“浚畎浍距川①”，则但开通沟渎耳，初未有疏江道河之事也。此盖禹治水实迹。《禹贡》篇末云：“九州攸同，四隩既宅，九山刊旅，九川涤源，九泽既陂，四海会同。”与《周语》所谓“封崇九山，决汨九川，陂障九泽，丰殖九薮，汩越九原，宅居九隩，合通四海”者，同为泛言无实之辞，盖皆相传旧文。其前分述九州治迹，及道山道水之文，则皆后人所附益也。此等附益之文，参观诸子，颇有可以互证者。《孟子·滕文公》上篇云：“禹疏九河，沦济、漯而注诸海，决汝、汉，排淮、泗而注之江。”下篇云：“水由地中行，江、淮、河、汉是也。”

《管子·轻重戊》云：“夏人之王，外凿二十蝱（méng），渫（xiè）七十湛；疏三江，凿五湖，道四泾之水，以商九州之高，以治九薮。”《墨子·兼爱》中篇云：“古者禹治天下：西为西河渔窦，以泄渠孙皇之水。北为防原、泒（gū），注后之邸嘑（hū）池之窦；洒为底柱，凿为龙门；以利燕、代、胡、貉与西河之民。东方漏之陆，防孟诸之泽；洒为九浍，以楗（jiàn）东土之水；以利冀州之民。南为江、汉、淮、汝，东流之注五湖之处，以利荆楚、于越与南夷之民。”《庄子·天下》曰：

① 浚畎（quǎn）浍（kuài）距川：浚，疏浚。畎，田间的水沟。浍，田间的大沟渠。距，至，通。川，大河。

“墨子称道曰：昔者禹之湮洪水决江、河而通四夷九州也，名山三百，支川三千，小者无数。禹亲自操橐耜[①]而九杂天下之川。”

《吕览·爱类》云：“昔上古龙门未开，吕梁未发，河出孟门，大溢逆流，无有丘陵，沃衍，平原，高阜，尽皆灭之，名曰鸿水。禹于是疏河决江；为彭蠡之障，干东土；所活者千八百国。”《新书·修政语》上篇云：“环河而道之九牧，凿江而道之九路，洒五湖而定东海。”《说苑·君道》《淮南·要略》略同。《淮南·本经》云：“龙门未开，吕梁未发，江、淮流通，四海溟涬。舜乃使禹疏三江、五湖，辟伊阙，道廛、涧。”《人间》云：“禹凿龙门，辟伊阙。”《修务》云：“禹沐浴淫雨，栉（zhì）扶风，决江疏河，修彭蠡之防。乘四载，随山刊[②]木，平治水土，定千八百国。”皆就己所知之地理，极意敷陈，而不计其实，《禹贡》特其尤甚者耳。《说文·川部》云：“州，水中可居者。昔尧遭洪水，民居水中高土，故曰九州。”此乃州字本义。后土之所平，禹之所同，皆不过如此。

《孟子》述水患情形曰：“草木畅茂，禽兽繁殖。五谷不登，禽兽逼人，兽蹄鸟迹之道，交于中国。”《滕文公》上。又曰：“龙蛇居之，民无所定。下者为巢，上者为营窟。”《滕文公》下。《淮南》云：“民皆上丘陵，赴树木。”《本经》。又曰：“时天下大雨，禹令民聚土积薪，择丘陵而处之。”《齐俗》。其言治水之功者：《管子》曰：“民乃知城郭门闾室屋之筑。”《轻重戊》。《淮南》曰：“使民得陆处。”《人间》。固无异于后土之所为。其为禹之佐者：禹自言之曰：“暨益奏庶鲜食。”“暨稷播奏庶艰食鲜食。懋（mào）迁有无化居，蒸民乃粒。”《皋陶谟》。《孟子》亦曰：“益烈山泽而焚之。”“后稷教民稼穑[③]。”《滕文公》上。此亦厉山氏之子之所为耳，柱固先弃而为稷，厉山亦即烈山也。禹、益、弃

---

① 橐（tuó）耜（sì）：橐，盛土的器具。耜，一种类似于锄或者锹的农具。

② 刊：砍伐。

③ 稼穑（sè）：耕作。

之功，何以过于前人哉？而一蒙湛乐淫佚之名，一见称以明德之远，则甚矣世之有成败而无是非，而书之不可尽信也！

知《禹贡》、诸子所言禹事，皆以意敷陈之辞，则知鸿水之患，实未及于西方。河患情形，古今一也。诸书侈言凿龙门，通砥柱，辟伊阙，道廛、涧者，以当时人民，避水西迁，所见奇迹，实以龙门砥柱为大；而西河、伊、洛，又为有夏之居故耳。《淮南·地形》云："阖四海之内，东西二万八千里，南北二万六千里。水道八千里，通谷。其名川六百，陆径三千里。禹乃使大章步自东极，至于西极，二亿三万三千五百里七十五步。使竖亥步自北极，至于南极，二亿三万三千五百里七十五步。凡鸿水渊薮，自三百仞以上，二亿三万三千五百五十里。有九渊。禹乃以息土填洪水，以为名山。掘昆仑虚以下地。"《时则》云："中央之极，自昆仑东绝两恒山。日月之所道，江汉之所出，众民之野，五谷之所宜，龙门、河、济相贯，以息壤湮洪水之州。庄逵吉云："《太平御览》此下有注云：禹以息土湮水，以为中国九州。州，水中可居也。"东至于碣（jié）石，黄帝后土之所司者，万二千里。"

《吴越春秋·越王无余外传》云："禹乃案《黄帝中经历》，盖圣人所记。曰：在于九山，东南天柱，号曰宛委。赤帝在阙。其岩之巅，承以文玉，覆以盘石。其书金简，青玉为字，编以白银，皆瑑（zhuàn）其文。禹乃东巡，登衡岳，血白马以祭，不幸所求。禹乃登山，仰天而啸。因梦见赤绣衣男子，自称玄夷苍水使者。闻帝使文命于斯，故来候之。非厥岁月，将告以期，无为戏吟。故倚歌覆釜之山，东顾谓禹曰：欲得我山神书者，斋于黄帝岩岳之下三月。庚子，登山，发石，金简之书存矣。禹退，又斋三月。庚子，登宛委山，发金简之书。案金简玉字，得通水之理。复返归岳，乘四载以行川。始于霍山，回集五岳。遂巡行四渎。与益、夔（kuí）共谋。行到名山大泽，召其神而问之山川脉理，金玉所有，鸟兽昆虫之类，及八方之民俗，殊国异域土地里数。使益疏而记之。故名之曰《山海经》。"又云："于是周行宇内。东造绝迹，西延积石，南踰赤岸，北过寒谷。回昆仑，察六扈，脉地理，名金石。写流沙于西隅，决弱水于北汉。青泉、赤渊，分入洞穴。通江东流，至于碣石。疏九河于涽渊，开五水于东北。凿龙门，辟伊阙。平易相土，观地分州。殊方各进，有所纳贡。民去崎岖，归于中国。”其敷陈与诸子书同，而又杂以荒怪。

然《洪范》云：“鲧湮洪水，汩陈其五行，帝乃震怒，不畀[①]洪范九畴，彝伦攸斁[②]。鲧则殛死，禹乃嗣兴。天乃锡[③]禹洪范九畴，彝伦攸叙。”《禹贡》云：“禹敷土。”《商颂》亦云：“禹敷下土方。”实与《淮南王书》《吴越春秋》，暨前条所引《山经》之言相通。盖古事之传于后者，仅有极简略之辞，如敷土之类。其详，皆后人以意附会，而荐绅先生之言，与齐东野人之语，遂至于大有径庭。若能深窥其原，则知其所附会者不同，而其为附会，初无以异。楚固失矣，齐功亦未为得也。西方史家有言曰：“史事者，众所共信之故事也。”岂不然哉！岂不然哉！

以息壤湮洪水者，谓以土填平低洼之区也。《山海经》言术器复土壤以处江水。复，即《诗》“陶复陶穴”之复，则就平地增高之也。此盖古代治水诚有之事，抑亦其恒用之法。神话中仍有人事，犹之寓言中之名物，非可伪造也。太子晋言共工堕高堙卑，即取土壤以填低地之事。其云壅防百川，壅者遏绝之；欲堙卑，斯必不免于壅川矣。防者，筑为堤防，《史记》所谓鲧作九仞之城以障水也。然则鲧与共工，徒知壅防湮复，而不知疏道，此其所以终败，而禹所以克成功与？夫如是，后土安能尸平九州之名，而为百世所禋（yīn）祀也？[④]然则禹之所以克享大名者，黄帝之族战胜共工之族，乃举洪水之患，治水之劳扰，悉蔽罪焉，

① 畀（bì）：赐予。

② 斁（dù）：败坏。

③ 锡（cì）：通“赐”，赐予的意思。

④ 尸：空占。此句犹言：如果真的是这样，后土又怎么能够空占平九州的名声，而被后世祭祀？

而功则皆归诸禹也；抑禹之时，沉灾久而自澹也；不则避水西迁，渐抵河洛，其地本无水患也；三者必居一于是矣，或且兼有之也。其治水之劳，安民之惠，必无以大过于共工可知也。

《管子·揆度[①]》曰："共工之王，水处什之七，陆处什之三，乘天势以隘制天下。"则共工氏实居水乡，后土之能平九州，犹今荷兰人之与水争地也，其劳必不让于禹矣；其为民之所禋祀也，宜哉。《管子》又曰："至于黄帝之王，谨逃其爪牙，不利其器。烧山林，破增薮，焚沛泽，逐禽兽，实以益人，然后天下可得而牧也。"《揆度》。又曰："黄帝之王，童[②]山竭泽，有虞之王，烧曾薮、斩群害以为民利。"《轻重戊》。烧山林、破增薮、焚沛泽者，益烈山泽而焚之也。焚之则山童[③]矣。谨逃其爪牙、不利其器者，以焚烧逐禽兽，不利其器以与之斗也。前此盖尝与之斗矣，不如焚烧之之善也。竭泽即禹之浚川，斩群害则其刊木。然则禹治水之法，前人久用之矣。故曰：洪水至禹而平，非沉灾之久而自澹，则西迁之业至禹而成也；而共工与鲧皆被[④]恶名，必非其实矣。

《淮南》言"共工振滔洪水，以薄空桑"，空桑在鲁，已见《少昊》条。《禹贡》言九州治迹，惟兖州独有降丘宅土之文，亦古史实迹之仅存者也。然则西迁之业，必至禹而大成；尧都晋阳，必非事实。《尧典》《皋陶谟》皆言洪水怀山襄陵，所谓山陵，亦水中州渚耳，非真出孟门之上也。《吕览》言黄、炎固用水火矣，《荡兵》。得毋[⑤]是时水灾方甚，战时多决水以灌敌；而火攻之法，亦或得之烈山泽之余与？

---

① 揆度（kuí duó）：考核，称量。

② 童：秃。这里意为"使……秃"，引申为砍伐山林。

③ 童：即"秃"，这里意为山因为焚烧而变得秃了。

④ 被：蒙受。

⑤ 得毋：即"得无"，表示推测。

太康失国与少康中兴

太康失国，少康中兴，为夏代一大事，而《史记·夏本纪》一语不及，《正义》以此讥其疏略，其实非也。古人著书，各有所本。所本不同者，既不以之相订补，亦不使之相羼[①]杂，各如其故而传之，所谓“信以传信，疑以传疑”也。《夏本纪》之所据者，盖《系世》之伦；《吴世家》载伍子胥之言，则所据者《国语》之类；二者固不同物也。《十二诸侯年表》曰“谱牒独记世谥”，此盖《周官》小史所职；国家之行事，固别有史以记之矣。《夏本纪》之不及，又何怪焉！

难者曰：“谱牒独记世谥”，于国家行事，有所不详，是则然矣。然其关涉君身者，则亦不得而略也。如《秦纪》见《秦始皇本纪》后。独载其君世系享国年数及葬地，而于厉、躁、简公、出子之不宁，亦未尝略，即其明证。今夏后相，身见杀于寒浞（zhuó）；少康始依有仍，后奔有虞，为之牧正，为之庖正，其降为人臣久矣。奋起纶邑之中，祀夏配天，不失旧物，是汉光武、蒙古达延汗之俦[②]也。而《史记》曰“帝相崩，子帝少康立”，一若安常处顺，父子相继者，不亦疏乎？应之曰：太康以降，夏虽中衰，统绪实未尝绝。至于相之见弑，少康之降为人臣，则其事尚有可疑也。请陈其说。

《墨子·非乐》：“于武观曰：启乃淫溢康乐，野于饮食。将将铭苋磬以力。湛浊于酒，渝食于野。万舞翼翼。章闻于天，天用弗式。”《楚辞·离骚》：“启《九辩》与《九歌》兮，夏康娱以自纵。”又《天问》：

---

① 羼（chàn）：掺杂。

② 俦（chóu）：同一类的人物。

“启棘宾商，《九辩》《九歌》。”《山海经·海外西经》：“大乐之野，夏后启于此儛（wǔ）九代。《注》：“九代，马名。儛，谓盘作之令舞也。”郝懿行《笺疏》：“案《九代》，疑乐名也。《竹书》云：夏帝启十年，帝巡狩，舞《九韶》于大穆之野。《大荒西经》亦云：天穆之野，启始歌《九招》。招即韶也。疑《九代》即《九招》矣。又《淮南·齐俗训》云：夏后氏，其乐夏籥《九成》。疑《九代》本作《九成》，今本传写形近而讹也。李善注王融《三月三日曲水诗序》引此经云：舞九代马。疑马字衍[①]。而《艺文类聚》九十三卷及《太平御览》八十二卷引此经，亦有马字。或并引郭《注》之文也。舞马之戏，恐非上古所有。”乘两龙，云盖三层。左手操翳，右手操环，佩玉璜，在大运山北。

《注》：“《归藏·郑母经》曰：夏后启筮：御飞龙登于天，吉。明启亦仙也。”《笺疏》：“案《太平御览》八十二卷引《史记》曰：昔夏后启筮乘龙以登于天，占于皋陶。皋陶曰：吉而必同，与神交通。以身为帝，以王四乡。今案《御览》此文，即与郭《注》所引为一事也。”一曰大遗之野。”《注》：“《大荒经》云：大穆之野。”又《大荒西经》：“西南海之外，赤水之南，流沙之西，有人珥两青蛇，乘两龙，名曰夏后开。开上三嫔于天，得《九辩》与《壮贰九歌》以下。《注》：“皆天帝乐名也。开登天而窃以下用之也。《开筮》曰：昔彼《九冥》，是与帝《辩》同宫之序，是谓《九歌》。又曰：不得窃《辩》与《九歌》以国于下。义具[②]见于《归藏》。”此天穆之野，高二千仞，开焉得始歌《九招》。”《注》：“《竹书》曰：夏后开舞《九招》也。”此启之所以致乱也。《离骚》王逸《注》曰：“夏康，启子太康也。”案《离骚》下文又云“日康娱以自纵”，康娱二字相属，则逸《注》误也。孟子言启贤，能敬承继禹之道，意但主论禅继，非史实；且亦无由知启继位时非贤君也。《山海经》所载乃神话，与《史记·赵世家》《扁鹊列传》所载赵简子、秦穆公事极相

---

①衍：多余。

②具：同“俱”。

类。启亦作开者，汉人避景帝讳也。

《周书·尝麦》：“其在殷之五子，忘伯禹之命，假国无正，用胥兴作乱。遂凶厥国。皇天哀禹，赐以彭寿，思正夏略。”《离骚》：“不顾难以图后兮，五子用失乎家巷。”《天问》：“何勤子屠母，而死分竟地？”扬雄《宗正箴》：“昔在夏时，太康不共。有仍二女，五子家降。”此言太康失邦之事，其乱盖由于内哄，犹齐桓死后五子争立也。遂凶厥国，国指夏都，盖即殷。见《唐虞夏都邑》条。失乎家巷，失同佚，言逃亡民间也。《史记·鲁世家》：楚考烈王伐灭鲁。顷公亡，迁于下邑，为家人。鲁绝不祀。《晋世家》：魏武侯、韩哀侯、赵敬侯灭晋侯而三分其地，静公迁为家人，晋绝不祀。此云家人，即《离骚》佚乎家巷之义。五子之乱，盖得彭寿而复定。虽失故都，仍据他邑为君如故，故太康、仲康、相得相继在位。五子交争，而仲康仍得继太康者，或二人本同党；或后降于太康；如契丹太祖时诸弟之乱，亦或不与，或降而见释也。

《天问》言死分竟地，或亦有据地自立者，特太康、仲康、相相继为正统，故《系本》特记之也。《天问》又云：“眩弟并淫，危害厥兄。何变化以作诈，而后嗣逢长？”王逸《注》谓眩弟指象，似非。眩弟盖指仲康。相，仲康子；少康，相子，其后相继有国。后嗣逢长盖指此，谓仲康危害厥兄，何后嗣反得逢长也。逢，大也，即《洪范》“子孙其逢”之“逢”。少康祀夏配天，不失旧物，是能光大夏业也。勤子屠母，盖谓爱其子而杀其母，疑即扬雄所云有仍二女事，其详不可得闻矣。《天问》又曰：“彭铿斟雉帝何飨（xiǎng）？受寿永多，夫何久长？”《注》曰：“彭铿，彭祖也。好和滋味，善斟雉羹。能事帝尧，尧美而飨食之。彭祖至八百岁，犹自悔不寿，恨枕高而唾远也。”彭祖为舜所命二十二人之一，见《唐虞之际二十有二人》条。彭为祝融八姓之一，历唐、虞、夏、商，皆为强侯，其能为夏戡乱，亦固其所。《天问》故事，汉世盖本莫能说，又寖[1]以失传。王逸自谓稽之旧章，合之经传，以相发明，事

① 寖（jìn）：渐渐。

事可晓，实则乖谬甚多。如其释彭铿斟雉帝何飨，恐全是望文生义。帝当指天帝。言飨其雉羹，乃报以永寿。释受寿永多，亦神仙家言。惟彭祖寿考，当本有其说，神仙家乃从而托之。《周书》之彭寿，未审即彭铿与否。古称人多以号，亦或因其寿考而称之为寿也。

《左氏》襄公四年："昔有夏之方衰也，后羿自钼（chú）迁于穷石，因夏民以代夏政。"《天问》："帝降夷羿，革孽夏民。"此言羿代夏之事。云因夏民以代夏政，则据有夏之故都，且代之号令诸侯矣。然固无害于太康、仲康、相等之自君其民。如卫满得朝鲜，侵降其旁小邑，服属真番、临屯，而箕氏之后，犹王（wàng）马韩[①]中也。《天问》言革孽夏民，与《左氏》因夏民之说合。然特乘乱入据耳，非称兵犯顺也。伪《古文尚书》曰："太康尸位以逸豫，灭厥德，黎民咸贰。乃盘游无度，畋[②]于有洛之表，十旬弗反。有穷后羿因民弗忍，距于河。厥弟五人，御其母以从，溪于洛之汭（ruì）。"一似夏之丧邦，皆由羿之逞乱者，失其实矣。

《左氏》襄公四年："恃其射也，不修民事，而淫于原兽。弃武罗、伯因、熊髡（kūn）、龙圉（máng yǔ），而用寒浞。寒浞，伯明氏之谗子弟也。伯明后寒弃之，夷羿收之。信而使之，以为己相。浞行媚于内，而施赂于外；愚弄其民，而虞羿于田。树之诈慝[③]，以取其国家。羿犹不悛[④]。将归自田，家众杀而烹之。以食其子，其子不忍食诸，死于穷门。靡奔有鬲（lì）氏。"《离骚》："羿淫游以佚田兮，又好射夫封狐。固乱流其鲜终兮，浞又贪夫厥家。"《天问》："胡射夫河伯，而妻彼洛嫔？冯

① 马韩：古国名，在今朝鲜半岛南部。

② 畋（tián）：打猎。

③ 慝（tè）：奸邪。

④ 悛（quān）：悔改。

珧利决[1]，封豨[2]是射。何献蒸肉之膏，而后帝不若？浞娶纯狐，眩妻爰谋。何羿之射革，而交吞揆之？”此寒浞篡羿之事，乃有穷氏之内乱，与夏无涉。夏当是时，固仍保其所据之地也。王逸《注》曰：“洛嫔，水神，谓宓妃也。传曰：河伯化为白龙，游于水旁。羿见，射之，眇[3]其左目。河伯上诉天帝，曰：为我杀羿。天帝曰：尔何故得见射？河伯曰：我时化为白龙，出游。天帝曰：使汝深守神灵，羿何从得犯汝？今为虫兽，当为人所射。固其宜也，羿何罪与？羿又梦与洛水神宓妃交接也。”此说盖已非其朔。古神话当以洛嫔为河伯之妻，羿射杀河伯而夺之也。亦可见羿实有河洛之地矣。

《左氏》昭公二十八年，载叔向母之言曰：“昔有仍氏生女，黰[4]黑而甚美，光可以鉴，名曰玄妻。乐正后夔取之，生伯封，实有豕心。贪惏[5]无厌，忿纇[6]无期，谓之封豕。有穷后羿灭之。夔是以不祀。”封豕，疑即《天问》之封豨。传说中或以为人，或竟以为豕，谓射杀之而以其膏献诸上帝也。《禹贡》称“禹锡玄圭”，《檀弓》言“夏后氏尚黑”，疑夏以黑为徽号。此玄妻及前所引眩弟，疑并当作玄。玄妻，即纯狐。《楚辞》言羿射封狐，疑夔之族尊豕，禹之族尊狐。案《吴越春秋》言，九尾白狐造禹，禹以为当王之征。弈射封豕、封狐，实戕（qiāng）二族图腾之神。神话中谓狐为浞妻以报弈也。

《孟子·离娄》下篇曰：“逢蒙学射于羿，尽羿之道。思天下惟羿为愈己，于是杀羿。”下引庾公之斯、子濯孺子事，以明取友必端。则逢

① 冯（píng）珧（yáo）利决：冯，通“凭”，凭借，倚仗。珧，一种说法认为这是羿的宝弓的名字。利决，指善于射箭。

② 封豨（xī）：封，大的意思。豨，野猪，

③ 眇（miǎo）：瞎。这里用作动词，用箭射瞎。

④ 黰（zhěn）：即“鬒（zhěn）”，头发密而黑。

⑤ 惏（lán）：通“婪”。

⑥ 纇（lèi）：乖张，乖戾。

蒙、羿之党，《左氏》所谓家众也。《淮南·诠言》曰："羿死于桃棓（bàng）。"《注》："棓，大杖，以桃木为之。以击杀羿。由是以来，鬼畏桃也。"《说山》云："羿死桃部不给射。"《注》："桃部，地名。"庄逵吉云："桃部即桃棓。"其说是也。羿之死，盖逢蒙实为主谋。逢、厖同字，逢蒙殆厖圉之族乎？《左氏》襄公四年："浞因羿室，生浇及豷（yì）。恃其谗慝诈伪，而不德于民。使浇用师，灭斟灌及斟寻氏。处浇于过，处豷于戈。靡自有鬲氏收二国之烬[①]，以灭浞而立少康。少康灭浇于过，后杼灭豷于戈，有穷由是遂亡。"又哀公元年："昔有过浇杀斟灌以伐斟鄩（xūn），灭夏后相。后缗（mín）方娠[②]，逃出自窦[③]，归于有仍。生少康焉，为仍牧正。惎浇能戒之。浇使椒求之。逃奔有虞，为之庖正，以除其害。虞思于是妻之以二姚，而邑诸纶。有田一成，有众一旅。能布其德，而兆[④]其谋，以收夏众，抚其官职。使女艾谍浇，使季杼诱豷。遂灭过、戈，复禹之绩。祀夏配天，不失旧物。"《离骚》："浇身被服强圉兮，纵欲而不忍。日康娱以自忘兮，厥首用夫颠陨。"《天问》："惟浇在户，何求于嫂？《注》："浇，古多力者也。《论语》曰：浇荡舟。言浇无义，淫佚其嫂。往至其户，佯有所求，因与行淫乱也。"何少康逐犬，而颠陨厥首？《注》："言夏少康因田猎，放犬逐兽，遂袭杀浇，而断其头。"女岐缝裳，而馆同爰止。《注》："女岐，浇嫂也。馆，舍也。爰，于也。言女歧与浇淫佚，为之缝裳，于是共舍而宿止也。"何颠易厥首，而亲以逢殆？《注》："逢，遇也。殆，危也。言少康夜袭，得女歧头，以为浇，因断之，故言易首遇危殆也。""此言浞灭相及少康中兴之事。如《左氏》之言，则夏尝中绝，然其说有不可尽信者。野蛮时代，十口相传之说，理乱兴亡之事，必以一女子为之经纬。如《蒙古

---

①烬：遗民。

②娠（shēn）：怀孕。

③窦：洞。这里指墙洞。

④兆：开始。

源流考》之洪郭斡拜济，《云龙纪略》之结妈、三姐皆是。见《章氏遗书·文集》卷八。

《左氏》之言，看似全系史实，然“逃出自窦”一语，已显类东野人之言矣。《离骚》云：“及少康之未家兮，留有虞之二姚。”盖亦有娀（sōng）佚女之伦。女艾即女歧，与浇淫乱，而少康乘机杀之，所谓谍也。《天问》又云：“女歧无合夫，焉取九子？”《注》云“女歧，神女，无夫而生九子”，则亦神话中人物也。古事之传于后者，人神恒相杂。其后士夫传述，则人事多而神事少；东野人言，则人事少而神事多。看似殊科，实同一本。《左氏》所载，亦神话之经士夫改定者耳。其原既为野言，其事即非信史。信后缗真出自窦，女艾真为间谍，则愚矣。后缗、女艾之事不可尽信，则其余之语不可尽信可知也。《左氏》之言而不可尽信也，则夏祚曾否中绝，实可疑也。

《史记·夏本纪正义》引《帝王世纪》云：“帝羿，有穷氏，未闻其姓。”而《左》襄四年杜《注》云：“夷氏。”《正义》云：“此传再言夷弈，故以夷为氏。”案《吕览·勿躬》亦称夷羿。《山海经·海内西经》云：“海内昆仑之虚在西北，帝之下都。昆仑之虚，方八百里。非仁羿莫能上冈之岩。”仁、夷同字。《水经·河水注》云：“大河故渎。西流径平原鬲县故城西。《地理志》曰：鬲津也。故有穷后羿国也。应劭曰：鬲，偃姓，咎繇后。”《路史》谓：“羿，偃姓。女偃出皋陶。《世纪》云不闻其姓，失之。”盖本诸此。窃疑夷为羿之号，偃则其姓也。有鬲为羿同姓，靡之往奔，似谋为羿报仇。其后辅立少康，则因羿子已死，其后或无可立故耳，非必尽忠于夏。杜《注》谓为夏之遗臣，似失之。《史记·夏本纪》言：“禹举皋陶荐之，且授政焉，而皋陶卒，而后举益任之政。”《楚辞·天问》云：“启代益作后，率然离孽。”《汉书·律历志》载张寿王以“化益为天子代禹”。则偃、姒二姓在当时并为强族，其势实代相干。故益虽见排于启，羿仍能代夏政；其后虽以好田为浞所篡，而姒、偃合谋，卒覆浇、豷也。《夏本纪》言禹后有有男氏，斟寻氏，斟戈氏。《索隐》曰：“《系本》男作南，寻作鄩。斟戈氏，《左传》《系本》

皆云斟灌氏。”男、南皆与任同声。《春秋》桓公五年“仍叔之子”，《穀梁》[①]作任叔，疑有仍即有男，与夏同姓。杜《注》云“后缗母家”，亦误也。戈、灌一地，过亦殆即斟寻。寒浞灭是二国，而使二子镇之尔，亦可见当时同姓之国，恒相援卫矣。

《世纪》又言：羿自“帝喾（kù）以上，世掌射正。至喾，赐以彤弓素矢，封之于钼。为帝司射。历虞、夏”。案《说文·羽部》：“羿，羽之羿风。亦古诸侯也。一曰射师。”《弓部》：“芎[②]，帝喾射官。夏少康灭之。《论语》曰善射。”《山海经·海内经》：“帝俊赐羿彤弓素矰[③]，以扶下国。”《淮南·本经》：“尧之时，十日并出，焦禾稼，杀草木，而民无所食。猰貐[④]、凿齿、九婴、大风、封豨、修蛇皆为民害。尧乃使羿诛凿齿于畴华之野，杀九婴于凶水之上。缴大风于青丘之泽。上射十日，而下杀猰貐。断修蛇于洞庭，禽封豨于桑林。”《世纪》盖合此诸说以为一说也。《世纪》又言：“浞（zhuó）因羿之室，生奡（ào）及豷（yì）。奡多力，能陆地行舟。”同《论语》孔安国《注》。浇、奡二字，可相假借。然荡舟实非陆地行舟。《天问》云：“汤谋易旅，何以厚之？覆舟斟寻，何道取之？”《注》云：“汤，殷王也。旅，众也。言殷汤欲变易夏众，使之从己，独何以厚待之乎？覆，反也。舟，船也。斟寻，国名也。言少康灭斟寻氏，奄若覆舟，独以何道取之乎？”《天问》文固不次，然特所问因仰见图画而发，不依年代先后云尔，非遂毫无伦序。

“汤谋易旅”，承前“惟浇在户”云云下，上下皆言夏事，中忽间以殷汤，似不应陵乱至此。朱子谓汤乃康字之误，亦近凿空[⑤]。宋本《说文》及《集韵类篇》引《论语》，荡并作汤，则《天问》之汤谋，亦即荡谋，

① 《穀梁》：指《穀梁传》。与《左传》《公羊传》合称“《春秋》三传”。

② 芎（yì）：即“羿”。

③ 矰（zēng）：短箭。

④ 猰貐（yà yǔ）：传说中的一种吃人凶兽。

⑤ 凿空：穿凿，没有依据。

谓动谋也。浇盖能水战，而少康覆其舟师。罔水行舟，盖譬喻之语，不徒非浇事，丹朱亦未必实有其事也。《书疏》引郑玄云“丹朱见洪水时人乘舟，今水已治，犹居舟中，雒雒[①]使人推行之”，妄矣。水虽治，岂遂无水可以行舟邪？

《史记·鲁世家》：楚考烈王伐灭鲁。顷公亡，迁于下邑，为家人。鲁绝不祀。《晋世家》魏武侯、韩哀侯、赵敬侯灭晋侯而三分其地，静公迁为家人，晋绝不祀。此云家人，即《离骚》佚乎家巷之义。

徐福

黄公度《日本国志·国统志注》云：“《梁书》言日本自称为吴泰伯后，相传亦称为徐福后，彼国纪载，本以此为荣。其后学者渐染宋学，喜言国体。宽文[②]中，作《日本通鉴》，源光国驳议曰：谓泰伯后，是以我为附庸国也。遂削之。赖襄作《政纪》，并秦人徐福来，亦屏[③]而不书。余谓泰伯之后本无所据，殆以日本断发文身，俗类句吴，故有此谲传欤？至徐福之事，见于《三国志》《后汉书·倭国传》，意必建武通使时，其使臣所自言。《史记》称燕、齐遣使求仙，所谓白银宫阙，员峤（qiáo）方壶，盖即今日本地。君房方士习闻其说，故有男女渡海之请，其志固不在小。今纪伊国有徐福祠，熊野山有徐福墓，其明征也。日本传国重器三：曰剑，曰镜，曰玺，皆秦制也。君曰尊，臣曰命，曰大夫，曰将军，又周秦语也。自称神国，立教首重敬神；国之大事，莫先于祭；有罪则诵禊（xì）词以自洗濯，又方士之术也。崇神立国，始有

---

① 雒（luò）雒：不休息的样子。

② 宽文：日本的一个年号。

③ 屏（bǐng）：除去。

规模，计徐福东渡，已及百年矣。当时主政者，非其子孙殆其徒党欤？至日本称神武开基，盖当周末，然考神武至崇神，中更九代，无事足纪，或者神武亦追王之辞乎？”予谓徐福之事，果系彼使臣自言，史家安得不明记之？重器为秦制，称谓为周秦间语，不必方士所传。敬神之俗，野人皆同，更不必出于方士。谓日本之地早为中国所知，方士习闻其说，因有渡海之请，说颇近之。

然徐福之漂流，必未能至日本。《三国·吴志》：孙权黄龙二年，“遣将军卫温、诸葛直将甲士万人浮海求夷洲及亶（dǎn）洲。亶洲在海中，长老传言秦始皇帝遣方士徐福，将童男童女数千人入海，求蓬莱神山及仙药，止此洲不还，世相承，有数万家。其上人民，时有至会稽货布；会稽东县人海行，亦有遭风流移至亶洲者。所在绝远，卒不可得至，但得夷洲数千人还。”传说至能使国家为发大兵，必非绝无根据。度必略有道里乡方，及沿途所经岛屿，故能循之求得夷洲；而还时亦但云亶洲所在绝远，不可得至，而不云无其地也。而其将数千人还，尤有足资寻索者，何则？谓为夸功示信，或以餍①时主好奇之心，偕数人若数十人已足，不必至数千人也。然则此数千人殆本华人，而温等乃拔之以还欤？此说如确，则亶洲之有华人，亦必非虚语矣。然其是否徐福，了无征验，而其地尤不能为日本。日本之通中国，盖自汉武灭朝鲜以来，距是岁三百三十八年矣。日本情形，中国必知之已稔②，其地果有徐福所将童男女之后，中国岂得不知？且日本通使南朝，实始晋末；泰始初尚朝贡北方，三国时未能通南方可知。即谓不然，偶或一至则可，又安能时至会稽货布邪？

汉之未通西域也，而邛竹杖、蜀布，业已先至其地；即以海道论，《史记·货殖列传》谓南海为珠玑、犀、玳瑁、果、布之凑，即后世西、南洋物也，则秦汉未并南越时，中国与西、南洋久相往来矣。是知

---

①餍（yàn）：满足。

②稔（rěn）：熟悉。

民间之交通，必先于政府。谓日本通使南朝之前，南方人民与日绝无往还，非其实也。然必不能如北方之多。盖是时航海，皆依傍海岸而行，观《三国志》所述自带方[1]入倭之路可知。是时南方至日者，非冒险之估客[2]，则执迷之方士耳，徒侣[3]必不能多。北方则不然。其时族制未颓，奴客尤众，移徙之际，往往相将；而自后汉末年，每每大乱，至于五胡云扰，人民之流离转徙者实多，往往相率而行，自成一部，此细读后汉至南北朝之史可知。田畴能训练其民，为故主报仇，为中国攘斥夷狄；管宁、邴（bǐng）原辈，所将皆流亡之徒，犹能立纲陈纪，足食之后，继以教化，职是之故。章太炎亟[4]称此时之士材力绝人，非唐宋后所有，则欲知人而不论其世矣。知此，则知东史所纪华人入日者，皆称为某某部，俨然古者之族有世业，以氏名官，必非虚诬。又是时华人入日者，类多自托华胄：如弓月君，或谓秦始皇五世孙，或谓十三世孙；阿知使主，或谓汉灵帝三世孙，或谓四世孙；《姓氏录》所记，又有吴王夫差、汉高祖、光武、齐王肥、盖宽饶之裔，亦与是时风气相合。此等语必非日人所能造作，日人本亦无庸造作也。文化悬殊，则此方中庸之材，入彼即能开物成务，此自古以来，遐方开辟，所以必用中原之士，而亦我华人之大有造于彼者矣。

黄老君

道家之学，与神仙家之言，相去亦远矣，而后世并为一谈，何也？

① 带方：古地名，在今朝鲜半岛。

② 估客：行商。

③ 徒侣：同伴。

④ 亟（qì）：屡次。

曰：道家之学，托诸黄帝，而老子传之，世遂以黄、老并称，方士崇奉黄帝，耳熟黄、老之名，遂自附于老子耳。

曷言乎道家之学，托诸黄帝，而老子传之也？案《老子书》辞义最古；全书皆三四言韵语，一也。间有散句，乃后来所加。书中但有牝牡雌雄字，无男女字，称名特异，二也。全书之义，女权皆优于男权，三也。此必非东周后人所能为，盖自古相传之辞，至《老子》乃著之竹帛者耳。其辞出于谁某不可知，然必托之黄帝，故汉人恒以黄、老并称。今《列子书·天瑞》篇引《黄帝书》二条，黄帝之言一条，《力命》篇亦引《黄帝书》一条。《天瑞》篇所引，有一条与《老子书》同，其余亦极相类。《列子》虽伪物，亦多采摭（zhí）古籍而成，非尽伪造也。故知道家言必自古即托之黄帝者也。

曷言乎方士耳熟黄、老之名，遂自附于老子也？《三国志·张鲁传注》引《典略》，谓张修使人为奸令祭酒[①]，主以《老子》五千文，使都习。夫张修之道与老子何涉？此诚令人大惑不解者也。读《后汉书》之《桓帝纪》，乃恍然矣。《纪》云：延熹八年正月，遣中常侍左倌之[②]苦县祠老子。十一月，使中常侍管霸之苦县祠老子。九年七月，祠黄、老于濯龙宫。《论》曰：前史称桓帝好音乐，善鼓琴，饰芳林而考濯龙之宫，设华盖以祠浮屠、老子，斯将所谓听于神者乎？注：前史，谓《东观记》也。《襄楷传》：楷上疏曰：闻宫中立黄、老、浮屠之祠。此道清虚，贵尚无为；好生恶杀，省欲去奢。今陛下嗜欲不去，杀罚过理，既乖其道，岂获其祚哉？或言老子入夷狄为浮屠；浮屠不三宿桑下，不欲久生恩爱，精之至也；天神遗以好女，浮屠曰：此但革囊盛血，遂不盼之。其守一如此，乃能成道。今陛下淫女艳妇，极天下之丽；甘肥饮美，单[③]天下之味；奈何欲如黄、老乎？又《楚王英传》：晚节更喜黄、

① 奸令祭酒：祭官名。

② 之：到。

③ 单：通"殚"，尽。

老学，为浮屠斋戒祭祀。永平八年，诏令天下死罪皆入缣赎[1]。英遣郎中令奉黄缣白纨[2]各三十匹诣国相，国相以闻。诏报曰：楚王诵黄、老之微言，尚浮屠之仁慈。洁斋三月，与神为誓。何嫌何疑，当有悔吝？其还赎，以助伊蒲塞、桑门[3]之盛馔。然则是时，黄、老、浮屠，轇葛不清旧矣。

然《续汉书·祭祀志》曰："桓帝即位十八年，好神仙事。延熹八年，初使中常侍之陈国苦县祠老子。九年，亲祠老子于濯龙。文罽（jì）为坛饰，淳金釦（kòu）器，华盖之坐，用郊天乐也。"此与《后汉书》所纪同，而濯龙之祠，《纪》言黄、老，《志》但言老子，则除苦县为老子乡里，故特祠之之外，《三国·魏志·仓慈传注》曰："案《孔氏谱》：孔乂（yì）字元隽，孔子之后。曾祖畴，字元矩，陈相。汉桓帝立老子庙于苦县之赖乡，画孔子像于壁；畴为陈相，立孔子碑于像前，今见存。"疑老子庙成于延熹八年，故特祠之也。其余皆当兼祠黄、老。八年一年之中，而遣祠老子者再，则其祠黄帝必甚数，必不止九年一祭。史特记九年之祭者，以其礼独隆耳。《东观记》考濯龙与祠老子对举，则濯龙之祠，所重当在黄帝。其因黄帝而牵及老子之迹，犹隐然可见也。《三国·魏志·武帝纪》：建安二十五年，王崩于洛阳。《注》引《世语》曰：太祖自汉中至洛阳，起建始殿，伐濯龙祠而树血出。《曹瞒传》曰：王使工苏越徙美梨。掘之，根伤，尽出血。越白状，王躬自视而恶之，以为不祥，还，遂寝疾。则濯龙实为妖妄之府，至汉末，犹有此等妖言也。黄帝无书，而老子有五千文，故张修使其下习之耳。其取五千文，盖特取其为老子之书，而非取其书中之义。抑其所取者，亦方士神巫之所谓老子，非道术之士之所谓老子也。

《后汉书·逸民传》曰：矫慎，少学黄、老，隐遁山谷，仰慕松、

---

① 缣（jiān）赎：用一定数量的缣弥补或者抵消罪过。缣，双丝的细绢。

② 纨（wán）：细绢。

③ 伊蒲塞：梵语优婆塞的异译，指不出家的男佛教徒。桑门：梵语沙门的异译。

乔道引之术。汝南吴苍遗书曰：盖闻黄、老之言，乘虚入冥，藏身远遁。亦有理国养人，施于为政。至如登山绝迹，神不著其证，人不观其验。吾欲先生，从其可者，于意何如？此道术之士，隐遁之流，神仙之家，并自托于老子之证。仲长统《卜居论》曰："安神闺房，思老氏之玄虚；呼吸精和，求至人之仿佛。"亦以老子与神仙家并称。汉世方士，虽多以飞升遐举为言，然其道实杂而多端。言登山绝迹者可以自托于老子，固不能禁祠祭巫鬼者不之托。抑言他道者可自黄帝而及老子，又不能禁祠祭巫鬼者不因此而及彼也。此黄、老所由以道术之名，一变而为神巫方士之祖也。

《后汉书·陈愍王宠传》：景平二年，国相师迁，追奏前相魏愔（yīn），与宠共祭天神，希冀非幸，罪至不道。槛车传送愔、迁诣北寺诏狱。愔辞，与王共祭黄老君，求长生福而已，无他冀幸。刘攽（bān）《刊误》曰：黄老君不成文，当云黄帝、老君。《刊误补遗》曰：《真诰》云：大洞之道，至精至妙，是守素真人之经。昔中央黄老君秘此经，世不知也。则道家又自有黄老君。《真诰》未必可信，中央黄老君似指天神言之，正合迁之所奏。然迁以诬告获罪，足征愔与愍王所祭，实非《真诰》所云。云求长生福，所祀者盖亦方士所谓黄、老也。黄老君固不成文，增一帝字，黄帝二字，则成文矣，老君何人乎？盖方士之谫陋[①]者，初不问黄、老为谁，贸然于其下加一君字耳。史言黄、老道者甚多，乍观之固似成文，然果以黄为黄帝，老为老子，其道又岂可奉祀者邪？

《后汉书·循吏传》云：延熹中，桓帝事黄、老道，悉毁诸房祀。惟特诏密县存故太傅卓茂庙，洛阳留王涣祠焉。又《栾巴传》云：好道。再迁豫章太守。郡土多山川鬼怪，小人尝破资产以祈祷。巴素有道术，能役鬼神。乃悉毁诸房祀，翦理奸诬。于是妖异自消。百姓始颇为惧，终皆安之。《三国·魏志·武帝纪注》引《魏书》，言太祖击黄巾时，黄巾移之书曰：昔在济南，毁坏神坛，其道乃与中黄大乙同，似若知道，今更迷惑。《后汉书·皇甫嵩传》言张角奉事黄、老道，则角与桓帝，所

① 谫（jiǎn）陋：浅薄。

事正同，即栾巴之所好，恐亦不外乎此也。《三国志·张鲁传》言鲁以鬼道教民，大都与黄巾相似。鲁之治，颇留意于人民生计，岂倡此道者以淫祀无福，妄耗民财，思有以革除之，乃为是以毒攻毒之计与？然桓帝则必非能知此义者也。

观于桓帝、栾巴、楚王、陈王、张角、张鲁等所奉，而后汉之世所谓黄、老者可知已。然窃疑其犹不始此。《史记·儒林传》曰：孝景不任儒者，而窦太后又好黄、老之术，故诸博士具官待问，未有进者。《魏其武安侯列传》言：太后好黄、老之言，而魏其、武安、赵绾、王臧等务隆推儒术，贬道家言，是以窦太后滋不说魏其等。窦太后多与政事，助梁王以谋继嗣，绝非知足知止之人。《儒林传》又曰："窦太后好《老子书》，召辕固生问《老子书》。固曰：此是家人[①]言耳。太后怒曰：安得司空城旦书乎？乃使固入圈刺豕。景帝知太后怒而固直言无罪，乃假固利兵；下圈刺豕，正中其心，一刺，豕应手而倒。太后默然，无以复罪，罢之。"太后所问，果为今《老子书》，固虽不好道，岂得目为家人言？疑太后所问《老子书》，亦有巫鬼之辞，羼杂其中矣。怒而使之刺豕，理亦殊不可解。岂其所谓家人言者，有刺豕之戒，而固不之信，乃以是困之与？然则《老子书》之为人所附会也旧矣。

《后汉书·独行传》云："向诩，性卓诡不伦。恒读《老子》，状如学道；又似狂生，好被发着绛绡头。征拜侍中。会张角作乱，诩上便宜，颇讥刺左右，不欲国家兴兵；但遣将于河上北向读《孝经》，贼自当消灭。中常侍张让谗诩：不欲令国家命将出师，疑与角同心，欲为内应。收送黄门北寺狱，杀之。"案《三国·吴志·孙策传注》引《江表传》，言策欲杀于吉，诸将连名陈乞。策曰："昔南阳张津为交州刺史，舍前圣典训，废汉家法律，尝着绛帕头，鼓琴烧香，读邪俗道书，云以助化，卒为南夷所杀。此甚无益，诸君但未悟耳。"《注》考桓王前亡，张津后死，谓策以此晓譬诸将，自不可信。然特托之于策为诬，述张津事必非

① 家人：指平民百姓。

虚语。诩好着绛绡头，津则着绛帕头；诩欲读《孝经》以灭贼，津则读道书以助化，其所为亦颇相类。抑张角讹言苍天已死，黄天当立，无论从相生相胜之说，黄皆不得代苍，盖本言赤天已死，汉人奏报讳之，乃改赤为苍。

《灵帝纪》曰："巨鹿人张角自称黄天，其部师三十六万，皆着黄巾。"《续汉书·五行志注》引《物理论》曰："黄巾被服纯黄，不将尺兵，肩长衣，翔行舒步，所至郡县无不从。"夫其着黄巾者，以黄天既立也。然则向诩着绛绡头，张津着绛帕头者，汉行犹未改也。角之起也，杀人以祠天，亦见《皇甫嵩传》。此东夷用人之旧，而被发亦东夷之俗。然则张让疑向诩与角同心，不为无因。谓其欲为角内应固诬，而诩所好之道，是否即张角所事之黄、老道，则殊难断其不然矣。又《三国·魏志·管宁传注》引《魏略》曰："寒贫者，本姓石，字德林，安定人也。建安初，客三辅。是时长安有宿儒栾文博者，门徒数千，德林亦就学，始精《诗》《书》。后好内事，于众辈中最玄默。至十六年，关中乱，南入汉中。不治产业，不畜妻孥，常读《老子》五千文及诸内书，昼夜吟咏。"此人所信何道，亦殊可疑，而与向诩皆常读《老子》，此又老子为邪教牵引之一证矣。

《论衡·道虚》篇曰："世或以老子之道，为可以度世。恬淡无欲，养精爱气。夫人以精神为寿命，精神不伤，则寿命长而不死。老子行之，踰跆（tái）百，度世为真人矣。"此亦神仙家附会老子之一证。

西王母考

西王母古有两说：一以为神，一以为国。然二说仍即一说也。《山海经·西山经》曰："又西三百五十里曰玉山，是西王母所居也。西王母其状如人，豹尾，虎齿，而善啸，蓬发，戴胜。是司天之厉及五残。"《海内北经》曰："西王母，梯几而戴胜[①]杖。"《郝疏》云："如淳注《汉书》司马相如《大人赋》引此经无杖字。"其南有三青鸟，为西王母取食，在昆仑虚北。《大荒西经》云："西海之南，流沙之滨，赤水之后，黑水之前，有大山，名曰昆仑之丘。有神，人面虎身，有文，有尾，皆白，处之。其下有弱水之渊环之。其外有炎火之山，投物辄然。有人戴胜，虎齿有豹尾，穴处，名曰西王母。此山万物尽有。"上文又云："西有王母之山。"郝《疏》云："西有当为有西，《太平御览》九百二十八引此经作西王母山可证。"此皆以为神者也。《淮南·览冥》谓羿请不死之药于西王母，当即指此。《吴越春秋·越王阴谋外传》云："立东郊以祭阳，名曰东皇公，立西郊以祭阴，名曰西王母。"《史记·赵世家》："缪王使造父御，西巡狩，见西王母，乐之忘归。"《索隐》曰："谯周不信此事，而云：予尝闻之，代俗以东西阴阳所出入，宗其神，谓之王父母，或曰地名，在西域，有何据乎？"此亦以为神，而其说迥异。《大戴礼记·少间》《尚书大传》均言舜之时，西王母献其白琯（guǎn）。《新书》言尧身涉流沙，封独山，见西王母，《修政语上》。《论衡》谓禹、益见西王母，《别通》。《尔雅·释地》，以觚竹、北户、日下、西王母为四荒。《淮南·坠形》云："西王母在流沙之濒。"则皆以为国名矣。古多怪异之谈，后世知识稍进，则其所谓神者，怪异之性质较少，哲学之见解渐多，及儒生，乃径说之以人事。此可见同一名也，而其实迥异，辗转变迁，遂至判然二物。然谓其说非同原，固不可也。

古所谓西王母之神者，究在今何地与？不可知也。何也？流沙、弱水等，久成缪悠传说之辞，不易即地理凿求其所在也。惟以为在西方，寖假而以为在极西，则其见解讫未变。《尔雅》遂以为四荒之一。《淮南王》云："在流沙之濒。"流沙，亦古人所以为极西之地，而实未能确知其所在者也。因西王母之所在，实不可知，而又相沿以为极西之地，于

① 梯几而戴胜：梯，犹"冯（píng）"，倚靠。几，矮桌。胜，这里指玉胜，一种玉质的发饰。

是凡心所以为极西之地，即指为西王母之所在。《史记·大宛列传》云："安息长老传闻条支有弱水西王母而未尝见。"安息人安知有弱水西王母？其为中国人所附会，不言可知。《后汉书·西域传》云："大秦，或云其国有弱水、流沙，近西王母所居处，

几于日所入也。《汉书》云："从条支西行二百余日，近日所入，则与今书异矣。"《三国志注》引《魏略·西戎传》曰："前世缪以为条支在大秦西，今其实在东。前世又缪以为弱水在条支西，今弱水在大秦西。前世又缪以为从条支西行二百余日，近日所入，今从大秦西近日所入。"《魏书·西域传》曰："大秦西海水之西有河，河西南流。河西有南、北山。山西有赤水，西有白玉山。西有白玉山上，当夺赤水或水字。玉山西有西王母山，玉为堂云。从安息西界循海曲亦至大秦，四万余里。于彼国观日月星辰，无异中国，而前史云条支西行百里日入处，失之远矣。"此古人于旧说所以为极西之地者，悉推而致之身所以为极西之地之表之证。日月星辰，天象可征，故日入处之说易破。弱水西王母等，则身苟有所未至，即无从遽断为子虚，而其地遂若长存于西极之表矣。循此以往，所谓西王母者，将愈推而愈西，而因有王莽之矫诬，乃又曳之而东，而致诸今青海之境。《论衡·恢国》篇曰："孝平元始四年，金城塞外羌献其鱼盐之地，愿内属。汉遂得西王母石室，因为西海郡。"此为西王母东迁之由。《汉志》金城郡临羌有西王母石室，盖即孝平时所得。其后《十六国春秋》云："前凉张骏酒泉太守马岌上言：酒泉南山，即昆仑之丘也。周穆王见西王母，乐而忘归，即谓此。有石室、王母堂、珠玑楼，严饰焕若神宫。"《史记·秦本纪正义》引。

《晋书·沮渠蒙逊载记》曰："蒙逊袭卑禾虏，卑禾虏率众迎降。遂循海而西，至盐池，祀西王母寺。寺中有《玄石神图》，命其中书侍郎张穆赋焉，铭之于寺前，遂如金山而归。"《隋书·地理志》："西海郡，置在古伏俟城，即吐谷浑国都。有西王母石窟、青海、盐池。"亦皆《汉志》所谓临羌县之地。堂与寺等，盖皆汉立西海郡后之所为也。阅世既

久，西王母之传说稍衰，适西域者，不复就其所知之表，而指为西王母之所在；而孝平之世，所指为西王母之所在者，因其指一石室以实之，且有为之堂及寺者，其说转久而不衰，而西王母遂若真在今青海之境矣。《水经·伊水注》："有七谷水注之。水西出女几山之南七溪山，上有西王母祠。东南流，注于伊水。伊水又东北径伏流岭东，岭上有昆仑祠，民犹祈焉。刘澄之《永初记》称陆浑县西有伏流坂者也。今山在县南崖口北三十里许，西则非也。"案陆浑县在今河南嵩县东北。《汉书·哀帝纪》：建平"四年春，大旱，关东民传行西王母筹，经历郡国，西入关至京师。民又会聚祠西王母，或夜持火上屋，击鼓号呼相惊恐"。盖伊洛之间，汉世犹有西王母遗迹，故讹言由之而起。此虽不敢指为古所谓西王母之神者所在，然其距古所以为西王母所在之地，必较近也。

建平时之讹言，《天文》《五行》二志，较《哀帝纪》所叙为详。《天文志》云："其四年正月、二月、三月，民相惊动，讙哗奔走，传行诏筹，祠西王母。又曰：从目人当来。"《五行志》云："建平四年正月，民惊走，持稿或棷一枚，传相付与，曰行诏筹。道中相过逢，多至千数。或被发徒跣，或夜折关，或踰墙入，或乘车骑奔驰，以置驿传行，经历郡国二十六，至京师。其夏，京师郡国民聚会里巷阡陌，设祭，张博具，歌舞，祠西王母。又传书曰：母告百姓：佩此书者不死。不信我言，视门枢下当有白发。至秋止。"案《淮南·坠形》："八纮，西北方曰一目，曰沙所。"一目即从目，沙所即流沙之滨也。被发者，羌人之俗。《左氏》僖公二十二年，"初，平王之东迁也，辛有适伊川，见被发而祭于野者，曰：不及百年，此其戎乎？其礼先亡矣。秋，秦、晋迁陆浑之戎于伊川。"辛有之言，固后来所附会，然伊洛之间，有被发之族，则不诬也。《大荒西经》言其神"人面虎身，有文，有尾，皆白"，而汉时讹言，谓视门枢下当有白发，其说亦隐相符会。司马相如《大人赋》曰："低徊阴山翔以纡曲兮，吾乃今日睹西王母。皓然白首戴胜而穴处兮，亦幸有三足乌为之使。必长生若此而不死兮，虽济万世不足以喜。"

三足乌与三青鸟，亦当有关系。皓然白首，此讹言之所以以白发为效。长生不死，则羿之所以请药于是也。然则汉世伊洛间之所流传，固犹与最古之说相近者也。

太公为西方人

《史记·齐世家》曰："太公望吕尚者，东海上人也。其先祖尝为四岳，佐禹平水土，甚有功。虞夏之际封于吕，或封于申，姓姜氏。夏商之时，申吕或封枝庶，子孙或为庶人，尚其苗裔也。"又曰："吕尚盖尝穷困，年老矣，以渔钓奸[1]周西伯。周西伯猎，遇太公于渭之阳。或曰，太公博闻，尝事纣，纣无道，去之。游说诸侯，无所遇，而卒归周西伯。或曰，吕尚处士，隐海滨。周西伯拘羑（yǒu）里，散宜生、闳（hóng）夭素知而招吕尚。吕尚亦曰吾闻西伯贤，又善养老，盍往焉。三人者为西伯求美女奇物，献之于纣，以赎西伯，西伯得以出，反国。"《孟子》言："太公辟纣，居东海之滨，闻文王作，兴曰：盍归乎来，吾闻西伯善养老者。"《离娄》上。即《史记》吕尚隐海滨，散宜生、闳夭招之之说也。《战国·秦策》姚贾曰："太公望，齐之逐夫。"亦谓其在东方。又曰："朝歌之废屠，子良之逐臣，棘津之雠不庸。"则谓其在河内矣。

《尉缭子》曰："太公望年七十，屠牛朝歌，卖食盂津。"《韩诗外传》曰："吕望行年五十，卖食棘津，年七十，居于朝歌。"《说苑·尊贤》曰："太公望，朝歌之屠佐也，棘津迎客之舍人也。"说皆与姚贾同。《吕览·首时》曰："太公望，东夷之士也。"说同《孟子》。又曰："闻文王贤，故钓于渭以观之。"则与《史记》"以渔钓奸西伯"之说合矣。案

① 奸（gān）：通"干"，求取，求见。

《礼记·檀弓》："太公封于营丘，比及五世，皆反葬于周。君子曰：乐，乐其所自生，礼不忘其本，古之人有言曰：狐死正丘首，仁也。"此太公为西方人之诚证。东海上人，盖因其封东方而附会。其遗事或在朝歌，则因太公为文、武师，《史记》言吕尚所以事周虽异，然要之为文、武师。鹰扬之绩，著在商郊故也。传食诸侯，古无是事，谓其游说无所遇，而卒归周，乃战国时人臆度之说。后稷生于姜嫄，太王妃曰太姜，武王妃曰邑姜，当时姜姓在西方者实多，正不独申吕也。

《水经·河水注》："张甲河右渎，东北径广川县故城西，又东径棘津亭南。徐广曰：棘津在广川。司马彪曰：县北有棘津城，吕尚卖食之困，疑在此也。刘澄之云：谯郡酂县东北有棘津亭，故邑也，吕尚所困处。余案《春秋左氏传》，伐巢，克棘，入州来，无津字；杜预《春秋释地》，又言棘亭在酂县东北，亦不云有津字；不知澄之于何而得是说。天下以棘为名者多，未可咸谓之棘津也。又《春秋》昭公十七年，晋侯使荀吴帅师涉自棘津，用牲于洛，遂灭陆浑。杜预《释地》，阙而不书。服虔曰：棘津，犹孟津也。徐广《晋纪》，又言石勒自葛陂寇河北，袭汲人向冰于枋头，济自棘。棘津在东郡、河内之间，田融以为即石济南津也。虽千古茫昧，理世玄远，遗文逸句，容或可寻；沿途隐显，方土可验。司马迁云：吕望，东海上人也，老而无遇，以钓奸周文王。又云：吕尚行年五十，卖食棘津，七十则屠牛朝歌，行年九十，身为帝师。皇甫士安云：欲隐东海之滨，闻周文王善养老，故入钓于周。案《史记》以渔钓奸周西伯，与闻西伯善养老而归周系两说，谧强合为一。凡谧之说多如此，古说之为其所乱者盖多矣，然正不独一谧也。今汲水城，亦言有吕望隐居处，起自东海，迄于酆（fēng）雍，缘其径趣[①]，赵魏为密，厝（cuò）之谯宋，事为疏矣。"案《秦策》《韩诗》《说苑》云棘津，《尉缭》云孟津，则服虔之言，未为无据。佚事流传，本多不实，于地理，必取著名者以立言。孟津为武王伐纣济师处，以此附会太公，正近

① 径趣：路线，途径。

情理，必谓其在赵魏，恐未然也。又《清水》“东过汲县北”《注》云：“县故汲郡治，晋太康中立。城西北有石夹水，飞湍浚急，人亦谓之磻（pán）溪，言太公尝钓于此也。城东门北侧有太公庙，庙前有碑，碑云：太公望者，河内汲人也。县民故会稽太守杜宣白令崔瑗（yuàn）曰：太公本生于汲，旧居犹存，君与高、国，同宗太公，载在经传。今临此国，宜正其位，以明尊祖之义。于是国老王喜、廷掾（yuàn）郑笃、功曹邠勤等，咸曰宜之，遂立禋祀，为之位主。城北三十里有太公泉，泉上又有太公庙，庙侧高林秀木，翘楚竞茂，相传云太公之故居也。晋太康中，范阳卢无忌为汲令，立碑于其上。”此可见流俗附会之由。《吕览》高《注》曰：“太公望，河内人也，于周丰、镐为东，故曰东夷之士。”合两说而强为之辞，真可发一大噱。

《吕览·谨听》曰：“太公钓于滋泉。”《水经·渭水注》曰：“渭水东径郁夷县故城南，汧（qiān）水入焉。渭水之右，磻溪水注之。水出南山兹谷，乘高激流，注于溪中。溪中有泉，谓之兹泉。泉水潭积，自成渊渚，即《吕氏春秋》所谓太公钓兹泉也。今人谓之凡谷。石壁深高，幽隍邃密，林障秀阻，人迹罕交。东南隅有一石室，盖太公所居也。水次平石钓处，即太公垂钓之所。其投竿跽[①]饵，两膝遗迹犹存。”又渭水“东过霸陵县北，霸水从县西北流注之”，《注》云：“霸者，水上地名也，古曰滋水矣。秦穆公霸世，更名滋水为霸水，以显霸功。”郁夷在今陇州西，霸陵在今咸宁东，而皆以为太公渔钓之所，可见流俗之善于附会。实则屠钓同为古人所贱，传者特以是言太公之困耳。太公盖诚晚达，然曾屠钓与否，尚难断言，况欲凿指其地邪？《天问》曰：“师望在肆昌何识？鼓刀扬声后何喜？”固不谓太公以渔奸西伯，而其屠亦不得在朝歌也。

① 跽（jì）：上身挺直，双膝着地。

第二章

揭开一张族群源头的模糊面孔

一个族群、一个家族的源头，往往都会伴随着一个神异的传说。这些纷纭的传说，在星河流转的岁月佐证中，让模糊的面孔变得越发清晰。如古代鲜卑分居在西伯利亚，史书所记载的鲜卑乃是这个民族南迁的“散姓”。拓跋姓出自鲜卑族拓跋（又称托跋）部，为黄帝后裔有拓跋氏……

匈奴为夏后氏苗裔

《史记·匈奴列传》曰："匈奴，其先祖，夏后氏之苗裔也，曰淳维。"此非无稽之谈也。《索隐》引张晏曰："淳维以殷时奔北边。"颜师古《汉书注》："以殷时始奔北边。"盖本诸此。又引乐产《括地谱》云："夏桀无道，汤放之鸣条，三年而死。其子獯（xūn）粥妻桀之众妾，避居北野，随畜移徙。中国谓之匈奴。"二说未知所本。"避居北野，随畜移徙"，似因《史记》"居于北蛮，随畜牧而转移"之文附会者。然《史记》明言匈奴先祖名淳维，而此谓其名为獯粥，径以部名为人名，则非袭《史记》也。特其所本与《史记》大同耳。然《史记》又云："自淳维以至头曼，千有余岁，时大时小，别散分离，尚矣；其世传不可得而次云。然至冒顿（mò dú）而匈奴最强大，尽服从北夷，而南与中国为敌国，其世传国官号乃可得而记云。"玩此数语，便知匈奴为夏桀之后，说非无据。盖此数语之意，谓自淳维至头曼，其世传虽不可得而次；其时大时小，别散分离之事，虽亦不能尽记；然要皆不如冒顿时之强大，则犹有可知。然则匈奴史事非尽无征，特其详不可得而闻耳。以此推之，则其世传虽不可得而次，固无害其为夏后氏之苗裔之确有可征也。古者系世之职，掌于史官，虽书阙有间，然其荦荦大者[①]，后之人类能道之，特其世次不能尽具耳。如五帝世次见于《大戴礼记》及《史记》。尧禅舜，舜禅禹，其年岁当略相次，而尧与禹同为黄帝玄孙，舜乃为黄帝九世孙，盖自尧、禹以上其世次并有脱落矣。

《殷》《周本纪》所载世系，殷自契至汤皆具，而《周本纪》曰："封

① 荦（luò）荦大者：明显的重大的地方。荦荦，明显。

弃于部，号后稷，别姓姬氏。后稷之兴，在陶唐、虞、夏之际，皆有令德。后稷卒，子不窋（zhú）立。”此三十余字之间，后稷二字，凡有三解：“号曰后稷”之“后稷”指弃；“后稷之兴”之“后稷”，括弃以后居稷官者；“后稷卒”之“后稷”则不窋之父也。盖自弃至不窋之间，其名与世次皆不可考矣。然不得因此遂谓五帝及周之世系皆不足信也。匈奴为夏后氏之后之可信，理正同此。

后魏出自西伯利亚

五胡诸族，多好自托于古帝之裔，其说殊不足信。然其自述先世事迹，仍有不尽诬者。要当分别观之，不得一笔抹杀也。《魏书》谓“后魏之先，出自黄帝。黄帝子曰昌意。昌意少子，受封北国。其后世为君长，统幽都之北，广漠之野。黄帝以土德王，北俗谓土为拓，谓后为跋，故以为氏”。又谓“其裔始均，仕尧时，逐女魃于弱水北，人赖其勋，舜命为田祖”。此全不可信者也。然谓“国有大鲜卑山，因以为号”，则其说不诬。已见《鲜卑》条。又云：“积六七十代，至成帝毛，统国三十六，大姓九十九，威振北方。五传至宣帝推寅，南迁大泽，方千余里。厥土昏冥沮洳[1]。谋更迁徙，未行而崩。又七传至献帝邻，有神人，言：此土荒遐，宜徙建都邑。献帝年老，以位授其子圣武帝诘汾，命南移。山谷高深，九难八阻，于是欲止。有神兽似马，其声类牛，导引历年乃出。始居匈奴故地。其迁徙策略，多出宣、献二帝，故时人并号为推寅，盖钻研之义也。”此为拓跋氏信史，盖成帝强盛，故传述之事，始于其时也。《魏书》云：“时事远近，人相传授，如史官之有记录焉。”

① 沮洳（jù rù）：潮湿。

今西伯利亚之地，自北纬六十五度以北，地理学家称为冻土带。自此南至五十五度，称森林带。又南，称旷野带。最南，称山岳带。其山，即西伯利亚与蒙古之界山也。冻土带极寒，人不能堪之处甚多。森林带多蚊虻（méng）。旷野带虽沃饶，然卑湿，多疫疠，亦非乐土。拓跋氏盖始处冻土带，以苦寒南徙，复陷旷野带中，最后乃越山岳带而至今外蒙古也。大泽方千余里，必旷野带中薮泽。或谓今拜喀勒湖[①]，非也。拜喀勒湖乃古北海，为丁令所居，汉时服属匈奴，匈奴囚苏武即于此，可见往来非难，安有山谷高深，九难八阻之事？

拓跋氏先世考上

晋世五胡，多好自托于神明之胄，其不足信，自无待言。而魏人自述先世，荒渺尤甚，又尝以史事诛崔浩，故其说弥不为人所信。然其中亦略有事实，披沙拣金，往往见宝，所贵善为推求，不当一笔抹杀也。《魏书·序纪》云："昌意少子，受封北土，国有大鲜卑山，因以为号。"此因汉世乌丸、鲜卑，史皆云以山为号，因有是言，不足信者也。又云："积六十七世，至成帝毛统国三十六，大姓九十九。"九十九者，合己为百姓也。统国三十六者，四面各九国。自受封至成帝六十七世，又五世至宣帝，又七世至献帝，又二世至神元，其数凡八十一。八十一者，九九之积也。自成帝至神元十五传，为三与五之积，盖取三才五行之义，比拟三皇五帝也。世数及所统国姓，无一非九之积数，有如是巧合者乎？况自神元以前，除成帝、宣帝、献帝、圣武帝外，绝无事迹可见。世有事迹传述如是其疏，顾于受封以来之世数，及成帝以降十余世之名讳，独能识之弗忘者乎？其为伪造，夫复奚疑！然安帝统国有九十九姓

① 拜喀勒湖：即贝加尔湖。

之说，亦见于《官氏志》。

九十九之数，虽不足信，其曾统有诸姓，则必不尽诬，特不当造作成帝其人，而系之于其时耳。至云：宣帝“南迁大泽，方千余里，厥土昏冥沮洳，谋更南迁，未行而崩”。献帝时，“有神人言于国曰：此土荒遐，未足以建都邑，宜复徙居。帝时年老，乃以位授子”。“圣武帝诘汾，献帝命南移，山谷高深，九难八阻，于是欲止。有神兽，其形似马，其声类牛，先行道引，历年乃出。始居匈奴故地。亦见《魏书·灵征志》。其迁徙策略，多出宣、献二帝，故人并号曰推寅，盖俗云钻研之义。”此中圣武帝其人，及献帝之名，又为伪造；而其迁徙之事，及先后有两推寅，则不尽诞。“诘汾无妇家，力微无舅家”，造作者盖亦微示人以圣武以上，悉无其人。至推寅则所谓以德为号者。以德为号而无其名，又傅以神兽道引荒诞之说，正与野蛮部落十口传说之性质相符，故知其非子虚也。

《礼志》云：“魏先之居幽都也，凿石为祖宗之庙于乌洛侯国西北。自后南迁，其地隔远。真君中，乌洛侯国遣使朝献，云石庙如故，民常祈请，有神验焉。其岁，遣中书侍郎李敞诣石室告祭天地，以皇祖先妣配。”《乌洛侯传》云：“真君四年来朝。据本纪，事在是年三月壬戌。称其国西北，有国家先帝旧墟。石室南北九十步，东西四十步，高七十尺。室有神灵，民多祈请。世祖遣中书侍郎李敞告祭焉，刊[①]祝文于室之壁而还。”此云旧墟，盖是。《礼志》云凿石为庙则诬矣。魏之先，能兴如是大工乎？然云其地为魏之故土，则自不诬，此固无庸造作也。乌洛侯在地豆干之北，去代都四千五百里。其国西北有完水，东北流合于难水。其地小水，皆注于难，东入于海。又西北二十日行，有于已尼大水，所谓北海也。难水今嫩江；完水今额尔古讷河；北海即贝加尔湖；于已尼盖入湖之巨川也。魏人编发，故称索虏；而乌洛侯绳发；地豆干在失韦西千余里，失韦丈夫索发；可见自失韦以西北，其俗皆同。谓魏

① 刊：刻。

人曾居黑龙江、贝加尔湖之间，必不诬也。然其初所居，尚当在此之北。今西伯利亚：自北纬六十五度以北，地理学家称为冻土带；自此南至五十五度曰森林带；又南曰旷野带；极南曰山岳带，则蒙古与西伯利亚之界山也。冻土带极寒，人不能堪之处极多。魏人盖自此南徙。森林带多蚊虻，亦非乐土，不可居；且鲜卑习骑射，亦不似林木中人也。魏人当时，似自冻土带入旷野带。其地沃饶，然卑湿多疫疠，所谓昏冥沮洳者也。终至山岳带定居焉。后又踰山南出，则所谓匈奴故地者，其地当在漠北。自此至漠南，尚当多历年岁。其事，魏人都不能记矣。自后推寅至神元，历时必久，世数亦必非一。

魏人此等矫诬之说，果始自何时乎？《卫操传》谓桓帝崩后，操为立碑于大邗（hán）城南，以颂功德。云魏为轩辕之苗裔。皇兴初，雍州别驾雁门段荣于大邗掘得此碑。此说而信，则拓跋氏之自托于轩辕，尚在惠、怀之世；桓帝死于惠帝永兴二年，卫操卒于怀帝永嘉四年。然不足信也。《灵征志》云："真君五年二月，张掖郡上言：往曹氏之世，丘池县大柳谷山石表龙马之形，石马脊文曰大讨曹，而晋氏代魏。今石文记国家祖宗讳，著受命之符。乃遣使图写其文。大石有五，皆青质白章，间成文字。其二石记张、吕之前已然之效。其三石记国家祖宗以至于今。其文记昭成皇帝讳，继世四六天法平，天下大安，凡十四字；次记太祖道武皇帝讳，应王载记千岁，凡七字；次记太宗明元皇帝讳，长子二百二十年，凡八字；次记太平天王，继世主治，凡八字；次记皇太子讳，昌封太山，凡五字。初上封太平王，天文图录又受太平真君之号，与石文相应。太宗名讳之后，有一人象，携一小儿。见者皆曰：上爱皇孙，提携卧起，不离左右，此即上象灵契，真天授也。"此事诬罔，无待于言。

又《皇后传》云："高宗初，穿天渊池，获一石铭，称桓帝葬母封氏，远近赴会二十余万人。有司以闻。命藏之太庙。"部落会葬，事所可有，何当举部偕来，至于二十余万乎？其为诬罔，殆与丘池获石等矣。观此二事，则知造作石刻以欺人，实为魏人惯技。桓帝时虽稍知招徕晋人，恐尚未知以文辞自炫。且卫操、卫雄、姬澹、莫含等，皆乃心华夏，其于拓跋氏，特欲借其力以犄匈奴耳，何事道谀贡媚，为作诬辞乎？《操传》又云："卫雄、姬澹、莫含等名皆见碑。"一似惟恐人之不信，故列多人以为征验者，其情亦大可见矣。然则此等矫诬之说，果始何时乎？案道武定国号诏曰："昔朕远祖，总御幽都，控制遐国，虽践王位，未定九州，"此为魏人自言其先世可考之始。僭[①]位之后，即追尊成帝已下及后号谥。诏有司议定行次。崔玄伯等奏从土德。盖一切矫诬之说，皆起于此时。所以自托于轩辕者，以从土德；所以从土德，则以不欲替赵、秦、燕而承晋故也。太和十四年高闾之议如此，见《礼志》。崔玄伯立说虽异，用意当同，盖不敢替异族以触拓跋氏之怒也。世祖册沮渠蒙逊曰："昔我皇祖，胄自黄轩。"见《蒙逊传》。辞出崔浩：据本纪，事在神䴥（jiā）四年。高祖时，秘书令高祐、丞李彪等奏曰："自始均以后，至于成帝，其间世数久远，是以史弗能传。"《魏书·高祐传》。皆与《魏书·序纪》合。知道武之世，造作久定，后人特祖述其说而已。

隋文诏魏澹别成《魏史》，义例多与魏收不同。其二曰："魏氏平文以前，部落之君长耳。太祖远追二十八帝，并极崇高，违尧、舜宪章，越周公典礼。但道武出自结绳[②]，未师典诰。当须南董[③]直笔，裁而正之。反更饰非，岂是观过？但力微天女所诞，灵异绝世，尊为始祖，得礼之宜。"《隋书·魏澹传》。然则拓跋氏先世可考者止于神元，固人人所共知也。道武天兴二年，祠上帝，以神元配，瘗地[④]于北郊，以神元宝后配；见《礼志》。太武使祭告天地石室，仅云以皇祖先妣配，而不援昌意、始均、成帝之伦；傥亦不欲厚诬其祖乎？然两推寅固当确有其人也。

---

① 僭（jiàn）：超越身份。

② 结绳：原始社会以结绳记事，这里指出身于文明落后的民族。

③ 南董：指南史和董狐两个人，都是秉笔直书的史官。

④ 瘗（yì）地：祭祀土地神。

拓跋氏事有年可考者，当始文帝入质之岁，实曹魏景元二年。《魏书》以是年为神元四十二年者，上推神元元年为庚子，取与曹魏建国同时也。亦不足信。

或曰：神元能遣子入侍，其部落当不甚微，何至父祖名号，亦无省记？独不观《南史·侯景传》乎？景僭位后，王伟请立七庙，并请七世讳。景曰："前世吾不复忆，惟阿耶名摽。"景党有知景祖名乙羽周者；自外悉伟别制其名位。神元之初，声名文物，岂能逾于侯景之时？况神元依妻家以起，乃赘（zhuì）婿之伦；其部落之大，盖自并没鹿回始；前此盖微不足道矣。推寅神兽而外，一无省记，又何足怪乎？

《晋书》谓秃发氏之先，与后魏同出，其说最确。《魏书·源贺传》：世祖谓贺曰："卿与朕同源，因事分姓，今可为源氏。"《唐书·宰相世系表》：源氏出自后魏圣武帝诘汾长子匹孤。七世孙秃发傉（nù）檀据南凉。子贺降后魏。太武见之曰：与卿同源，可改为源氏。"魏人固自言之矣。乌孤五世祖树机能，略与神元同时。其八世祖匹孤，始自塞北迁于河西。以三十年为一世计之，匹孤早于神元约百年，其时在后汉中叶，正北匈奴败亡、鲜卑徙居其地之时也。西伯利亚南边部落，盖亦以此时踰山南出。

《宋书·索虏传》云："其先汉将李陵后也。陵降匈奴，有数百千种，各立名号，索虏亦其一也。《齐书·魏虏传》云："匈奴种也。"又云："匈奴女名托跋，妻李陵。胡俗以母名为姓，故虏为李陵之后。虏甚讳之，有言其是陵后者辄见杀。"胡俗以母名为姓，说无征验。若援前赵改姓刘氏为征，则其时入中国已久，非复胡人故俗矣；况亦母姓而非其名也？匈奴与鲜卑相混，事确有之。《魏书·官氏志》中有须卜氏、林氏其证；而宇文氏出于匈奴，事尤明显，《隋书·李穆传》自云："陇西成纪人，汉骑都尉陵之后也。陵没匈奴，子孙代居北狄。其后随魏南迁，复归汧、陇。祖斌，以都督镇高平，因家焉。"此则出于依托矣。然不得云拓跋氏为匈奴种也。魏太武与宋文帝书曰："彼年已五十，未尝出户。虽自力而来，如三岁婴儿，复何知我鲜卑常马背中领上生活？”合诸世祖命源贺之言，拓跋氏固明以鲜卑自居也。

拓跋氏先世考下

《魏书》谓桓帝葬母，远近赴者二十万人，说不足信，既已辞而辟之矣，然《序纪》中类此之言尚多，请一一辩之。《序纪》云：神元之时，控弦上马二十余万。案神元吞并没鹿回，部落诚稍大，然谓有二十余万，则必诬也。《晋书·卫瓘（guàn）传》曰：除征北大将军、都督幽州诸军事、幽州刺史、护乌丸校尉。至镇，表立平州。后兼督之。于时幽、并东有乌桓，西有力微，并为边害。瓘离间二虏，遂致嫌隙。于是乌桓降而力微以忧死。考《武帝纪》，平州之立，事在泰始十年。其明年为咸宁元年，六月，力微即遣使来献。三年正月，又使瓘讨力微。是年，即《魏书》文帝被害而神元死之年也。《魏书》云：文帝为神元信谗所杀，盖饰辞，实则部落离叛，子见杀而父以忧死耳。此岂似拥众二十万者乎？神元之后，传章帝、文帝、平帝三世，凡十六年，拓跋氏盖其微已甚。思帝死，昭帝、桓帝、穆帝三分其众，势顾稍张。然云控弦骑士四十余万，则又诬也。是年，为晋惠帝元康五年。

《魏书》云：穆帝始出并州，迁杂胡，北徙云中、五原、朔方。又西渡河，击匈奴、乌丸诸部。越二年，桓帝度漠北巡，因西略诸国，积五岁始还。史云诸降附者二十余国，盖其经略颇勤，故其势稍振。然穆帝七年，即晋愍帝建兴六年，与刘琨会于平阳，会石勒禽王浚（jùn），国有匈奴杂胡万余家，多勒种类，闻勒破幽州，谋为乱，欲以应勒，发觉，伏诛，讨聪之计，于是中止。此即元康五年之所迁也，不过万余家，而主部之势，既不足以制之矣，而《序纪》谓昭帝十年，晋惠帝永兴元年。桓帝以十余万骑会司马腾，昭帝同时大举以助之；穆帝三年，晋怀帝永嘉四年。平文以二万骑助刘琨攻铁弗；是年得陉北之地，徙十万家以充之；五年，永嘉六年。又躬统二十万众以击刘粲；不尤诬乎？

穆帝之死也，《序纪》云：卫雄、姬澹率晋人及乌丸三百余家随刘遵南奔并州。此事亦见《雄》《澹传》。云时新旧猜嫌，迭相诛戮。雄、澹并为群情所附，谋欲南归，言于众曰：闻诸旧人忌新人悍战，欲尽杀之，吾等不早为计，恐无种矣。晋人及乌丸惊惧，皆曰：死生随二将军。于是雄、澹与刘琨任子遵率乌丸、晋人数万众而叛。案《晋书·琨传》云：遵与澹帅卢众三万人，马牛羊十万，悉来归琨；下文云：琨悉发其众，命澹领步骑二万为前驱；则《雄》《澹传》之言，为得其实。《序纪》所云，盖讳饰之辞也。《官氏志》云：昭成建国后，诸方杂人来附者。总谓之乌丸。分为南北部，帝弟觚监北部，子寔（jiǎn）君监南部，分民而治，若古之二伯焉。太祖登国元年，因而不改，南北犹置大人，对治二部。诸方来附，总谓乌丸，盖其众实以乌丸为多，他部莫足与比也。魏初西部𪘏纥（yǐ hé）最甚，东部即慕容、宇文，亦见《官氏志》。较拓跋氏为强，不得为之臣属。然则拓跋氏之所有者，南北部耳。而乌丸之盛如此，库贤沮众，而神元云亡；普洛唱叛，而道武出走；其无足怪。然则拓跋氏之本部亦微矣。遵、澹南归，几于鱼烂[1]，平文绥抚，未知遗落几何，而《序纪》云西兼乌孙故地，东吞勿吉以西，控弦上马，将有百万，不尤言之不怍[2]乎？

《燕风传》云：苻坚问凤：代王何如人？凤对曰：宽和仁爱，经略高远，一时之雄主，常有并吞天下之志。坚曰：卿辈北人，无刚甲利器，敌弱则进，强即退走，安能并兼？凤曰：北人壮悍，上马持三仗，驱驰

---

① 鱼烂：鱼是从内脏开始腐烂的，喻指国家内部糜烂腐败，或者因内部祸乱而亡。

② 怍（zuò）：惭愧。

若飞。主上雄隽，率服北土，控弦百万，号令若一。军无辎重樵爨[①]之苦，轻行速捷，因敌取资，此南方所以疲敝，而北方所以常胜也。坚曰：彼国人马，实为多少？凤曰：控弦之士数十万，马百万匹。坚曰：卿言人众可尔，说马太多，是虚辞耳。凤曰：云中川自东山至西河二百里，北山至南山百有余里，每岁孟秋，马常大集，略为满川。以此推之，使人之言，犹当未尽。此言经后人增饰，非其实。坚当日，盖问凤以北方诸部人马多少，非专问拓跋氏。不然，昭成时敢自夸于秦，谓有并吞之志邪？然《魏书》侈言部众之多，则可由是知其来历。盖皆并计当时北方部族之数，指为己有耳。说虽夸大，仍略有事实为凭，善求之，未必不可藉考当日朔陲[②]形势也。

昭成之世，势亦小张。其所由然，则以其服高车之众也。《序纪》：昭成二十六年，讨高车，大破之，获万口，马牛羊百余万头。明年，讨没歌部，破之，获牛马羊数百万头。三十年，征卫辰，卫辰与宗族西走，收其部落而还，俘获生口及马牛羊数十万头。三十三年，征高车，大破之，史不言其有所俘获。然北狄专以俘掠为务，未必此役独不然也。非史失纪，则其所俘较少，未之及。三十九年，苻洛来侵，昭成避于阴山之北，高车杂种尽叛，四面寇钞[③]，不得刍牧，乃复度漠南。《献明皇后传》云：苻洛之内侮也，后与太祖及故臣吏避难北徙。俄而高车奄[④]来钞掠，后乘车与太祖避贼而南。中路失辖。后惧，仰天而告曰：国家胤胄，岂止尔绝灭也？惟神灵扶助。遂驰。轮正不倾，行百余里，至七介山南，而得免难。可见是时情势之危。高车之数，盖远逾于其旧部矣。

道武之骤盛，其事亦与昭成同。道武之初立也，辅之者惟贺兰，旋即叛去。其众仅南北部，犹怀反侧。刘显来侵，北部大人复率乌丸而

① 爨（cuàn）：烧火做饭。

② 朔陲：北方边陲。

③ 寇钞：也作“寇抄”，劫掠之意。

④ 奄（yǎn）：突然。

叛，其不为昭成之续者几希。当时所以获免，盖惟赖慕容贺驎（lín）之援。然刘显既败，不数年遂至盛强，则实由其胁服之众也。道武之破窟咄，事在登国元年十月。明年五月，复征师于慕容垂，垂又使贺驎来。六月，遂破刘显于马邑南，尽收其部落。其明年五月，北征库莫奚，六月，破之，获其四部杂畜十余万。十二月，西征解如部，破之，获男女杂畜十数万。四年正月，袭高车诸部落；二月，讨叱突邻部；皆破之。五年三月，西征，袭高车袁纥部，破之，虏获生口，马牛羊二十余万。四月，与贺驎讨贺兰、纥突邻、纥奚诸部落，破之。九月，破叱奴部于囊曲河。十月，破高车豆陈部于狼山，十一月，纥奚部大人库寒，十二月，纥突邻大人屈地鞬皆举部内属。六年三月，遣讨黜弗部，破之。十二月，灭卫辰。簿其珍宝畜产，名马三十余万匹，牛羊四百余万头。山胡酋大幡颓、业易于等率三千余家内附。八年三月，西征侯吕邻部，四月，破之。六月，遣救慕容永，破类拔部帅刘曜等。类拔，疑当作颈拔。《太宗纪》：永兴五年正月，颈拔大渠帅四十余人诣阙奉贡。徙其部落。八月，征薛干部帅太悉佛，徙其民而还。至十年，遂与慕容氏构兵矣。以上均见《太祖纪》。盖虏获既多，诸部又间有内附者，得其人足以为强，得其畜足以为富，故其势骤张也。然则慕容氏之助拓跋，不几于藉寇兵赍盗粮[①]乎？道武以皇始元年八月出兵攻燕，至天兴元年正月克邺，事乃粗定。是年六月，迁都平城。十二月僭号。明年正月，即复分兵袭高车矣。自此至天赐元年，仍岁出兵北略；二年乃无闻，则以散发故也。明元立，其勤北略复如故。讫太武世不变。非徒建都平城，形势不得不尔，亦其所以致盛强者，本由于此也。

游牧部落，易合易离。有雄主兴，数十百万之众，可以立集；及其亡也，则其土崩瓦解亦忽[②]焉。檀石槐之已事，其明征也。虽契丹之亡，

① 藉（jiè）寇兵赍（lài）盗粮：借给贼兵武器，送给盗匪粮食。藉，通“借”。兵，兵器。赍，给予。

② 忽：快速。

其道亦不外是。拓跋氏所以屡仆复起者，实缘先得陉北，根基稍固之故。然则刘琨之有造[①]于拓跋氏大矣。

拓跋氏之虐

拓跋氏之专以裹胁为强，不独其于北族然也，即于中国亦然。道武之定河北，即徙山东六州民吏及徙何、高丽杂夷三十六万，百工伎巧十万余口，以实云中。旋又徙六州二十二郡守宰、豪杰、吏民二千家于代都。皆天兴元年事。自此至太武，破中原之国，无不徙其民。而内地酋豪以及郡县长吏，亦颇有苦于乱，自归以托庇者，而其势不可遏矣。然道武遇中原之人实虐，所加意抚绥者，则北方部族之众耳。天赐元年，距河北之定已六年矣，而是年三月，限县户不满百罢之，当时郡县之凋残可想。太武太延元年，诏长安及平凉民徙在京师，其孤老不能自存者，听还乡里。以魏人之视民如草芥，而犹有此诏，徙民之流离失所，可知也。而天赐元年，大选朝臣，令各辨宗党，保举才行，诸部子孙失业赐爵者二千余人。其于汉人及部族厚薄，为何如乎？然亦于其旧部则尔，于新降之众，遇之未尝不虐。天兴二年，获高车之众，即令起鹿苑于南台阴，北距长城，东苞白登，属之西山，广轮数十里，凿渠引武川水注之苑中，疏为三沟，分流宫城内外，又穿鸿雁池。此与甫定河北，即发卒治直道，自望都铁关凿恒岭至代，天兴元年事。后又屡勤其力，以起宫室苑囿者何异？宜乎高车之众，时有叛服也。

抑于旧有部族加意抚绥，亦道武僭位以后则然，若上溯诸昭成以前，则其虐用其民，亦与新降之众无异。《序纪》云：穆帝“忿聪、勒之乱，志欲平之。先是，国俗宽简，民未知禁；至是明刑峻法，诸部民

① 造：功绩。

多以违命得罪，凡后期者，皆举部戮之；或有室家相携而赴死所，人问何之？答曰：当往就诛”。此事亦见《刑罚志》，云“死者以万计”。蛮人性质固多残酷，然拓跋氏等起于塞外者似尤甚。苻坚之厚抚羌与鲜卑，固非本心；然究犹能伪为之也。至慕容暐（wěi）谋杀坚事露，乃并鲜卑在城者尽诛之，少长无遗，本心露矣。然究犹退败而然也。至于柔然败投西魏，已无能为，乃徒以突厥之求，执其君民三千余人尽付之，使之并命，此则不徒中国所不为，稍沾中国之化者，亦必不能为矣。屈丐之败奔薛干也，道武使求之，部帅太悉佛出屈丐以示使者曰：今穷而见投，宁与俱亡，何忍遣之。所谓后期，盖后师期，乃欲强发其众南犯也。时穆帝长子六修领南部，召之不至，怒讨之，失利遂死。盖南部亦不从其命也。此为六修弑父，抑穆帝战败自死，尚未可知。盖普根攻灭六修，则不得不以六修弑父为口实耳。普根先守外境，闻难来赴，攻六修，灭之。

普根立月余而薨[①]，子始生，桓帝后立之，其冬又薨。其为良死与否，尚未可知。而平文立，又欲迫其众南下。平文二年，闻晋愍帝为刘曜所害，顾谓大臣曰：“今中原无主，天其资我乎？”刘曜遣使请和，不纳。明年，石勒请为兄弟，斩其使以绝之。其决意如此。五年，晋元帝使韩畅加崇爵服，亦绝之。史谓其治兵讲武，有平南夏之意，桓帝后以帝得众心，恐不利于己子，害帝，遂崩，大臣死者数十人。夫苟得众心，一妇人何能为？盖亦以违众取败也。桓帝中子贺傉立，是为惠帝，未亲政事，太后临朝，即遣使与石勒通和，其情事可见。昭成帝十三年，冉闵杀石鉴自立。十四年，昭成曰：“石胡衰灭，冉闵肆祸，中州纷梗，莫有匡救。吾将亲率六军，廓定四海。”乃敕诸部各率所统，以俟大期。诸大人谏，乃止。昭成所为，犹之穆帝，特较能从谏，故未及祸。然则当道武南伐以前，拓跋氏之觊觎中原旧矣，而其众皆不同。固知芸芸之民，特欲安居乐业，父子相保，未有无故觊杀掠者，虽游牧之

① 薨（hōng）：诸侯、有爵位的人或者大官去世在古代叫薨。

族犹然。而骄暴之主，每以私意驱之。此墨子所由焦唇敝舌以游说于王公大人者邪？道武之军九门也，中山拒守，饥疫并臻，群下咸思还北。道武乃谓之曰："斯固天命，将若之何！四海之人，皆可与为国，在吾所以抚之耳，何恤乎无民！"真视民如草芥矣。陈留王虔之子悦说太宗，谓京师杂人，不可保信，宜诛其非类者；又雁门人多诈，并可诛之。史称悦怀奸计，故为是言，其实乃拓跋氏之积习也。

夫天下不可以力服也。芮芮之于拓跋，亦切近矣，而终魏之世不服。魏人屡勤大兵以讨之，而烽火犹时通于平城。虽乘阿那瑰时内乱，一臣伏之，末造复畏之如虎。则魏人因酷虐所丧者多矣。抑魏之兵力，非真足畏也。宋文而后，南风不竞[①]，自不足与之敌耳。宋武北伐，道武之众非减于曩[②]时，而竟坐视后秦之亡而不能救；赫连氏之取长安，而不能议其后，则后燕之奔溃，亦其自亡，而非魏之能亡之也。北方众虽犷悍，而无训练节制，乏坚甲利兵，故苻坚谓其不足畏。观其累败于羯石、氐苻，卫雄、姬澹之众，桓帝所倚以征伐者，而不足当石勒之一击，而以道武方兴之锐，慕容垂垂死之年，犹能唾手而入平城，则知坚之言为不诬。假使中国安宁，将卒用命，命一大将，严兵守塞上，而以贾生五饵之策，招其携贰之民，当穆帝、平文之世，民有不归之如水，诸部落有不自相翦灭，虽道武能不为神元之续乎？而诸将猜疑，长安即失，谋臣武将，或以叛乱受戮，或以猜忌见诛，坐使胡马饮江，燕巢林木，天之方愦，无然泄泄，莫肯念乱，不亦悲乎！

① 南风不竞：比喻对手不强。

② 曩（nǎng）：过去。

宇文氏先世

《周书》谓周之先，出自炎帝。炎帝为黄帝所灭，子孙遁居朔野。其后有葛乌兔者，雄武多算略。鲜卑奉以为主。遂总十二部落，世为大人。其裔孙曰普回，因狩，得玉玺三纽，文曰皇帝玺。其俗谓天子曰宇文，故国号宇文，并以为氏。普回子莫那，自阴山南徙，始居辽西，为魏甥舅之国。自莫那九世至侯豆归，为慕容晃所灭。出自炎帝乃妄语。自莫那至侯豆归，世次事实亦不具。当以《魏书·宇文莫槐传》正补之。《宇文莫槐传》，谓其先出自辽东塞外，世为东部大人。莫槐虐用其民，为部下所杀。更立其弟普拨。普拨传子丘不勤。丘不勤传子莫廆（wěi）。莫廆传子逊昵延。逊昵延传子乞得龟。丘不勤取魏平帝女，逊昵延取昭帝长女，所谓为魏甥舅之国也。莫廆、逊昵延、乞得龟三世皆与慕容廆相攻，皆为廆所败。乞得龟时，廆乘胜长驱，入其国，收资财亿计，徙部人数万户以归。别部人逸豆归，遂杀乞得龟自立。与慕容晃相攻，为所败，远遁漠北，遂奔高句（gōu）丽。晃徙其部众五千余落于昌黎，自是散灭矣。逸豆归即侯豆归。侯、逸同声。侯应议罢边备塞吏卒，谓“北边塞至辽东，外有阴山，东西千余里”，则阴山之脉，远接辽东。

《周书》谓莫那自阴山南徙，《魏书》谓莫槐出辽东塞外，似即一人。惟自莫槐至逸豆归，仅得七世。《周书》世次既不具，所记或有讹误也。《晋书》以宇文莫槐为鲜卑；《魏书》谓南单于之远属；又谓其语与鲜卑颇异。疑宇文为匈奴、鲜卑杂种，语亦杂匈奴也。又《魏书》以奚、契丹为宇文别种，为慕容晃所破，走匿松漠之间，则逸豆归败亡时，慕容廆所徙五千余落，实未尽其众，奚、契丹之史，亦可补宇文氏先世事迹之阙矣。奚事迹无考。契丹事迹可知者，始于奇首可汗，别见《契丹部族》条。奇首遗迹，在潢、土二河流域，已为北徙后事，不足补宇文氏先世事迹之阙。惟《辽史·太祖本纪赞》，谓“辽之先，出自炎帝，此即据《周书》言之。世为审吉国。其可知者，盖自奇首云”。审吉二字，尚在奇首以前，或宇文氏故国之名欤？然事迹无可征矣。

突厥之先

突厥强盛，始于土门，然其先，尚有可考者三世，讷都六设、阿贤设、大叶护是也。《北史》载突厥缘起三说：第一说谓始率部落出于穴中者为阿贤设，至大叶护种类渐强，当后魏之末，而有伊利可汗。第二说谓本平凉杂胡阿史那氏，魏太武灭沮渠氏，阿史那以五百家奔蠕蠕。居金山之阳，为蠕蠕铁工，金山形似兜鍪[①]，俗号兜鍪为“突厥”，因以为号。第三说则以讷都六设为伊质泥师都之大儿，阿贤设为讷都六设之幼子。《新唐书·西突厥传》云：“其先讷都陆之孙吐务，号大叶护，长子曰土门伊利可汗，次子曰室点蜜，亦曰瑟帝米。”讷都陆即讷都六，显而易见。伊质泥师都，不知果有其人否？而《唐书》之大叶护，即《北史》之大叶护，则无可疑。其名及其为讷都陆之孙，土门之父，《北史》皆不具，而《唐书》著之。是土门之前可考者确得三世也。特不知大叶护是否阿贤设之子耳。

《北史》之说，《周书》具载之。惟将其第一、第二两说并为一说，而无“本平凉杂胡阿史那氏，魏太武灭沮渠氏，阿史那以五百家奔蠕蠕”之说，不知后人传写有所刊落[②]邪？抑其辞本如此，而《北史》又有增益也？《周书》曰：“其后曰土门，部落稍盛，始至塞上市缯絮，愿通中

① 兜鍪（móu）：古代士兵的头盔。

② 刊落：删除。

国。大统十一年，太祖遣酒泉胡安诺槃陀使焉。十二年，土门遂遣使献方物。时铁勒将伐茹茹，土门率所部邀击，破之，尽降其众五万余落。恃其强盛，乃求婚于茹茹。”《隋书》则云：“伊利可汗以兵击铁勒，大败之，降五万余家，遂求婚于茹茹。”其辞虽有详略，其事则无异也。《北史》前录《隋书》之文，后又袭《周书》之语，则其辞重出矣。度《北史》并录两说，必有自注，为传写者所删耳。

《隋书》曰：“伊利可汗卒，弟逸可汗立，病且卒，舍其子摄图，立其弟俟斗，称为木杆可汗。”逸可汗，《北史》作阿逸可汗，俟斗作俟叔，木杆作水杆。外夷单语甚少，疑《隋书》夺阿字；俟斗、俟叔，并俟斤之误；水杆为木杆之误，显而易见。《周书》曰：“土门死，子科罗立，号乙息记可汗。科罗死，弟俟斤立，号木汗可汗。”《北史》亦同其文，而曰“科罗舍其子摄图，并其弟俟斤”，则乙息记之与阿逸，其为一人，亦凿然无疑。乙息记，《周书》云为伊利子，《隋书》谓为伊利弟，则《周书》是而《隋书》非也。《北史》云：木杆舍其子大逻便，而立其弟他钵。他钵病且卒，复命其子庵逻避大逻便。及卒，国中将立大逻便，以其母贱，众不服，竟立庵逻为嗣。大逻便不得立，不服，庵逻不能制，遂让位于摄图。摄图立，是为沙钵略可汗，以大逻便为阿波可汗；已而袭破之，杀其母。阿波西奔达头可汗。《隋书》曰：“达头者，名玷厥，沙钵略之从父也。”《北史》同。《新唐书》曰：“瑟帝米之子曰达头可汗，亦曰步迦可汗。”必乙息记为土门之子，达头乃得为沙钵略从父；若为土门弟，则达头与沙钵略为昆弟行矣。摄图以子雍虞闾愞[1]，遗令立弟处罗侯。摄图卒，雍虞闾使迎处罗侯。处罗侯曰：“我突厥自木杆可汗来，多以弟代兄，以庶夺嫡，失先祖之法，不相敬畏，汝当嗣位，我不惮拜汝也。”明兄弟相及，始于木杆之于乙息记，土门不得传弟也。

《隋书》曰：“佗钵以摄图为尔伏可汗，统其东面。又以其弟褥但可汗子为步离可汗，居西方。”《北史》无子字，案《北史》是也。步离即

① 愞（nuò）：同“懦”。

步迦，此即西突厥之达头可汗耳。都蓝时曾遣母弟褥但特勒献于阗玉杖。褥但，盖可汗介弟之尊称也。

《隋书》曰：摄图号伊利俱卢设莫何始波罗可汗，一号沙钵略可汗。下文载其致书隋文帝，自称伊利俱卢设莫何始波罗，而文帝报书则称为伊利俱卢设莫何沙钵略，然则沙钵略即始波罗之异译，中国于四夷名字，恒截称其末数字以求简，非有二号也。今人简称，多截取首数字，此古今语法不同。然俗人犹沿旧习，如上海法租界有路名勃来泥蒙马浪，俗人简称为马浪路，不曰勃来路也。

越之姓

《史记·世家》云："越王句践[1]，其先禹之苗裔，而夏后帝少康之庶子也，封于会稽，以奉守禹之祀。"《吴越春秋》说同。《汉书·地理志》曰："粤地，牵牛、婺女之分野也，今之苍梧、郁林、合浦、交阯、九真、南海、日南，皆粤分也。其君禹后，帝少康之庶子云，封于会稽。"亦本旧说。臣瓒[2]曰："自交阯至会稽七八千里，百越杂处，各有种姓，不得尽云少康之后也。按《世本》，越为芈姓，与楚同祖，故《国语》曰芈姓夔、越，然则越非禹后明矣。又芈姓之越，亦句践之后，不谓南越也。"案《汉志》所谓其君禹后者，自指封于会稽之越言之，不该百越。臣瓒实误驳。至谓越为芈姓，则《左氏》宣公八年《正义》亦据《外传》而疑越非夏后之后；《正义》：《谱》引《外传》曰：芈姓归越。是越本楚之别封也，或非夏后氏之后也。《国语·吴语》韦《解》亦云："句践，祝融之后，允常之子，芈姓也。"引《郑语》及《世本》为证。

① 句（gōu）践：即"勾践"。

② 臣瓒（zàn）：西晋学者，姓氏及籍贯不详。

《墨子·非攻下篇》:“越王紧亏卢校改为翳亏，毕、孙二氏并从之。出自有遽，始邦于越。”孙仲容《间诂》曰:“《楚世家》云:熊渠立少子执疵为越章王。《左》僖二十六年，夔子曰:我先王熊挚;《汉书·古今人表》及《史记正义》引宋均《乐纬注》并谓熊挚亦熊渠子;窃疑夔、越同出。此出自有遽，或当云出自熊渠。”案渠、遽古字通，孙说似是;然必谓禹后之说为误，亦未必然。闽越王无诸及越东海王摇皆句践后，而姓驺（zōu）氏。见《史记》本传。徐广曰“驺一作骆”，非也。《汉书》亦作驺;下文有将军驺力，盖其同姓。疑越俗或从母姓。句践先世尝与芈姓通昏[①]姻，故为楚之所自出，而云芈姓。然以父系言之：则固禹之苗裔而少康之庶子也。《春秋》之世，楚越常通婚姻而吴越相攻击甚烈。夫差之仇越，自以阖庐[②]见杀之故。阖庐、允常[③]之相仇，则其故殊不可知，岂以越出于楚，故助楚以谋吴欤？若然，则楚之用越，正犹晋之通吴矣。

《史记》云:“夫余之后二十余世，至于允常。”自夏至春秋，年代虽难质言，必不止二十余世。《正义》引《舆地志》云:“越侯传国三十余叶，历殷至周。敬王时，有越侯夫谭，子曰允常，拓土始大，称王。”三十余世亦尚嫌其不足，岂其世数实自紧亏计之邪？

《后汉书·岑彭传》:“更始遣立威王，张邛与将军徭伟镇淮阳。”《注》引《风俗通》曰:“东越王徭，句践之后。其后以徭为姓。”此则以王父字为氏之伦，中国所谓庶姓也。

---

① 昏：同“婚”。

② 阖庐：即吴王阖闾，夫差之父。

③ 允常：即越王允常，勾践之父。

魏立子杀母

《廿二史札记》云：《魏书·道武宣穆皇后传》：魏故事，后宫产子，将为储贰[1]，其母皆赐死，故后以旧法薨。然考纪传，道武以前，未有此事。《明元本纪》载道武将立明元为太子，召而告之曰：昔汉武将立其子而杀其母，不令妇人与国政也。汝当继统，故吾远同汉武。于是刘贵人死，明元悲不自胜。据此，则立子先杀其母之例，实自道武始也。遍检《魏书》，道武以前，实无此例。而传何以云魏故事邪？《北史》亦同此误。”今案魏自道武以前，曷尝有建储之事，况云欲立其子而杀其母乎？往史之诬，不待辩也。然云其例始于道武亦误。道武曷尝立明元为太子。《明元纪》言：刘贵人死，明元哀泣，不能自胜，太祖怒之。帝还宫，哀不自止，日夜号泣。太祖知而又召之。帝欲入，左右曰：孝子事父，小杖则受，大杖避之，今陛下怒甚，入或不测，不如且出，待怒解而进。帝惧，从之，乃游行逃于外。此盖既杀其母，又欲诛其子耳，非欲立之也。《齐书·魏虏传》云：初，佛狸母是汉人，为木末所杀，佛狸以乳母为太后。自此以来，太子立，辄诛其母。今案，自佛狸以后，文成元皇后为常太后所杀，孝文贞皇后则为文明皇后所杀，惟献文思皇后为良死，则其人之有无不可知。《齐书》之言，信有征矣。然明元之杀太武母，亦非以虑妇人与政而然也。

《魏书·皇后传》云：明元密皇后，杜氏，邺人，阳平王超之姊也。初以良家子选入太子宫，有宠，生世祖。及太宗即位，拜贵嫔，泰常五年薨。世祖保母窦氏，初以夫家坐事诛，与二女俱入宫，太宗命为世祖

① 储贰：太子。

保母，性仁慈，勤抚导，世祖感其恩训，奉养不异所生，及即位，尊为保太后，后尊为皇太后，与《齐书》佛狸以乳母为太后之说合，与其母为木末所杀之说则乖。今案，魏太武以泰常七年摄政，时年十五。密后果殁于泰常五年，太武年已十三，尚何待窦氏之保育，其感恩安得如是其深？然则谓密皇后殁于泰常五年，其说殆不足信，一语既虚，满盘是假。《杜超传》谓其泰常中为相州别驾，奉使京师，以法禁不得与后通问，亦子虚乌有之谈。太武之母在魏宫，盖本无位号，亦难考其以何时见杀。太武之获长大，非得窦氏保全之力，则必得其养育之功，故其德之如是其深也。

《胡灵后传》云：召入掖庭[①]，为承华世妇，椒掖之中，以国旧制，相与祈祝，皆愿生诸王公主，不愿生太子。唯后每谓夫人等言，天子岂可独无儿子，何缘畏一身之死，而令皇家不育冢嫡乎？及肃宗在孕，同列犹以故事相恐，劝为诸计，后固意确然，幽夜独誓云："但使所怀是男，次第当长，子生身死，所不辞也。"此乃附会之谈。献文及废太子恂（xún）母之见杀，未知何故，要必非遵行故事，疑当时宫掖之中，有此等惨酷之事，欲藉辞于先世，乃造作道武欲法汉武之说。不徒《魏史》不能发其覆，即南国传闻，亦不免为其所误也。《太宗纪》：泰常七年四月，甲戌，封皇子焘为泰平王。初，帝素服寒食散，频年动发，不堪万几。五月，诏皇太子临朝听政。是月，泰平王摄政。《世祖纪》：泰常七年四月，封泰平王。五月，为监国。太宗有疾，命帝总摄百揆。

《崔浩传》载浩对明元之问曰："自圣化龙兴，不崇储贰，是以永兴之始，社稷几危，今宜早建东宫，选公卿忠贤，陛下素所委仗者，使为师傅，左右信臣，简在圣心者，以充宾友，入总万机，出统戎政，监国抚军，六柄在手。若此，则陛下可以优游无为，颐神养寿，进御医药。万岁之后，国有成主，民有所归，则奸宄（guǐ）息望，旁无觊觎，此乃万世之令典，塞祸之大备也。今长皇子焘，年渐一周，明叡（ruì）温

---

① 掖（yè）庭：后妃所居住的宫室。后文的"椒掖"也是此意。

和，众情所系，时登储副，则天下幸甚。”浩辞中虽有早建东宫，时登储副等语，然传言太宗纳之，使浩奉策告宗庙，命世祖为国副主，居正殿临朝，绝无立为太子之说。然则本纪中诏皇太子临朝听政一语，乃史家措辞不审①，抑或原文实系皇长子，后人传写，误长为太，皆未可知。要之，明元未尝立太武为太子也。《浩传》又载太武监国后，明元谓左右侍臣，以长孙嵩等六人辅相，吾与汝曹，游行四境，伐叛柔服，可得志于天下矣。会闻宋武帝之丧，遂欲取洛阳、虎牢、滑台，其后卒自将南下。世岂有不能听政，顾能躬履行阵者？然则明元使太武监国，意实别有所在，其死于明年，特偶然之事，初非当退居西宫之日，即有不可救药之病。《浩传》及《北史·长孙嵩传》等皆谓明元因病，而命太武监国，又事后附会之谈也。序纪言：昭帝之时，分国为三部，帝与桓、穆二帝，各主其一。其时昭帝未闻外出，而桓、穆二帝，则皆躬出经略，穆帝且历五年而后归。其后献文传位于孝文，亦曾北征蠕蠕。然则大酋或主国政，或亲戎马，实拓跋氏之旧习，故文明太后迫献文传位，而当时不以为篡也。然则拓跋氏自献文以前，始终未有建储之事，安得云道武欲立明元而杀其母，况又谓道武系奉行故事乎？

神武得六镇兵

北齐神武帝之所以兴，实缘得尔朱兆所分六镇之众，而所以得此众者，魏、齐二书记载皆欠明耳。今综核其文而臆测之。《齐书·神武纪》云：费也头纥豆陵步藩入秀容，逼晋阳。兆征神武。神武将往。贺拔焉过儿请缓行以弊之。神武乃往，逗留，辞以河无桥，不得渡。步藩军盛，兆败走。兆又请救于神武，神武内图兆，复虑步藩后之难除，乃与

① 审：周密。

兆悉力破之，藩死。兆深德神武，誓为兄弟。时世隆、度律、彦伯共执朝政，天光据关右，兆据并州，仲远据东郡，各拥兵为暴，天下苦之。葛荣众流入并、肆者二十余万，为契胡陵暴，皆不聊生。大小二十六反，诛夷者半，犹草窃[1]不止。兆患之，问计于神武。神武曰："六镇反残，不可尽杀。宜选王素腹心者，私使统焉。若有犯者，直罪其帅，则所罪者寡。"兆曰：善。遂以委焉。神武以兆醉，醒后或致疑贰，遂出。宣言"受委统州镇兵，可集汾东受令"，乃建牙阳曲川，陈部分。兵士素恶兆而乐神武，莫不皆至。居无何，又使刘贵请兆：以"并，肆频岁霜旱，降户掘黄鼠而食之，皆面无谷色，徒污人国土。请令就食山东，待温饱而处分之"。兆从其议。其长史慕容绍宗谏曰："今四方扰扰，人怀异望，高公雄略，又握大兵，将不可为。"兆曰："香火重誓，何所虑也？"绍宗曰："亲兄弟尚尔难信，何论香火？"时兆左右已受神武金，因谮[2]绍宗与神武旧有隙。兆乃禁绍宗而催神武发。

神武乃自晋阳出滏口。路逢永朱荣妻北乡长公主自洛阳来，马三百匹，尽夺易之。兆闻，乃释绍宗而问焉。绍宗曰："犹掌握中物也。"于是自追神武。至襄垣，会漳水暴涨，桥坏。神武隔水拜曰："所以借公主马，非有他故，备山东盗耳。王受公主言，自来赐追。今渡河而死不辞，此众便叛。"兆自陈无此意。用轻马渡，与神武坐幕下，陈谢。遂授刀引颈，使神武砍己。神武大哭曰："自天柱薨背，贺六浑更何所仰？愿大家千万岁，以申力用。今旁人构间至此，大家何忍复出此言？"兆投刀于地，遂刑白马而盟，誓为兄弟。留宿夜饮。尉景伏壮士欲执之，神武啮臂止之，曰："今杀之，其党必奔归聚结，兵饥马瘦，不可相支。若英雄崛起，则为害滋甚。不如且置之。兆虽劲捷，而凶狡无谋，不足图也。"旦日，兆归营，又召神武。神武将上马诣之。孙腾牵衣，乃止。

① 草窃：掠夺盗窃。

② 谮（zèn）：诬陷。

兆隔水肆詈[①]，驰还晋阳。如此说是神武受委统众在平步蕃之后也。《魏书·尔朱兆传》云：初荣既死，庄帝召河西人纥豆陵步蕃等，令袭秀容。兆入洛后，步蕃兵势甚盛，南逼晋阳。兆所以不服留洛，回师御之。兆虽骁果，本无策略，频为步藩所败。于是部勒士马，谋出山东。令人频征献武王于晋州。乃分三州、六镇之人，令王统领。既分兵别营，乃引兵南出，以避步蕃之锐。步蕃至于乐平郡，王与兆还讨破之，斩步蕃于秀容之石鼓山。其众退走。兆将数十骑诣王，通夜宴饮。后还营召王。王知兆难信，未能显示，将欲诣之。临上马，长史孙腾牵衣而止。兆乃隔水责骂腾等。于是各去。王遂自襄垣东出，兆归晋阳。是神武受委统众在破步蕃之先也。《齐书》本纪虽与《魏书》歧异，而其《慕容绍宗传》曰：纥豆陵步藩逼晋阳，尔朱兆击之，累为所破，欲以晋州征高祖，共图步藩。绍宗谏曰："今天下扰扰，人怀觊觎，正是智士用策之秋，高晋州才雄气猛，英略盖世，譬诸蛟龙，安可藉以云雨？"兆怒曰："我与晋州，推诚相待，何忽辄相猜阻，横生此言？"便禁止绍宗，数日方释。遂割鲜卑隶高祖。高祖共讨步藩，灭之。亦谓割众隶神武，在破步蕃之先，与《魏书》合。

今案《魏书·孝庄纪》永安三年十二月，河西人纥豆陵步蕃、破落韩常大败尔朱兆于秀容山。盖即兆传所云，兆入洛后，步蕃进逼之事，兆因此反旆拒之，其战事犹在秀容，未至晋阳也。其后盖因兆部勒士马谋出山东，乃后乘虚南逼至于晋阳，兆于此时盖又反旆御之，而又屡为所败，乃欲征神武以自助。《齐书》本纪直言步蕃入秀容，逼晋阳，一似长驱直下，所向无前者固非。《魏书》兆传亦将步蕃南逼晋阳，误叙于兆欲部勒士马，谋出山西之前，信如是亦为非是。兆当自顾不遑，何暇更谋东略乎？神武在尔朱荣时，即刺晋州。而《慕容绍宗传》言兆欲以晋州征高祖，一似待步蕃既灭之后，乃以此酬庸者，措语亦殊粗略，观称神武为晋州可知。推原其故，盖兆之入洛，神武不从，嫌隙

① 詈（lì）：骂。

既构，兆入洛后，盖有夺神武晋州之意，至是又仍旧职。故诸家记载，有以晋州征之语，作史者摭其单辞，而未计其与全文不合也，亦可谓疏矣。兆所分神武之众，盖即其部勒之，欲率以出山东者，继因晋阳见逼，乃又率之回援，其众素怨，是以累败。大小二十六反，正在此时，非谓统入并、肆后并计之也。其众本以乖离而败，故分之神武而即克，然则兆之分兵，盖亦有不得不然者，非因酒醉而然矣。三州盖谓并、肆及兆所刺汾州，其中并、肆之众，盖以葛荣降户为多。三州六镇之兵，虽非必鲜卑种人，亦必为所谓累世北边，习其俗遂同鲜卑者。《齐书·神武纪》言神武如此。故绍宗传称为鲜卑，神武起兵实藉此众，故其誓师有不得欺汉儿之语也。兆分神武之众究若干，不可知。然必不能甚多。神武起兵时，虽恃此众为主，必不能此外一无所有。韩陵之役，高昂所将，即非鲜卑，此外率部曲与于此役者尚多。然韩陵之战，犹云马不满二千，兵不满三万。则受委时，可知本纪侈言其数为二十余万。盖承上文尔朱氏诸人为暴，遂并凡葛荣降众言之，而不悟兆所分诸神武者，止就其隶行伍，并止就其当时所统率者而言也。上言凡降户，而下言受委统州镇兵，可谓一简之中，自相抵牾[①]矣。

神武之受委统众，自当在破步蕃之先，其建牙阳曲，令士集汾东，则当在就食山东得请之后。《齐书·神武纪》误其受委在破步蕃之后，《魏书·尔朱兆传》则漏去请就食山东一节，其事之始末，遂不可知矣。慕容绍宗之谏，在兆分兵畀神武，抑许其东出时，不可知。此虽难必然，窃疑当在分兵之时，《神武纪》言神武请选腹心统众时，兆曰：善，谁可行也？贺拔允时在坐，请神武。神武拳殴之，折其一齿，曰：生平天柱时，奴辈伏处分如鹰犬. 今日天下，安置在王，而阿鞠泥敢诬下罔上，请杀之。兆以神武为诚，遂以委焉。窃疑当时实公议之欲用神武者固多，反之者亦不少，兆则决用神武。故一怒而禁绍宗，此特借以摄众，非有恶于绍宗也。史所载绍宗谏兆之辞，固非众议之语，然绍宗特亦不然分兵于神

---

① 抵牾（dǐ wǔ）：矛盾。

武者之一，其辞盖出后来附会，非当时语实如是也。然必因其征神武，以图步蕃而发。征神武以图步蕃，神武且为兆用，何嫌何疑，而须强谏。绍宗传上言绍宗之谏，以兆之征神武，而下言兆之距谏[1]，不云遂征神武而云割鲜卑以隶，更矛盾不可通矣。六朝史书之疏略，大率如此，恨不能一一校正之也。并州逼近晋阳，神武居此，必不能叛。一出山东，则真所谓蛟龙得云雨者矣。当时山东不服尔朱氏者固多，此兆所以部勒其众而欲亲出，神武之请就食，未尝不以前驱陈力尝寇为辞，此兆之所以许之。至夺北乡之马，则其非信臣可知，故又悔而自追之。然卒无如何者，则为神武此众便叛一语所胁，兆固自度必不能善驭此众也。六镇之师武臣力实，尔朱氏所由兴，而虐用其众以资敌；兴亡之故，亦可鉴矣。

乞伏氏

《晋书·乞伏氏载记》云：在昔有如弗斯、出连、叱卢三部，自漠北南出太阴山，遇一巨虫于路，状若神龟，大如陵阜，乃杀马而祭之，祝曰："若善神也，便开路；恶神也，遂塞不通。"俄而不见，乃有一小儿在焉。时又有乞伏部，有老父无子者，请养为子。众咸许之。老父欣然，自以有所依凭，字之曰纥干。纥干者，夏言依倚也。年十岁，骁勇善骑射，弯弓五百斤，四部服其雄武，推为统主，号之曰：乞伏可汗托铎莫何。托铎者，言非神非人之称也。案《魏书·乞伏国仁传》云"其先如弗，自漠北南出"，则乞伏当属如弗斯，不得自为一部。后述延居苑川，以斯引乌埿（ní）为左辅将军，镇蔡园川，出连高胡为右辅将军，镇至便川。叱卢那胡为率义将军，镇牵屯山。斯引乌埿，盖如弗斯部之酋，犹是三部鼎立也。窃疑乞伏氏之于如弗斯，犹孛儿只斤之于蒙古，

[1] 距谏：拒谏。距，通"拒"。

后乃别为一族，初非独为一部。

如弗与女勃同音，疑部名或系出阴山后居女勃水畔而得，则其得名亦非甚早。

第三章

略看一张权杖顶头的君王面孔

自古以来，君王拥有至高无上的权力。但在漫长的历史变迁中，其朝代的更替、帝王的轮换，所呈现出的君王面孔是有所不同的。他们之中有明君、有暴君、有昏君、有庸君。有的励精图治，内政修明，最终国强兵盛；有的不思朝政，荒淫懈怠，结果无所作为，一团乱象。这种不同的面孔直接导致天下不同的社会形态。

武王克商

《孟子》曰："尽信书，则不如无书。吾于《武成》，取二三策而已矣。仁人无敌于天下，以至仁伐至不仁，而何其血之流杵也？"《尽心》下。此古人见古书变乱史实之辞也。古史之传于后，经此等改易删削，而失其真者，盖不知凡几矣。

《史记》多取《书》说，予已累言之，无待更述。今观其述殷周间事，多与《周书》相出入，而《尚书》家之变乱史实有可微窥者焉。《周书·克殷》云："周车三百五十乘，陈于牧野。帝辛从。武王使尚父与伯夫致师。王既誓以虎贲戎车驰商师。商师大崩。"如此而已矣，《史记》则曰："纣师虽众，皆无战之心，心欲武王亟入；皆倒兵以战，以开武王。武王驰之，纣兵皆崩，畔[1]纣。"增入纣师倒兵[2]之说矣。《周书·世俘》曰："武王狩，禽虎二十有二，猫二，麋五千二百三十五，犀十有二，牦七百二十有一，熊百五十有一，罴百一十有八，豕三百五十有二，貉十有八，麈（zhǔ）十有六，麝五十，麋三十，鹿三千五百有八。"世皆疑其诞而不之信，然此即《孟子》所谓"驱虎豹犀象而远之"者也。《滕文公》下。

《孟子》言纣之罪曰："坏宫室以为污池，民无所安息。弃田以为园囿，使民不得衣食。园囿污池，沛泽多而禽兽至。"同上。古多旷地，园囿污池，岂待坏宫室弃田而为之？齐宣王之囿，方七十里，杀其麋鹿者，如杀人之罪，《孟子》讥其为阱于国中，《梁惠王》下。亦故山泽之

---

① 畔：通"叛"，背叛。

② 倒兵：即倒戈。

区，禁御之，使刍荛雉兔者[1]不得往焉耳，未闻其坏宫室弃田而为之也。纣早于宣王七百余年，安得有此？盖纣都朝歌，台在沙丘，《汉书·地理志》。地偏东北，本皆旷废之区，纣乃因以为苑囿耳。虽曰禽荒，其恶未至如《孟子》所言之甚也。而武王则尤而效之者也，或且变本加厉焉。顾美其"兼夷狄驱猛兽而百姓宁"，《滕文公》下。天下真无复是非矣。"兼夷狄"者，《孟子》所谓"灭国者五十"，同上。《世俘》所记太公望命御方来等是也。皆云"告以馘俘[2]"，又总计之曰："武王遂征四方。凡憝（duì）国九十有九国。馘魔亿有十万七千七百七十有九。俘人三亿万有二百三十。凡服国六百五十有二。"世或又疑其诞。然俘馘本有虚数。

憝国九十有九，盖以九为数之究而云然。灭国者五十，则举成数言之。虽不必实，然其数必不少矣。憝云灭云者，破坏其国，杀戮其君；服则望风归款者也。即谓不然，亦师速而疾略之而已。灭者五十，憝者九十有九，而服者六百五十有二，正不必怪其多矣。不特此也，纣既自燔矣，武王又射之三发，下车击之以轻吕，斩之以黄钺，悬之大白之旗。又适二女之所，二女既缢矣，又射之三发，击之以轻吕，斩之以玄钺，悬之小白之旗。《克殷》。二女，《史记》云嬖（bì）妾；《世俘》则曰："武王燎于周，大师负商王纣悬首白旗，妻二首赤旗，乃以先馘，入燎于周庙。"案殷俗多同有虞，而《孟子》言舜"二女祼"，《尽心》下。或殷俗亦二妻，《世俘》之言是也。亲加刃于敌国帝后之尸，其虐，过于邾人之戕鄫子。《春秋》宣公十八年。不归其元而用之于庙，则秦不果施之于晋惠公，《史记·晋世家》。吴不忍行之于齐国书者也。《左氏》哀公十一年。赧王入秦，顿首献地，犹获归正首丘。《史记·周本纪》。何其仁暴之殊也？大史公曰："论秦之德义，不如鲁、卫之暴戾。"论周则又居何等焉？

---

① 刍荛（ráo）雉（zhì）兔者：割草打柴和猎取野鸡野兔的人。

② 馘（guó）俘：杀死和俘虏的人。馘，古代以割下被杀的敌人的左耳计功，代指杀死的敌人。

臧哀伯曰："武王克商，迁九鼎于洛邑，义士犹或非之。"《左民》桓公二年。《克殷》曰："命南宫伯达、史佚迁九鼎三巫。"盖始迁之三巫，卒又营洛邑而居之也。《世俘》又记其"荐俘殷王鼎"，又云："商王纣，取天知玉琰（yǎn）瑬身厚以自焚。凡厥有庶，告焚玉四千。武王乃俾于千人求之。四千庶玉则销。天知玉五，在火中不销。凡天知玉，武王则宝与同。凡武王俘商旧玉，亿有百万。"周之所求可知矣。而曰散鹿台之财，发巨桥之粟，何其诬也？抑粟帛不可载以行，亦非野人所宝，乃从而破散之邪？

《楚辞·天问》曰："到击纣躬，叔旦不嘉。"盖谓武王亲加刃于纣之尸，周公不以为然也。周公之为人，盖较武王少[①]知礼义，故摄政七年之后，传有制礼作乐之事焉。《金滕》册祝曰："乃玄孙不若旦多材多艺，不能事鬼神。"足见武王为一武夫，一无所知也。《天问》又曰："授殷天下，其位安施？反成乃亡[②]，其罪伊何？"授殷天下，言复封武庚也。其位安施，言武庚败亡也。反成而亡，言周公东征而归，属党见执，身奔楚也。此周家争夺相杀之事也。《天问》又曰："会晁争盟，何践吾期？苍鸟群飞，孰使萃之？"此即《诗》所谓"维师尚父，时惟鹰扬，凉彼武王，肆伐大商，会朝清明"者。苍鸟群飞，亦如乌流幄、鱼跃舟之类，以为瑞应耳。足见周初所传，本无信史，后人称诵，悉出文饰，虽诗人所咏，已非其实也。《天问》又曰："稷惟元子，帝何竺[③]之？投之于冰上，鸟何燠[④]之？"此即《诗·生民》所咏。又曰："何冯弓挟矢，殊能将之。"则后稷非农师，亦斗士耳。教民稼穑，树艺五谷之言，皆因其居稷官而附会者也。而"文王卑服，即康功田功[⑤]"《书·无逸》。视此

① 少：稍微。

② 反成乃亡：等到它成功了，又使它灭亡。

③ 竺：通"毒"，憎恨。

④ 燠（yù）：温暖。

⑤ 即康功田功：从事荒野和田亩的工作。即，从事。

矣。又曷怪周人之好杀戮，事攘夺哉？

《贾子·连语》曰：“纣将与武王战。纣陈其卒，左臆右臆[①]，鼓之不进，皆还其刃，顾以乡[②]纣也。纣走还于寝庙之上，身斗而死，左右弗肯助也。纣之官卫，舆纣之躯，弃之玉门之外。民之观者，皆进蹴之，蹈其腹，蹶其肾，践其肺，履其肝。周武王乃使人帷而守之。民之观者，搴[③]帷而入，提石之者，犹未肯止。”此说谓纣卒倒兵同于《书》家，而纣尸为商民所残，而武王且有帷守之惠，其讳饰弥工矣。

秦始皇筑长城

秦始皇帝筑长城，誉之者以为立万古夷夏之防，毁之者以为不足御侵略，皆不察情实之谈也。《史记·匈奴列传》曰：“士力能弯弓，尽为甲骑。”又曰：“自左右贤王以下至当户，大者万余骑，小者数千。凡二十四长，立号曰万骑。”则匈奴壮丁，尚不足二十四万。《史记》又云：冒顿“控弦之士三十万”，盖其自号之虚词也。《新书·匈奴篇》曰：“窃料匈奴控弦，大率六万骑，五口而出介卒一人，五六三十，此即户口三十万耳。”此则其数太少。或贾生[④]所计，非匈奴全国之众。南部之并北部也，领户三万四千，口二十三万七千三百，胜兵五万一百十七人。所谓胜兵，即力能弯弓之士也。然则匈奴壮丁，居其民数五之一弱。与贾生五口而出介卒一人之说合。今即以匈奴兵数为二十四万，以五乘之，其口数亦不过百二十万耳。贾生谓匈奴之众，不当汉千石大县；中

① 左臆右臆：即左翼右翼。

② 乡：通“向”。

③ 搴（qiān）：通“褰（qiān）”，撩开。

④ 贾生：指贾谊，西汉著名争论家，文学家，世称贾生，著有《新书》等。

行说谓匈奴人众，不能当汉之一郡，非虚词也。冒顿尽服从北夷时，口数如此，头曼以前当何如？

《史记》曰："自陇以西，有绵诸、绲（gǔn）戎，翟豲（huán）戎。岐梁山、泾、漆以北，有义渠、大荔、乌氏、朐衍之戎。而晋北有林胡、楼烦之戎，燕北有东胡、山戎，各分散居溪谷，自有君长；往往而聚者，百有余戎，然莫能相一。"头曼以前之匈奴，则亦如此而已。此等小部落，大兴师征之，则遁逃伏匿，不可得而诛也；师还则寇钞又起；留卒戍守，则劳费不资；故惟有筑长城以防之。长城非起始皇，战国时，秦、赵、燕三国，即皆有之。皆所以防此等小部落之寇钞者也。齐之南亦有长城，齐之南为淮夷，亦小部落，能为寇钞者也。若所邻者为习于战陈之国，则有云梯隧道之攻，虽小而坚如偪阳，犹惧不守，况延袤至千百里乎？然则长城之筑，所以省戍役，防寇钞，休兵而息民也。本不以御大敌。若战国秦时之匈奴，亦如冒顿，控弦数十万，入塞者辄千万骑，所以御之者，自别有策矣。谓足立万古夷夏之防，几全不察汉后匈奴、鲜卑、突厥之事，瞽[①]孰甚焉。责其劳民而不足立夷夏之防，其论异，其不察史事同也。

项羽将才

世皆以项羽之善战，为旷古所希，其实非也。羽固善战，亦不过历代善战者之一耳，谓其有以大过于人，固不然也。羽之战功，为世所艳称者有三：一巨鹿之战，一彭城陷后，释齐还攻汉军，一垓下之溃围南出也。垓下溃围，乃一战将之事，优为之者甚多，事极易见。巨鹿之战固剽锐，然此战在二世二年十二月，章邯至三年七月乃降，其间相距尚

① 瞽（gǔ）：本意为瞎，这里指没有见识，不达事理。

半年，羽初未能一战即使邯溃不成军也。邯之降楚，其真相不可知。《项羽本纪》言：邯军[①]棘原，羽军漳南，相持未战，秦军数却，二世使人让[②]邯，邯恐，使长史欣请事，至咸阳，留司马门三日，赵高不见，有不信之心。欣恐，还走其军，不敢出故道。高果使人追之，不及。欣至军，报曰：赵高用事于中，下无可为者。今战，能胜，高必疾妒吾功，不能胜，不免于死，愿将军熟计之。此说固不必实。高果疑邯，于欣必加礼敬矣。然贾生过秦，言邯以三军要市[③]于外，巨鹿之战以前，邯军看似常胜，然迄不能定东方，阅时久则耗损多，陈余遗邯书，谓其所亡失以十万数，说必不虚；加以巨鹿之战，一败涂地，秦法严，迄不易将，安知其无要市之事？要市者其孰能信之？楚、汉间事，多出传言，颇类平话[④]，诚不可信。然所传情节可笑者，未必其事遂不实。如《史记》述沛公至鸿门见项王之事，其恢诡何以异于《三国演义》？然谓是时，沛公与项王不相猜疑，得乎？要之，赵高之不信，章邯之要市，皆为理所可有，亦即为势所必至。然则邯之降楚，乃秦之自溃，而非楚能竟定关东也。兵锋剽锐，北不逮南，以南方论，楚又不逮吴越，观春秋时事可知。楚自顷襄王以降，秦兵日肆蚕食，楚迄不能抗，然犹借东地以立国者久之。其时吴越之地，文明程度太低，故不能终与秦抗。至于项氏用江东之众，则以文明程度较高之人之训练节制，用文明程度较低之人之轻悍敢死，忠朴从令矣，其孰能御之？项梁起东阿，西北至定陶，再破秦军，以及羽巨鹿之战，彭城之役，垓下之溃围，皆是物也。亦安知项燕之破李信，所用者无江东之众哉？此岂羽之力乎？

羽以汉二年四月，破汉军于彭城，汉王即退屯荥阳。明年四月，羽乃急攻。汉王使纪信诈降而遁去，其间凡历一年，楚固未尝急攻，然汉

① 军：驻扎。

②让：责备。

③ 要（yāo）市：要挟求封。要，要挟，威胁。

④ 平话：评话，评书。

亦尝败楚于荥阳南京、索间，楚以故不能过荥阳而西，则初亦未尝不思深入，不获，乃改而急攻也。《高祖本纪》云：汉王之出荥阳，入关收兵，欲复东。袁生说汉王出武关，项羽必引兵南走，王深壁[①]，令荥阳、成皋间且得休，使韩信等辑河北赵地，连燕、齐，君王乃复走荥阳，如此，则楚所备者多，力分；汉得休，复与之战，破楚必矣。汉王从其计，出军宛、叶间，与黥布行收兵，项羽闻汉王在宛，果引兵南，汉坚壁不与战。是时彭越渡睢（suī）水，与项声、薛公战下邳、彭城，大破楚军，项羽乃引兵东击彭越，汉王亦引兵北军成皋。当汉王之去荥阳，为楚计者，当急破其城，否则亦留兵围之，而疾行入据洛阳，则关中震动，汉即据之，亦无以定齐、燕，汉王南据宛、叶，复何能为？吴王濞之反也，桓将军说之曰：吴多步兵，步兵利险，汉多车骑，车骑利平地，愿大王所过城邑不下，直弃去，疾西据洛阳武库，食敖仓粟，阻山河之险，以令诸侯，虽毋入关，天下固已定矣。其说是也。洛阳固可卫秦中以制东方，东方强国据之，亦可距塞秦使不得出。周之东迁，晋、郑焉依，秦犹不能肆志于洛，况于径以一强国据洛阳之地乎？然则云汉王听袁生之说而南行，而项羽从之，殆非实录。实则荥阳、成皋间，为汉兵力所萃，项羽度不能破，又不敢轶之而西，乃变计思避实击虚，南窥武关，而汉王乃亦南行以御之耳。以彭城之役，汉高丧败之烈，而聚兵荥阳、成皋之间，项羽竟为所塞而不能越，可谓之善战乎？

① 深壁：筑高墙以自守。

汉武用将

贾生谓匈奴之众，不过汉一大县；中行说、桑弘羊谓匈奴之众，不当汉之一郡。其辞非诬，予既著之《匈奴人口》条矣。王恢之策匈奴也，曰“臣闻全代之时，北有强胡之敌，内连中国之兵，然尚得养老长幼，种树以时，仓廪常实，匈奴不轻侵也。今以陛下之威，海内为一，天下同任”，是为“万倍之资，遣百分之一以攻匈奴，譬犹以强弩射且溃之痈也”，《汉书·韩安国传》。非虚词也。然武帝用兵匈奴，至于海内疲弊，而匈奴卒不可灭者，其故何也？是则其用人行政，必有不能不负其责者矣。

汉武之大攻匈奴，莫如元狩四年之役。是役也，出塞者官及私马凡十四万匹，入塞不满三万匹，汉自是遂以马少，不复能大出击匈奴矣。果战争之死亡至于如此乎？李陵以步卒五千出塞，及其败也，士尚余三千人，脱至塞者四百余人。而贰师[1]之再攻大宛，出敦煌者六万人，牛十万，马三万匹；军还，入玉门者万余人，马千余匹而已。史称“后行非乏食，战死不甚多，而将吏贪，不爱士卒，侵牟之，以此物故者众”。《汉书·李广利传》。然则元狩四年之役，马亡失之多，可推而知矣。以贰师之事比例之，其士卒之亡失又可知，史莫之传也。史称霍去病“少而侍中，贵，不省士。其从军，天子为遣太官赍[2]数十乘，既还，重车余弃粱肉，而士有饥者。其在塞外，卒乏粮，或不能自振，而骠

① 贰师：指贰师将军李广利。

② 赍（jī）：送食物。

骑尚穿域蹋鞠[①]。事多此类”。《史记·卫将军骠骑列传》。此士马丧亡之所以多也。李广之将兵也；“乏绝之处，见水，士卒不尽饮，广不近水；士卒不尽食，广不尝食。”《史记·李将军列传》。使如广者将，士卒有丧亡至此者乎？史又言：“诸宿将所将士马兵，不如骠骑；骠骑所将常选，然亦敢深入；常与壮骑先其大军，军亦有天幸，未尝困绝也。”《史记·卫将军骠骑列传》。夫其所以未尝困绝者，以其所将常选[②]，而每出皆为大举，匈奴避其锋不敢婴[③]耳。使亦如李广等居一郡，恐蚤[④]为虏所生得矣。史又云：“天子尝欲教之孙吴兵法，对曰：顾方略何如耳，不至学古兵法。”同上。此其所以敢深入，既不如李广之远斥候，亦不如程不识之正部曲行伍营陈也；其不困绝，诚天幸而已。使此等人将，几于弃其师矣，贰师之殁匈奴是也。

太史公曰：“予睹李将军悛悛[⑤]如鄙人，口不能道辞。及死之日，天下知与不知，皆为尽哀。彼其忠实心诚信于士大夫也？谚曰：桃李不言，下自成蹊。此言虽小，可以谕大也。”《史记·李将军列传》。又言：“骠骑将军为人少言不泄。”《史记·卫将军骠骑列传》。夫其少言，非其沉毅，乃其本不能言。其不泄也，非其重厚，乃其本无所知，不知有何事可泄也。此非予之厚诬古人，所谓贵不省士[⑥]者，固多如此，予见亦多矣。荀子论为将之道曰：“可杀而不可使处不完，可杀而不可使击不胜，可杀而不可使欺百姓。”故曰：“受命于主而行三军，三军既定，则主不能喜，敌不能怒。”《议兵》。故将非以从令为贵也。而史谓大将军（卫青）“以和柔自媚于上”，此所谓容悦于其君者也。此等人而可使将乎？

---

①穿域蹋鞠：开辟场地踢球。

②常选：指素常选拔的精兵。

③婴：触犯。

④蚤（zǎo）：通“早”。

⑤悛悛（quān quān）：谨慎忠厚貌。

⑥贵不省士：出身高贵，不了解士兵疾苦。

李广之杀霸陵尉，暴矣；然武夫之暴也。元朔六年，卫青之出定襄也，“苏建尽亡其军，独以身得亡去，自归大将军。大将军问其罪正闳、长史安、议郎周霸等：建当云何？霸曰：自大将军出，未尝斩裨将。今建弃军，可斩以明将军之威。闳、安曰：不然。兵法：小敌之坚，大敌之禽也。今建以数千当单于数万，力战一日余，士尽，不敢有二心，自归；自归而斩之，是示后无反意也。不当斩。大将军曰：青幸得以肺腑待罪行间，不患无威，而霸说我以明威，甚失臣意。且使臣职虽当斩将，以臣之尊宠而不敢自擅专诛于境外，而具归天子，天子自裁之，于是以见为人臣不敢专权，不亦可乎？军吏皆曰：善。遂囚建诣行在所。”《史记·卫将军骠骑列传》。夫青之不杀苏建是也。其所以不杀苏建者，则非也。果如所言，信赏必罚何？且既不敢专擅矣，何以擅徙李广部也？元狩四年之出也，《李将军列传》云：“广数自请行，天子以为老，弗许；良久乃许之，以为前将军。既出塞，青捕虏，知单于所居，乃自以精兵走之，而令广并于右将军军，出东道。广自请。大将军青亦阴受上诫，以为李广老，数奇，毋令当单于，恐不得所欲。”故弗之许。夫既以为李广老，数奇，何为以为前将军？则天子以为老弗许之语，不足信也。青时以公孙敖新失侯，欲使与俱当单于耳。

《卫将军骠骑列传》云：“元狩四年春，上令大将军青、骠骑将军去病将各五万骑，步兵转者踵军数十万，而敢力战深入之士皆属骠骑。骠骑始为出定襄，当单于。捕虏言单于东，乃更令骠骑出代郡，令大将军出定襄。”然则上本不令大将军当单于，而乌得有毋令李广当单于之诫？上本不令青当单于，而青知单于所居，乃徙李广也而自以精兵走之，是违上命而要功也，可无诛乎？而天子不之责。李敢怨青之恨其父，击伤之，骠骑又射杀敢，而上又为之讳，此岂似能将将者邪？

《李将军列传》言陵之降，“李氏名败，而陇西之士居门下者皆用为耻焉”；其《报任安书》亦云“李陵生降，隤[①]其家声”。以李广之含冤

①隤（tuí）：败坏。

负屈，而陵犹愿心为汉武效力。及其败也，汉不哀其无救，而又收族其家，可谓此之谓寇仇矣，而其门下与友人犹以为愧。知汉承封建余习，士之效忠于其君者，无一而非愚忠也。有此士气，岂唯一匈奴可平？虽平十匈奴、大宛，中国之损失犹未至如元狩、太初两役之甚也。而武帝专任椒房之亲以败之。夏侯胜之议武帝也，曰："虽有攘四夷广土斥境之功，亡德泽于民。"《汉书·夏侯胜传》。恶知夫武帝之失，不在其思拓境土，而别有所在乎？

《诗》曰："琐琐姻娅，则无膴[①]仕。"《小雅·节南山》。吾尝见民国初年以来，武人之所任者，非其嬖幸，则其乱党，然后叹汉世之任卫青、霍去病、公孙敖、李广利，前后如出一辙；而卫青和柔自媚，则又以姻戚而兼嬖幸者也。《史记·佞幸·李延年传》言：李延年之后，"内宠嬖臣大抵外戚之家，然不足数也。卫青、霍去病亦以外戚贵幸，然颇用材能自进"。则当时之视卫、霍，本以为佞幸之流。夫用法贵于无私。汉武之析狄山，责功效矣。然李陵欲自当一队，则臆其恶属贰师；路博德羞为陵后距，则疑陵教其上书；司马迁盛言李陵之功，则又疑其欲沮贰师，为陵游说；皆所谓逆诈臆不信者也。惟公生明，岂有逆诈臆不信而能先觉者乎？然既有私其姻戚矣，焉能无逆信哉？

李陵虽生降，然其非畏死偷生，而欲得其当以报汉，此人人之所可信者也。然卒不获收其效者，则收族其家，为世大僇（lù），君臣之义已绝矣。子思曰："毋为戎首，不亦善乎？又何反服之礼之有？"《礼记·檀弓》。李陵之于汉，厚于子胥之于楚矣，此盖民族不同为之，非汉君之能得此于陵也。卒之为匈奴深谋者卫律也，李延年之所荐也，举大军以降匈奴者贰师也，亲李夫人之兄也，姻娅之效何如哉？

《史记·淮南衡山列传》：淮南王谓伍被曰："山东即有兵，汉必使大将军将而制山东，公以为大将军何如人也？"被曰："被所善者黄义，从大将军击匈奴，还，告被曰：大将军遇士大夫有礼，于士卒有恩，众

① 膴（wǔ）：丰厚。

皆乐为之用；骑上下山若蜚，材干绝人。被以为材能如此，数将习兵，未易当也。及谒者曹梁使长安来，言大将军号令明，当敌勇敢，常为士卒先。休舍，穿井未通，须士卒尽得水，乃敢饮；军罢，卒尽已渡河，乃渡。皇太后所赐金帛，尽以赐军吏，虽古名将弗过也。”此被自首之词，多引汉美，以求苟免；抑被烈士，未必出此，或汉人改易之，以为信然，则谬矣。《汲郑列传》曰：“淮南王谋反，惮黯，曰：好直谏，守节死义，难惑以非，至如说丞相弘，如发蒙振落耳。”此亦汉人附会之辞。公孙丞相之高节，决非策士所能动也。

《汉书·卫霍传赞》曰：“苏建尝说责大将军至尊重，而天下之贤士大夫无称焉；愿将军观古名将所招选者，勉之哉！青谢曰：自魏其、武安之厚宾客，天子尝切齿。彼亲待士大夫，招贤黜不肖者，人主之柄也。人臣奉法遵职而已，何与招士？骠骑亦方此意，为将如此。”此与伍被言大将军遇士大夫有礼者，适相反矣。

汉文帝除宫刑

汉景帝元年诏曰：“孝文皇帝临天下……除宫刑，出美人，重绝人之世也。”《史记》作肉刑，辞异意同。上文已有去肉刑语，王先谦《汉书补注》：“《史记》作除肉刑，与上复出，自是传写误改。且下云重绝人世，知非谓肉刑也。”案此恐后人以为言除肉刑不切而改之，古人于此等处，不甚计较。除宫刑与除肉刑既系一事，即上言肉，下言宫，亦不能谓其不犯复也。晁错对策，亦美文帝“除去阴刑”，则文帝确有除宫刑之事。崔浩《汉律序》云“文帝除肉刑而宫不易”，《史记·孝文本纪索隐》引。误矣。其所以致误者，《汉书·孝文本纪》云：“除肉刑法，语在《刑法志》。”而《刑法志》载张苍等议，但云“当黥[①]者髡钳[②]为城旦舂，当劓[③]者笞三百，当斩左止者笞五百，当斩右止、及杀人先自告、及吏坐受赇[④]枉法、守县官财物而即盗之、已论命复有笞罪者，皆弃市”，而不及宫。孟康遂释文帝令中“今法有肉刑三”之语曰：“黥、劓二，刖[⑤]左右趾合一，凡三也。”其实令云“断支体”当指斩止，“刻肌肤”当指黥、劓，云“终身不息”则指宫也。《三国志·钟繇传》：繇上疏云：“若今蔽狱之时，讯问三槐、九棘、群吏、万民，使如孝景之令，其当弃市，欲斩右趾者许之。其黥、劓、左趾、宫刑者，自如孝文，易以髡、笞。”则孝文亦以髡、笞易宫刑，而《汉志》不之及，其疏漏殊可异也。

宫刑既废而复用，盖所以代死刑。景帝中四年秋，“死罪欲腐者许之”，其始也。《后汉书·明帝纪》永平八年：“诏三公募郡国中都官死罪系囚，减罪一等，勿笞，诣度辽将军营，屯朔方、五原之边县。其大逆无道殊死者，一切募下蚕室[⑥]。”《章帝纪》元和元年：“诏郡国中都官系囚减死一等，勿笞，诣边县；其犯殊死，一切募下蚕室；其女子宫。”章和元年：“诏郡国中都官系囚减死罪一等，诣金城戍；犯殊死者，一切募下蚕室；其女子宫。”《和帝纪》永元八年：“诏郡国中都官系囚减死一等，诣敦煌戍；其犯大逆，募下蚕室；其女子宫。”盖犯凡死罪者减一等，而全其肢体。大逆无道殊死者，不可与之同科，故又加以宫割耳。《明帝纪》永平十六年：“诏令郡国中都官死罪系囚减死罪一等，勿笞，诣军营，屯朔方、敦煌；妻子自随，父母同产欲求从者，恣听之；

---

① 黥（qíng）：在脸上刺字并涂之以墨的刑罚。

② 髡（kūn）钳：剃掉头发，用铁圈束颈的刑罚。

③ 劓（yì）：割掉鼻子的刑罚。

④ 赇（qiú）：贿赂。

⑤ 刖（yuè）：砍掉脚的刑罚。

⑥ 蚕室：宫刑狱名。

女子嫁为人妻，勿与俱。谋反大逆无道，不用此书。”王朗驳钟繇之议：“以为繇欲轻减大辟之条，以增益刖刑之数，此即起偃为竖，化尸为人矣。然臣之愚，犹有未合微异之意。夫五刑之属，著在科律，自有减死一等之法，不死即为减。施行已久，不待远假斧凿于彼肉刑，然后有罪次也。”而不知科律之或任减死，或又假于斧凿者，固自有其等差也。繇传言“太祖下令，使平议死刑可宫割者”，则仍系欲以之代死刑。

《汉书·外戚传》：孝宣许皇后父广汉，从武帝上甘泉，误取他郎鞍以被其马。发觉，吏劾从行而盗，当死。有诏募下蚕室。孟康曰：“死罪囚欲就宫者听之。”则以宫恕死，由来已久。《传》又云：孝武钩弋赵捷伃（yú），“其父坐法宫刑为中黄门”；太史公亦下腐刑。此等皆非大逆无道殊死之属；盖初行时，但以宥凡死者，至后汉时乃分等差也。

赵佗年寿

《史记·南越尉佗列传》：“至建元四年卒。佗孙胡为南越王。”《汉书》无卒字。案无之者是也。《集解》引徐广曰：“皇甫谧曰：越王赵佗以建元四年卒，尔时汉兴七十年，佗盖百岁矣。”此谧之穿凿。篇末言“自尉佗初王，后五世九十三岁而国亡焉”，则佗之子亦尝为王。佗卒子继之年不可知，其子卒而胡继，则在建元四年。以事理推之，未始不可补“佗卒子继立”五字。然《史记》不之补者，古人之慎也。皇甫谧不考始末，遽以佗卒在建元四年，谬矣。凡谧之言，固多如此。《史记》盖本无卒字，如谧者臆补之也。

《礼记·曲礼》：“大夫七十而致事；若不得谢，则必赐之几杖，行役以妇人，适四方，乘安车，自称曰老夫。”文帝元年，佗报谢之书，业已自称老夫；纵谓其时仅余六十，至建元四年亦四十四岁矣。况佗书谓老夫处粤四十九年，佗报书未必溯未居官时事，然则佗当令龙川乃至粤，其时年必逾弱冠，则报谢年必逾七十也。又四十四年，则当百十余岁，长寿者固非无有，然逾百岁者究罕。佗果至百十余岁，安得汉人绝无齿及者，故知佗必不卒于建元四年也。

夜郎侯见杀

《后汉书·西南夷夜郎传》云：“初有女子浣于遁水，有三节大竹流入足间，闻其中有号声，剖竹视之，得一男儿，归而养之。及长，有才武，自立为夜郎侯，以竹为姓。武帝元鼎六年，平南夷，为牂（zāng）柯郡，夜郎侯迎降。天子赐其王印绶，后遂杀之。夷獠咸以竹王非血气所生，甚重之，求为立后。牂柯太守吴霸以闻，天子乃封其三子为侯。死，配食其父。今夜郎县有竹王三郎神是也。”案《史记》言“西南夷君长以百数，独夜郎、滇受王印”，似不至遽杀之。《汉书》言成帝河平中，夜郎王兴与钩町王禹、漏卧侯俞相攻击，汉遣使和解，不听。乃以陈立为牂柯太守。立因行县，召斩兴。《后汉书》所谓后遂杀之，疑指此。当时仍封其三子为侯，则其胤嗣初未尝绝。然《后汉书》言公孙述时，牂柯大姓龙、傅、尹、董氏与郡功曹谢暹（xiān）保境为汉，而不及夜郎侯，则封爵虽存，亦已无足重轻矣。

孙氏父子轻佻

陈寿言孙坚及策皆以轻佻果躁，陨身致败。其实非独坚及策如此，即孙权亦然。建安十八年正月，曹公攻濡须，权与相拒月余。《吴主传注》引《吴历》言：“权乘轻船，从濡须口入公军。诸将皆以为是挑战者，欲击之。公曰：此必孙权欲身见吾军部伍也。敕军中皆精严，弓弩不得妄发。权行五六里，回还作鼓吹。公见舟船器仗军伍整肃，喟然叹曰：生子当如孙仲谋，刘景升儿子若豚犬耳！”又引《魏略》曰：“权乘大船来观军，公使弓弩乱发，箭着其船，船偏重将覆，权因回船，复以一面受箭，箭均船平，乃还。”二说未知孰是。要之身乘船以入敌军，危道也。十九年，权征合肥。合肥未下，彻军还。兵皆就路，权与凌统、甘宁等在津北为魏将张辽所袭，统等以死扞[①]权，权乘骏马越津桥得去。《注》引《献帝春秋》曰：“张辽问吴降人：向有紫髯将军，长上短下，便马善射，是谁？降人答曰：是孙会稽。辽及乐进相遇，言不早知之，急追自得。举军叹恨。”又引《江表传》曰：“权乘骏马上津桥，桥南已见彻，丈余无版。谷利在马后，使权持鞍缓控，利于后着鞭，以助马势，遂得超度。权既得免，即拜利都亭侯。”

《贺齐传》《注》引《江表传》曰：“权征合肥还，为张辽所掩袭于津北，几至危殆。齐时率三千兵在津南迎权。权既入大船，会诸将饮宴，齐下席涕泣而言曰：至尊人主，常当持重。今日之事，几致祸败，群下震怖，若无天地，愿以此为终身诫。”此役盖权生平最危险之一役，然特邂逅致之。《张纮（fú）传》言权是时率轻骑，将往突敌，以纮谏而止。果使遂往，其危险又当如何也。不特此也，《权传》黄武五年《注》引《江表传》曰：“权于武昌新装大船，名为长安，试泛之钓台圻（qí）。时风大盛，谷利令柂[②]工取樊口。权曰：当张头取罗州。利拔刀向柂工曰：不取樊口者斩。工即转柂入樊口，风遂猛不可行，乃还。权曰：阿利畏水，何怯也？”《张昭传》云：“权每田猎，常乘马射虎，虎常突前攀持马鞍。昭变色而前曰：将军何有当尔？……权谢昭曰：年少虑事不远，以此惭君。然犹不能已，乃作射虎车，为方目，间不置盖，一人为御，自于中射之。时有逸群之兽，辄复犯车，而权每手击以为乐。昭虽谏争，常笑而不答。”盖其不能自克如此。案坚之死也，以单马行

① 扞（hàn）：同“捍”，保护。

② 柂（duò）工：即舵工。柂，同“舵”。

岘（xiàn）山。而《虞翻传》言策好驰骋游猎，翻谏以从官不暇严，吏卒常苦之。白龙鱼服，困于豫且。策曰："君言是也。然时有所思，端坐悒悒，有禆谌[①]草创之计，是以行耳。"此文过之辞也。《注》引《吴书》曰："策讨山越，斩其渠帅，悉令左右分行逐贼，独骑与翻相得山中。翻问左右安在，策曰：悉行逐贼。翻曰：危事也！令策下马：此草深，卒有惊急，马不及萦策，但牵之，执弓矢以步。翻善用矛，请在前行。得平地，劝策乘马。翻步随之。得一鼓吏，策取角自鸣之，部曲识声，小大皆出。"其后策之死，果以出猎驱驰逐鹿，所乘马精骏，从骑绝不能及，单骑与许贡客遇故。是诚虞翻之所虑也。而权之不知以父兄为鉴，身屡蹈危，而犹不知戒如故，此无他，一时之风气使之也。《孙翊传》言其骁悍果烈，有兄策风。《注》引《典略》曰："翊名俨，性似策。策临卒，张昭等谓策当以兵属俨，而策呼权，佩以印绶。"使翊而果，其轻躁当尤甚于权。建安二十五年，权下令诸将曰："夫存不忘亡，安必虑危，古之善教。昔隽不疑，汉之名臣，于安平之世，而刀剑不离于身，盖君子之于武备，不可以已。况今处身疆畔，犲[②]狼交接，而可轻忽不思变难哉？顷闻诸将出入，各尚谦约，不从人兵，甚非备虑爱身之谓。夫保己遗名，以安君亲，孰与危辱？宜深警戒，务崇其大，副孤意焉。"则当时诸将，亦莫非轻佻果躁之徒也。故曰一时之风气使然也。

晋武帝不废太子

唐甄曰：善治必达情，达情必近人。人君之于父母，异宫而处，朝见以时，则曰天子之孝，与庶人异；人君之于子孙，异宫而处，朝见以

① 禆谌（bì chén）：人名，春秋时期郑国的大夫。

② 犲（chái）：同"豺"。

时，则曰天子之慈，与庶人异；人君之于妻，异宫而处，进御有时，则曰天子之匹，与庶人异；骨肉之间，骄亢习成，是以养隆而孝衰，教疏而恩薄。谗人间之，废嗣废后，易于反掌。不和于家，乱之本也。”善哉言乎！天子之家，犹庶人之家也。而其家事，往往牵动国事，至于毒痛四海，则政制不善，将一人一家之事，与国事并为一谈致之也。而其家之所以易乱，则淫侈之积，有以成之。伊川[①]之言曰：“天下之害，无不由末之胜也。峻宇雕墙，本于宫室；酒池肉林，本于饮食；淫酷残忍，本于刑罚；穷兵黩武，本于征伐；凡人欲之过者，皆本于奉养，其流之远，则为害矣。”惟权力亦然。越人男女同川而浴；而号称冠带之国，则必深宫固门，阍寺[②]守之。秦人父子同室而居；而山东礼义之邦，则由命士以上，父子异宫。方春翘然独异于人，岂不顾盼自憙[③]，而不知兵刃之随其后也。故曰：“高明之家，鬼阚其室。”晋武帝疑太子不堪政事，悉召东宫官属，使以尚书事令太子决之。太子不能对。贾妃遣左右代对，多引古义。给事中张泓曰：太子不学，陛下所知，今宜以事断，不可引书。妃从之。泓乃具草，令太子书之。武帝览而大悦。太子遂安。夫疑太子之不堪政事，何难召与之言？乃必出之以纸墨，假手于传达，亦可谓迂而不近情者矣。无他，习之已成，不自知也。《易》曰：“崇高莫大乎富贵。”积而至于崇高，则危矣。由其与下隔也。《吕览·达郁》之篇，可以深长思矣。

① 伊川：指北宋理学家程颐，世称“伊川先生”。

② 阍（hūn）寺：指守门的人。

③ 憙（xǐ）：同“喜”。

梁武帝宽刑法

《隋书·刑法志》云："(梁)武帝敦睦九族，优借朝士，有犯罪者，讽群下屈法申之。百姓有罪，皆案之以法，其缘坐则老幼不免，一人亡逃，则举家质作。人既穷急，奸宄益深。后帝亲谒南郊，秣陵老人遮帝曰：陛下为法，急于黎庶，缓于权贵，非长久之术；诚能反是，天下幸甚。帝于是思有以宽之。旧狱法：夫有罪，逮妻子，子有罪，逮父母。十一年天监。正月壬辰，乃下诏曰：自今捕谪之家，及罪应质作，若年有老小者，可停将送。十四年，又除黵[①]面之刑。"此其所更者法而已，徒法不能以自行。《志》又云："帝锐意儒雅，疏简刑法，自公卿大臣，咸不以鞫（jū）狱留意。奸吏招权，巧文弄法，货贿成市，多致枉滥，大率二岁刑已上，岁至五千人。"又云："是时王侯子弟皆长，而骄蹇不法。武帝年老，厌于万机，又专精佛戒，每断重罪，则终日弗怿[②]。尝游南苑，临川王宏伏人于桥下，将欲为逆。事觉，有司请诛之。帝但泣而让曰：我人才十倍于尔，处此恒怀战惧，尔何为者？我岂不能行周公之事，念汝愚故也。免所居官，顷之，还复本职。由是王侯骄横转甚，或白日杀人于都街。劫贼亡命，咸于王家自匿，薄暮尘起，则剥掠行路，谓之打稽。武帝深知其弊，而难于诛讨。"然则帝之所谓宽之者，竟何益也？与其思宽于黎庶，不如加严于权贵矣。

---

①黵（dǎn）：即黥，在脸上刺字并涂之以墨。

②怿（yì）：开心。

梁武帝政刑之缪

《礼记》说流放之刑曰："屏诸四夷，不与同中国。"此古国小故然。若后世则方制万里，虽在国内亦且必有道里矣。《南史·周弘正传》："为平西邵陵王府咨议参军，有罪应流徙，敕以赐干陁（tuó）利国。未去，寄系尚方。于狱上武帝《讲武诗》，降敕原罪，仍复本位。"一怒而弃诸绝域，又以一言而原之，可见梁武政刑之缪。

梁元帝杀刘之遴

《南史·梁元帝纪》云："性好矫饰，多猜忌，于名无所假人，微有胜己者，必加毁害。帝姑义兴昭长公主子王铨，兄弟八九人，有盛名，帝妒害其美，遂改宠姬王氏兄珩名琳，以同其父名。忌刘之遴学，使人鸩之，如此者甚众，虽骨肉亦遍被其祸。"《之遴传》言："之遴避难还乡，湘东王绎尝疾其才学，闻其西上至夏口；乃密送药杀之，不欲使人知之，乃自制志铭，厚其赙赠。"元帝之猜忌固矣，然谓之遴为其所杀，恐或所谓语增，何者？之遴乃一学人，颇好佛法，与世无争，不容为元帝所忌，若谓忌其才名学问，则世之有才名学问者多矣，可得而尽杀乎？虽甚猜忌，无是理也。盖世自有一种议论，谓人以争名而相杀，之遴死因暧昧，遂以是附会之，此正如谓隋炀帝杀薛道衡耳。之遴即果为元帝所杀，其故亦不可知也。至谓忌姑子盛名，而改宠姬兄名，以同其父名，则更可笑矣，此岂足以败其名邪？

梁武帝废郊庙牲牷

梁武信佛，卒召台城之祸，读史者皆深讥之，其实不然。梁武受祸，自由刑政之不修，于信佛乎何与？其以面代郊庙牲牷（quán），议者以为宗庙遂不血食，《南史·梁本纪》天监十六年及《隋书·礼仪志》。又《梁书·文学传》言："时七庙飨荐，已用蔬果，而二郊农社，犹有牺牲。（刘）勰（xié）表言二郊宜与七庙同改，诏付尚书议，依勰所陈。"则尤拘墟之见①矣。

南北朝时，帝王之主张去杀者，实非梁武一人。《齐书·王奂传》云：永明六年，奂欲请车驾幸府。上晚信佛法，御膳不宰牲，使王晏谓奂曰："吾前去年为断杀事，不复幸诣大臣已判，无容欻（xū）尔也。"又《武帝本纪》载帝大渐之诏曰："东邻杀牛，不如西家礿祭。我灵上慎勿以牲为祭，惟设饼、茶饮、干饭、酒脯而已。"是武帝虽未绝肉，已不杀牲。又《豫章王嶷（yí）传》：嶷临终召子子廉、子恪命之曰：三日施灵，惟香火、盘水、干饭、酒脯、槟榔而已。朔望菜食一盘’加以甘果，此外悉省。葬后除灵，可施吾常所乘舆扇繖②。朔望时节，席地香火、盘水、酒脯、干饭、槟榔便足。"此亦与齐武同，犹曰施之于己也。乃《魏书·礼志》曰："显祖深愍生命，乃诏曰：其命有司，非郊天地、宗庙、社稷之祀，皆无用牲。于是群祀悉用酒脯。"《北齐书·文宣帝纪》天保八年八月庚辰，诏丘、郊、禘（dì）、祫（xiá）、时祀，皆仰市取少牢，不得剖割。农社先蚕，酒肉而已；雩（yú）、禖（méi）、风、雨、司民、

① 拘墟之见：短浅狭隘的见识。

② 繖（sǎn）：即"伞"。

司禄、灵星、杂祀，果饼酒脯。”此其去梁武弥近矣。《齐书·张冲传》：冲父柬卒，遗命曰：“祭我必以乡土所产，无用牲物。”《魏书·崔挺传》：“挺子孝直顾命诸子，祭勿杀生，其子皆遵行之。”《颜氏家训·终制篇》云：“灵筵勿设枕几，朔望祥禫（dàn），惟下白粥清水干枣，不得有酒肉饼果之祭。亲友来啜酹[1]者，一皆拒之。”又云：“四时祭祀，周孔所教，欲人勿死其亲，不忘孝道也。求诸内典，则无益焉。杀生为之，翻增罪累。”

欲薄祭祀，自必先绝口腹之欲。梁武帝无论矣，《梁书·贺琛传》言琛启陈事条，高祖大怒，召主书于前，口授敕责琛。有云：“昔之牲牢，久不宰杀。朝中会同，菜蔬而已。”虽北主亦有能行之者。《北齐书·文宣纪》：天保七年五月，“帝以肉为断慈，遂不复食”，是也。士夫有以信佛而疏食者，如《齐书·高逸传》言：刘虬（qiú）精信释氏，礼佛长斋。《梁书·裴子野传》言其末年深信释氏，持其教戒，终身饭麦食蔬。《梁书·到溉传》言其初与弟洽常共居一斋，洽卒后，便舍为寺，因断腥膻，终身蔬食。《文学传》言：刘杳（yǎo）睹释氏经教，常行慈忍。自居母忧，便长断腥膻，持斋蔬食。任孝恭少从萧寺云法师读经论，明佛理，后乃蔬食持戒，信受甚笃。《陈书·徐陵传》言其第三弟孝克蔬食长斋，持菩萨戒。《北齐书·卢潜传》言其自扬州刺史征为五兵尚书，扬州吏民以潜戒断酒肉，笃行释氏，大设僧会，以香华缘道送之。《齐书·张融传》言：融兼掌正厨，见宰杀，回车径去，自表解职。知时奉佛者，于杀戒甚虔。间有以不堪蔬素而还俗者：如《南史·儒林传》之伏挺，则其出家亦本以避罪，非以信佛也。又袁粲孝建元年文帝讳日，群臣并于中与寺八关斋中，食竟，粲别与黄门郎张淹更进鱼肉，为尚书令何尚之所白免官。则其人本不信佛。亦有不尽由于信佛者，信佛者持戒自尤严。

《陈书·王固传》云：固“崇信佛法，及丁所生母忧，遂终身蔬

---

① 啜酹（chuò lèi）：祭奠。

食。尝聘于西魏，因宴飨之际，请停杀一羊，羊于固前跪拜。又宴于昆明池，魏人以为南人嗜鱼，大设罟（gǔ）网，固以佛法呪[①]之，遂一鳞不获”似乎周旋坛坫（diàn）之间，仍守疏食之旧不变。《齐书·周颙（yóng）传》：“何胤言断食生，犹欲食白鱼、䱇、糖蟹，以为非见生物。疑食蚶（hān）蛎，使学生议之。学生钟岏（wán）曰：䱇（shàn）之就䱇，骤于屈伸，蟹之将糖，躁扰弥甚。仁人用意，深怀如怛（dá）。至于车螯蚶蛎，眉目内阙，惭浑沌之奇；矿壳外缄，非金人之慎。不悴不荣，曾草木之不若；无声无臭，与瓦砾其何算。故宜长充庖厨，永为口实。竟陵王子良见岏议大怒。”其持戒可谓严矣。然沙门反有不能守戒者。《宋书·谢弘微传》云：兄曜卒，“弘微蔬食积时，服虽除，犹不啖[②]鱼肉。释慧琳诣弘微，弘微与之共食，犹独蔬素。慧琳曰：檀越素既多疾，顷者肌色微损。若以无益伤生，岂所望于得理。”是沙门反劝人肉食也。犹曰劝人，抑慧琳本佞幸之流也。梁武帝大弘释典，将以易俗，乃郭祖深上封事极言其事之弊，有云“僧尼皆令蔬食”。《南史·循吏列传》。则寻常僧尼亦有肉食者矣，岂不异哉？

梁武帝敕太医不得以生类为药；公家织官纹锦饰，并断仙人鸟兽之形，以为亵衣裁翦，有乖仁恕。《南史本纪》天监十六年三月。然北主亦有能行之者。

《魏书·释老志》载高祖延兴二年诏曰：“内外之人，兴建福业，造立图寺，务存高广，伤杀昆虫含生之类。欲建为福之因，未知伤生之业。自今一切断之。”此诏虽在高祖之时，实出显祖之意。《志》又言：三年十二月，显祖因田鹰获鸳鸯一，其偶悲鸣，上下不去。帝乃惕然。于是下诏禁断鸷鸟，不得育焉。《本纪》世宗永平二年五月辛丑，以旱故禁断屠杀；十一月诏禁屠杀含孕，以为永制。《北齐书·文宣帝纪》：天保八年四月庚午诏诸取虾蟹蚬（xiǎn）蛤之类，悉令停断，唯听捕鱼。

---

①呪（zhòu）：祷告。

②啖（dàn）：吃。

乙酉诏公私鹰鹞，俱亦禁绝。九年二月己丑，诏限以仲冬一月燎野，不得他时行火，损昆虫草木。《武成帝纪》：元年正月，诏断屠杀，以顺春令。《后主纪》：天统五年二月乙丑，诏禁网捕鹰鹞及畜养笼放之物。《上洛王思宗传》云：子元海，好乱乐祸，然诈仁慈，不饮酒啖肉。文宣天保末年，敬信内法，乃至宗庙不血食，皆元海所谋。及为右仆射，又说后主禁屠宰，断酤酒，然本心非清，故终至覆败。案元海尝劝武成奉济南，此未为非义。其后与祖珽（tǐng）共执朝政，依违陆太姬间，盖亦事不得已耳，然谓其好乱乐祸则过矣。《周书·武帝纪》：保定二年四月，亦以旱故禁屠宰。《隋书·礼仪志》：祈雨初请后二旬不雨者，即徙市禁屠。州郡尉祈雨，亦徙市断屠如京师。盖自此遂为故事矣。

《宋书·谢灵运传》言："（会稽）太守孟颉（yǐ）事佛精恳，而为灵运所轻。会稽东郭有回踵湖，灵运求决以为田，太祖令州郡履行。此湖去郭近，水物所出，百姓惜之。颉坚执不与。灵运既不得回踵，又求始宁岯崲（pī huáng）湖为田，颉又固执。灵运谓颉非存利民，正虑决湖多害生命，言论毁伤之，与颉遂构仇隙。"灵运固狂悖，然其度颉意或未必尽诬。齐武帝将射雉，竟陵王子良上书谏。见《齐书》本传。王缋亦称疾不从。见《齐书·王奂传》。《魏书·陆俟传》："俟玄孙子彰崇好道术，曾婴重疾，药中须桑螵蛸（piāo xiāo），子彰不忍害物，遂不服焉。"此与梁武帝禁以生类为药用意符同矣。《齐书·高逸传》："始兴人卢度亦有道术，少随张永北征，永败，虏追急，阻淮水不得过。度心誓曰：若得免死，从今不复杀生。须臾见两楯流来，接之得过。"此等戒杀之念，原不过徼（jiǎo）利之心，然有以蕲[1]报而然者，亦有不出于此者。闻以仁为治，不闻以杀为治，梁武帝、齐文宣可议之处则甚多矣，于其戒杀竟何与哉？

① 蕲（qí）：同"祈"。

隋文不肯自逸

《通鉴》长城公至德四年三月己未，洛阳男子高德上书，请隋主为太上皇，传位皇太子。帝曰："朕承天命，抚育苍生，日旰[①]孜孜，犹恐不逮，岂效近代帝王，传位于子，自求逸乐哉。"十月，隋主每旦临朝，日昃[②]不倦。礼部尚书杨尚希谏曰："周文王以忧勤损寿，武王以安乐延年。愿陛下举大纲，责成宰辅，繁碎之务，非人主所宜亲也。"帝善之而不能从。案至德元年，柳彧（yǔ）上疏劝不勤细务，已有圣躬有无疆之寿之语矣。帝亦览而善之，而终不能改者，则其勤劳出于天性故也。逸豫者未必延年。然世俗之见，固也为如是。隋文不肯自逸。以求民瘼[③]，拟之邾文公之知命，又何愧哉。

炀帝雁门之围

始毕可汗围炀帝于雁门，《旧唐书·太宗纪》云：时太宗年十八，"应募救援，隶屯卫将军云定兴营，将行，谓定兴曰：始毕敢围天子，必以国家仓卒无援。我张军容，令数十里旗幡相续，夜则钲（zhēng）鼓相应，虏必谓救兵云集，望尘而遁矣。不然，彼众我寡，悉军来战，必不能支矣。定兴从焉。师次崞（guō）县，突厥候骑驰告始毕曰：王

① 旰（gàn）：天色晚。

② 昃（zè）：太阳偏西。

③ 民瘼（mò）：民间疾苦。

师大至。由是解围而遁”。此唐人之饰说也。始毕敢围天子，岂其慑于虚声？据《隋书·炀帝纪》，帝之见围，齐王暕以后军保于崞县。云定兴军盖亦隶焉，其军实仅能自保，未能赴援也。

又《萧瑀传》言，瑀于是时进谋曰：“汉高祖解平城之围，乃阏氏之力。若发一单使以告义成，假使无益，事亦无损。于后获其谍人，云义成公主遣使告急于始毕，称北方有警，由是突厥解围，盖公主之助也。”此亦妄言。当时告变即由义成，其乃心宗国可知，然竟不能尼始毕之兵。且时留守之事，不闻由义成主之。即北方有警，告急之使，亦岂得出自义成哉？

唐高祖称臣于突厥

唐高祖称臣于突厥，新旧《唐书》皆不载其事。然《旧唐书·李靖传》谓：太宗初闻靖破颉利，大悦，谓侍臣曰：“朕闻主忧臣辱，主辱臣死。往者国家草创，太上皇以百姓之故，称臣于突厥，朕未尝不痛心疾首，志灭匈奴。今者暂动偏师，无往不捷，单于款塞[1]，耻其雪乎？”《新唐书·突厥传》云：李靖等出讨，捷书日夜至，帝谓群臣曰：“往国家初定，太上皇以百姓故，奉突厥，诡而臣之，朕尝痛心病首，思一刷耻于天下，今天诱诸将，所乡辄克，朕其遂有成功乎？”《通鉴》贞观三年：“十二月，突利可汗入朝，上谓侍臣曰：往者太上皇以百姓之故，称臣于突厥，朕常痛心。今单于稽颡[2]，庶几可雪前耻。”三文所本者同，单于稽颡，自指突利入朝之事。《通鉴》叙述，最为明析。《旧唐书》虽不逮，犹留单于款塞之文，使人可以推较。《新唐书》删去此语，顾移“无

① 款塞：指外族来到边塞前来通好。

② 稽颡（qǐ sǎng）：一种跪拜礼。

往不捷”之语于前，改为“捷书日夜至”，谓太宗此语，乃为闻捷而发，可谓疏矣。观此，知高祖尝称臣于突厥不疑。《旧唐书·张俭传》：“贞观初，以军功，累迁朔州刺史，时颉利可汗自恃强盛，每有所求，辄遣书称敕，缘边诸州，递相承禀。及俭至，遂拒不受，太宗闻而嘉之。”《新唐书》略同。彼之称敕于诸州，盖正由高祖之称臣于彼。

《新唐书·突厥传》言：高祖初待突厥用敌国礼，武德八年，乃“命有司，更所与书为诏若敕”。疑称臣之礼，实至是而始罢，然亦不过用敌国礼。云用诏若敕者，史家讳前此之称臣为用敌国礼，则不得不改是时之用敌国礼者为用诏敕也。《通鉴》：高祖之起，命刘文静使于突厥以请兵，私谓曰：胡骑入中国，生民之大蠹（dù）也，吾所以欲得之者，恐刘武周引之，共为边患。数百人之外，无所用之。及文静以突厥兵五百人、马二千匹来至，高祖喜其缓，谓曰：吾西行及河，突厥始至，兵少马多，皆君将命之功也。恭帝义宁元年。此或史家文饰之辞，高祖未必及此。然唐初确未藉突厥兵以为用，则高祖之智，虽不及此，群臣之中，必有能为是谋者矣。夷狄利厚实，非爱虚名，既非急于求人，何乃无端屈己。盖唐室先世，出自武川，其自视原与鲜卑无异，以中国而称臣于突厥，则可耻矣，鲜卑则何有焉！此正犹石敬瑭称臣于耶律德光，沙陀之种，原未必贵于契丹也。

唐太宗除弊政

《旧唐书·太宗纪》：贞观元年三月，诏曰：崔季舒子刚、郭遵子云、韦孝琰子君遵，并以门遭时遣，淫刑滥及，宜从褒奖，特异常伦，可免内侍，量才别叙。《新书》同。此自齐历周、隋至唐，市朝已三易矣。

又二年九月丁未，诏侍臣曰：“妇人幽闭深宫，情实可悯，隋氏末年，求采无已，至于离宫别馆，非幸御之所，多聚宫人，皆竭人财力，朕所不取；且洒扫之余，更何所用？今将出之，任求伉俪，非独以惜费，亦人得各遂其性。”于是遣尚书左丞戴胄、给事中杜正伦等，于掖庭宫西门简出之。此亦隋代弊政，至太宗而后除者，可见武德时之政事，殊不足观也。

太宗停薛延陀婚

《旧唐书·薛延陀传》：延陀请婚，“太宗谓侍臣曰：北狄世为寇乱，今延陀崛强，须早为之所。朕熟思之，惟有二策：选徒十万，击而虏之，灭除凶丑，百年无事，此一策也；若遂其来请，结以婚姻，缓辔羁縻，亦足三十年安静，此亦一策也；未知何者为先？司空房玄龄对曰：今大乱之后，创夷未复，且兵凶战危，圣人所慎。和亲之策，实天下幸甚。太宗曰：朕为苍生父母，苟可以利之，岂惜一女？遂许以新兴公主妻之。因征夷男备亲迎之礼，仍发诏将幸灵州与之会。夷男大悦，谓其国中曰：我本铁勒之小帅也，天子立我为可汗，今复嫁我公主，车驾亲至灵州，斯亦足矣。于是税诸部羊马以为聘财。或说夷男曰：我薛延陀可汗与大唐天子俱一国主，何有自往朝谒？如或拘留，悔之无及。夷男曰：吾闻大唐天子圣德远被，日月所照，皆来宾服。我归心委质，冀得睹天颜，死无所恨。然碛（qì）北之地，必当有主，舍我别求，固非大国之计。我志决矣，勿复多言。于是言者遂止。太宗乃发使受其羊马。然夷男先无府藏，调敛其国，往返且万里，既涉沙碛，无水草，羊马多死，遂后期；太宗于是停幸灵州。既而其聘羊马来至，所耗将半，议者以为夷狄不可礼义畜，若聘财未备而与之婚，或轻中国；当须要其备礼。于是下诏绝其婚。”《新唐书》略同，且曰：“或曰：既许之，信不可失。帝曰：公等计非也。昔汉匈奴强，中国不抗，故饰子女嫁单于。今北狄弱，我能制之；而延陀方谨事我者，顾新立，倚我以服众；彼同罗、仆骨力足制延陀而不发，惧我也；我又妻之，固中国婿，名重而援坚，诸部将归之。戎狄野心，能自立，则叛矣。今绝婚，使诸姓闻之，将争击延陀，亡可待也。”

《旧唐书·契苾（bì）何力传》云：“何力母姑臧夫人、母弟贺兰州都督沙门，并在凉府。诏许何力觐省其母，兼抚巡部落。何力父入龟兹（qiū cí），居热海上，死。何力随母诣沙州内附，太宗置其部落于甘、凉二州。时薛延陀强盛，契苾部落皆愿从之。何力至，闻而大惊曰：主上于汝有厚恩，任我又重，何忍而图叛逆！诸首领皆曰：可敦及都督已去，何故不行？何力曰：我弟沙门孝而能养，我以身许国，终不能去也。于是众共执何力至延陀所，置于可汗牙前。何力箕踞而坐，拔佩刀东向大呼曰：岂有大唐烈士受辱蕃庭，天地日月，愿知我心！又割左耳以明志不夺也。可汗怒，欲杀之，为其妻所抑而止。初，太宗闻何力之延陀，明非其本意。或曰：人心各乐其土，何力今入延陀，犹鱼之得水也。太宗曰：不然。此人心如铁石，必不背我。会有使自延陀至，具言其状。太宗泣谓群臣曰：契苾何力竟如何？遽遣兵部侍郎崔敦礼持节入延陀，许降公主，求何力。由是还，拜右骁卫大将军。太宗既许公主于延陀，行有日矣。何力抗表，固言不可。太宗曰：吾闻天子无戏言，既已许之，安可废？何力曰：然。臣本请延缓其事，不谓总停。臣闻六礼之内，婿合亲迎，宜告延陀亲来迎妇；纵不敢至京邑，即当使诣灵州。畏汉必不敢来，论亲未可有成，日既忧闷，臣又携离，不盈一年，自相猜忌。延陀志性狠戾，若死，必两子相争，坐而制之，必然之理。太宗从之，延陀恐有诈，竟不至灵州，自后常悒悒不得志，一年而死。两子果争权，各立为主。”《新唐书》亦同。案太宗初以亲女许延陀，其欲抚之之意，可谓甚厚；而后忽决然绝婚，其间必有为之谋者。同罗、仆骨力足以制延陀，许之，则名重而援坚；绝，则诸姓将争击之，此惟固其族类，且新自其中来者，为能知其情，谓其谋出自何力，似也。然六礼婿当亲迎，恐非契苾所知；藉此召至京邑，不则使诣灵州，此等深计远图，亦非武夫所及；恐何力徒请绝婚，而措置之方，则别有为之谋者。《何力传》既为何力攘功，《突厥传》又为太宗掠美耳。何力之不顺延陀，盖其早入中国，久习华风，非必尽忠唐室。部落既已从顺，延陀亦何爱于一夫，而欲固留之。且拔刀割耳，谁则见之。则其本传所云，殆皆谀墓之词类耳。夷男浅虑，盖当如其本传所言，谓其疑忌不来，恐亦故神其说；且志性狠戾者，岂为失一公主悒悒而死哉？亦明为附会之辞也。是时言婚不宜绝者为褚遂良，其意亦重用兵，与房玄龄同。太宗之事四夷，文臣多尼之，武夫则多赞之。征辽之役，谏者孔多，而顺之者，独一李勣（jì），亦是物也。

唐初封建之敝

唐初如李靖、李勣、尉迟敬德、秦叔宝等战功，皆只封公，其膺王爵，唯外番君长内附，如突利封北平郡王，思摩封怀化郡王。以及群雄中有来降者如高开道封北平郡王，罗艺封燕郡王。而已。自武后欲大其族，武氏封王者二十余人，于是王爵始贱。中宗复位，遂亦封敬晖、张柬之等五王并李多祚亦王，韦后外戚追王者亦五人。《新唐书·韦嗣立传》：中宗时恩幸食邑者众，封户凡五十四州县，皆据天下上腴，随土所宜，牟取利入，为封户者，急于军兴。嗣立极言其弊，请以丁课，尽送大府，封家诣左藏支给，禁止自征，以息重困。宋务光亦言滑州七县而分封者五，国赋少于侯租，人家倍于输国，乞以封户均余州，并附租庸使岁送停封使，息驿使。是征租者，并乘驿矣。《宋璟传》：武三思封户在河东，遭大水，璟奏灾地皆蠲[①]租。有陷三思

① 蠲（juān）：免除。

者，谓谷虽坏而蚕桑故在，请以代租，为璟所折。《张廷珪传》：宗楚客、纪处讷、武延秀、韦温等封户在河南北，讽朝廷诏两道蚕产所宜，虽水旱得以蚕折，廷珪固争得免。可见唐时封户之受困，虽国赋不至此也。

成吉思平定漠南北

成吉思十三岁时，父挈（qiè）之省舅家为乞昏，途遇翁吉剌惕德薛禅，奇其状貌，要与俱归，字以女孛儿帖。《元史·后妃表》作孛儿台，《源流考》作布尔德。也速该独返，为主因塔塔儿人所毒，驰归遂卒。时宋乾道三年也。也速该生时，尝统辖尼伦全部，同族隐忌之，故其卒后，事变即生。而泰亦赤乌氏与成吉思龁龁[1]尤甚，也速该部族亦多叛去，成吉思尝为泰亦赤兀所执，命荷校徇军中。成吉思伺其会饮，以校击守者而遁，泰亦赤兀来追，沉身水道中，又匿毳（cuì）车中，乃得免。初克烈部长脱邻斡勒常蒙也速该救援，故相结为安答。蒙古语交物之友。

成吉思既娶孛儿帖，乃以其黑貂之裘献之，脱邻斡勒喜，许缓急相助，自是始有外援矣。初忽图剌可汗末年，也速该飞猎斡难沐涟上，遇兀都亦惕蔑儿乞也客赤列都，《源流考》作伊克齐埒（liè）图，云是塔塔儿人，误。娶妇归篡之，即成吉思母诃额仑也。《元史》《亲征录》作月伦，《源流考》作乌格楞哈屯，拉施特《蒙古全史》作夸伦云，义为云斡勒忽讷惕翁吉剌氏。及是也客赤列都兄脱黑脱阿《亲征录》作脱脱。为弟复仇，与兀佳思蔑儿乞答亦儿兀孙及合阿惕蔑儿乞合阿台答儿马剌来袭，得孛儿帖去，成吉思乞师于脱邻斡勒及札答剌部长札木哈，孛端

[1] 龁龁（yǐ hé）：忌恨。

察儿尝虏一孕妇，所生前夫之子，曰札只剌歹，其后为札答剌氏。袭其庭，复得孛儿帖，始与札木哈同牧年余，窥札木哈有厌薄意，弃之他徙，诸部族弃札木哈，从之者颇多，共推为汗。是年称汗，见《源流考》。驻牧合剌只鲁格小山名，今车臣汗右翼前旗哈剌莽鼐（nài）山支阜。之阔阔纳浯（wú）儿，译言青海子。时宋淳熙十六年也。札木合约泰亦赤兀等十三部来袭，汗亦分军为十三翼，迎之战于答阑巴泐（lè）渚纳，史称答闻版朱思之野，今黑龙江呼伦淖尔西南巴泐渚纳乌苏鄂模，东北出为班朱尼水注呼伦淖尔。败绩退至斡难河北哲烈捏之隘。今呼伦贝尔西北界上第五十三鄂博则林图。札木合乃还，行经赤那思牧地，获诸部长之附帖木真者，为七十镬[1]烹之，众益恶其残暴，归心于汗者愈多，时主因塔塔儿蔑古真薛兀勒图《元史》《亲征记》作蔑里真笑里徒，拉施特《蒙古全史》作摩勒苏里徒。叛金，金丞相完颜襄出讨，汗与脱邻斡勒助金攻杀之，襄喜援汗札兀忽里，封脱邻斡勒为王，札兀惕蒙语谓百，忽里者忽鲁转音，犹云百夫长者。《金史·百官志》部长曰孛堇，统数部者曰忽鲁。《亲征记》原注若金招讨使，据《秘史》王京又对太祖说，我回去金国皇帝行奏知，再大的名分招讨使，教你做者，则札兀忽里非即招讨使。脱邻斡勒自此亦称王罕。

王罕之攻塔塔儿也，乃蛮亦难察汗乘之，纳其弟额儿客合剌，王罕还战不胜，奔西辽。其弟札哈敢不及，其余众多来归，久之王罕东归，至古泄兀儿纳兀儿，今库苏古尔。饥困，使人与汗相闻，汗使勇士速克该往援，躬迓[2]之于客鲁涟，命其众还事之，已而伐兀都亦惕蔑儿乞大获，以馈王罕，王罕由是复振，袭蔑儿乞破之，脱黑脱阿奔巴儿忽真，今地属俄，仍名巴儿忽真。汗遂与王罕伐乃蛮，袭不亦鲁黑罕，不亦鲁黑罕奔欠欠州，翁吉剌诸部会于刊沐涟州，今根河。立札木合为古儿罕，潜师来袭，汗逆击破之，札木合遁，翁吉剌惕来降，已而不亦鲁

① 镬（huò）：大锅。

② 躬迓（yà）：亲自迎接。迓，迎接。

黑汗及脱黑脱阿之子忽秃拉施特《蒙古全史》作忽图。泰亦赤兀阿兀出把阿秀儿，《亲征录》作阿忽出拔都。斡亦剌惕，即卫拉特，见后。朵儿别、都蛙锁豁儿四子之后，《元史》及《亲征录》作朵鲁班。塔塔儿合答斤，朵奔蔑儿斡子不忽合塔吉之后，《元史》《亲征录》、拉施特《蒙古全史》皆作哈塔斤，《源流考》作哈塔锦。诸部连师来伐，汗与王罕连兵逆之，会大雨雪，敌军引退，至阔亦田之野，今呼伦贝尔南奎腾河。士马僵冻，纷坠山涧，不复成列，札木哈率众来应，见事败即退，诸部皆奔溃，汗自追阿兀出把阿秀儿杀之，泰亦赤乌亡，已而王罕子你勒合桑昆，《录》亦剌合鲜昆，《纪》亦猎喝翔昆。与汗有隙来袭，时汗军士马不足三千，王罕众数倍，兀鲁兀忙忽二族力战，矢中鲜昆面，王罕乃敛兵罢，然王罕军势仍盛，乃连夜退军，于是徙牧巴泐渚纳，俄界内斡难河北巴儿潴（zhū）纳泊。出不意袭王罕，尽俘其民，王罕父子以数骑走，至乃蛮界上，王罕为其戍将豁里速别赤所杀，函首塔阳罕；鲜昆辗转至曲先，《源流考》作龟兹。为喀剌赤焉耆番名哈剌沙尔。部主黑邻赤哈剌所杀，见《亲征录》。客列部亡，地西接乃蛮矣。

乃蛮塔阳罕使告汪古部长阿剌忽失的吉惕忽里《亲征录》王孤部长阿剌兀思的乞火力，《元史·本纪》白达达部主阿剌忽里，《本传》作阿剌兀思剔吉忽里。共伐蒙古，汪古部长以告，岁甲子，宋宁宗嘉泰四年。汗自将伐之，太阳罕迎敌，置营康孩山合池儿水上，杭爱山中哈随河。脱黑脱阿札合敢不王罕弟。及泰亦赤兀酋阿邻大石斡亦剌惕酋忽都合别乞札木合等咸从，塔阳以蒙兀马瘦，议退军，诱蒙兀深入，然后还击，其子古出鲁克及其将豁里速别诮其怯，塔阳怒，疾驱渡斡儿洹水，战于纳忽山东麓，乃蛮败绩，豁里速别赤死之，俘塔阳罕。古出鲁克脱黑脱阿、札木合先后奔不亦鲁黑，追之，驻军金山，明年袭不亦鲁黑，擒杀之，乃蛮亡。古出鲁克、脱黑脱阿西走，追及之额儿的失，即也儿的石。脱黑脱阿中流矢死，古出鲁克奔西辽，札不哈转徙入傥鲁山，唐努山。左右执以献杀之，漠南北尽平，岁丙寅宋宁宗开禧二年。诸部大会于斡难沐涟之源，上尊号曰成吉思汗。

开国之主必亲戎

《晋书·王鉴传》：鉴劝元帝亲征杜弢（tāo），疏曰："当五霸之世，将非不良，士非不勇，征伐之役，君必亲之，故齐桓免胄于邵陵，晋文擐[①]甲于城濮。昔汉高、光武二帝，征无远近，敌无大小，必乎振金鼓，身当矢石，栉风沐雨，壶浆不赡，驰骛四方，匪皇宁处，然后皇基克构，元勋以融。今大弊之极，剧于曩代，崇替之命，系我而已。欲使銮旗无野次之役，圣躬远风尘之劳，而大功坐就，鉴未见其易也。魏武既定中国，亲征柳城，扬旗卢龙之岭，顿辔重塞之表，非有当时烽燧之虞，盖一日纵敌，终己之患，虽戎辂（lù）蒙崄（xiǎn），不以为劳，况急于此者乎？刘玄德躬登汉山而夏侯之锋摧，吴伪祖亲泝长江而关羽之首悬，袁绍犹豫后机，挫衄[②]三分之势，刘表卧守其众，卒亡全楚之地。历观古今，拨乱之主，虽圣贤，未有高拱闲居，不劳而济者也。"其言可谓深切著明。

晋元帝、宋高宗皆沉潜有谋，勤于政理，然终仅就偏安之业，且并此亦几岌岌不可保者，不能驾御武人实为之。王敦之患，人所共知。然宋高宗而不能替三宣抚司，江东亦未必能自立也。人皆以汉高祖能灭项羽为有大略，其实不然。高祖之大略，不在于其能灭项羽，而在于项羽灭后，六七年间，能尽灭同时并起之异姓诸王，何者？项羽战绩，为史所艳称者，不过巨鹿、彭城、垓下三役耳。垓下之战，乃匹夫之勇，无足称。巨鹿一战，确有摧坚陷阵之能，亦藉楚众之精锐；吴夫差、越句

① 擐（huàn）：穿。

② 衄（nǜ）：挫败。

践固尝再用之以振威于北方；虽项燕亦用之大破秦军于楚垂亡之日矣，非尽羽之能也。彭城之役，则汉自不整耳，盖汉所用者为思东归之士，至此已为散地，而五诸侯之兵，亦心力不齐，号令不一也。汉高入关，财帛无所取，妇女无所幸，而至此，乃收楚货宝美人，日置酒高会，此犹项羽去关中时，不能禁其众无暴掠，屠咸阳，杀子婴，烧秦宫室，亦非羽之所欲也。汉王以四月败彭城，五月即收兵屯荥阳，六月又还攻章邯，至八月乃复东出；于斯时也，项羽何难急攻破之，长驱西上，而羽竟不能，是其昧于乘机矣。明年汉三年五月，破荥阳，六月，下成皋，而仍未能深入，徒隔河相持，汉王遂得以其间虏魏豹，下赵、代，破燕、齐，且结彭越以扰楚后。虽黥布，亦观望形势而叛楚。是时所事惟汉，非如汉初出时之犹重齐也。汉坚守以老楚师，而藉信、越以攻其后，为楚计者，宜集全力击破汉王之军，深入穷追，直抵二周之郊，而叩函谷之关，使其不复能立，则信、越无与图功，必也转而从楚，他诸侯更不必论矣。而羽竟不能然，是不徒无远略，并野战亦不足取也，故曰，汉之亡楚，不足为异也。

乃其既灭楚之后，则汉高与诸功臣，君臣之分未定也，秦灭六国，父兄有天下，而子弟为匹夫，在当时之人视之，实为变局而非常理，故秦一亡而天下复分，戏下之会，以义帝之空名奉楚怀王，其视之，犹周之天子也，项籍为西楚霸王，犹东周之桓、文也，特王侯之名异耳，其余大者为王，小者为侯若君，亦六国时之遗法也，当时之人，视此必以为彝典[①]，谓有一人将如秦皇，尽灭同列，独有天下，必非意想所及。项羽使人说韩信以三分天下，而信不听，蒯（kuǎi）彻劝之又不听，史言信自以功高，汉终不夺我齐，此乃附会之谈，非其实。当时之人，自以兵力据地而王，岂待他人之与之，既不待人之与之，又何虑人之夺之。尸皇帝之名，遂可任意树置翦灭侯王，亦岂当时之人意想所及？此项羽

---

① 彝典：常典，固定的制度。

亡后，韩信等所由不惜以皇帝之名畀[①]汉王与？几曾见周之武、成，能任意翦灭齐、楚哉？故汉高之铲除异姓诸王，非以君替其臣，乃敌国之相灭耳，其能奏功如是之速，则以身恒在行间，赴机疾捷也。且汉高以五年十月灭楚，正月王韩信、彭越、英布、张耳、韩王信，是年九月，即击虏荼。明年十月，禽韩信，正月，王荆王贾、楚王交，并王喜于代，子肥于齐，而徙韩王信于太原，信请徙治马邑，许之。七年十月，信反，高祖自将击之，深入至平城，虽以轻敌致败，然其果锐亦甚矣，围既解，仍击信余寇于东垣。十年九月，击陈豨，自至邯郸。十一年冬，破之，其年三月，复使掩捕梁王，即以其地王子恢及友，七月黥布反，又自将击之。十二年十月，破之，王兄子濞（bì）于吴。未几，卢绾反，使樊哙击之，帝之不亲戎者惟此役，盖其时已疾病矣。综观楚灭之后，七年之中，高帝盖未尝一日安居也。以当时人心之习于分裂，汉初王室形势之弱，使帝少濡滞苟安，身没之后，诸侯之合纵缔交，圜（huán）视而起，岂待问哉？然则天下之克定于其一，其功信不成于灭楚之日，而成于其后之七年中也。而其所以成功，亦实由其驰骛四方，匪皇宁处，鉴之言，可不谓之知言哉？鉴所引证诸王霸之主，事皆易明，独汉高之成功，少隐曲而难见，故具论之如上。

元仁宗重视国学

元仁宗颇重视国学。《本纪》：至大四年，四月，敕："国子监师儒之职，有才德者不拘品级，虽布衣亦选用。"闰七月，诏谕省臣曰："国子学，世祖皇帝深所注意。如平章不忽木等，皆蒙古人，而教以成才。朕今亲定国子生额为三百人，仍增陪堂生二十人。通一经者，以次补伴

① 畀（bì）：给予。

读。著为定式。”先是二月，命李孟领国子监学。十二月，命孟整饬国子监学。其后又命张珪、皇庆二年二月。许思敬、六月。赵世延延祐元年二月。纲领国子学。延祐二年，八月，增国子生百员，岁贡伴读四员。其于国学，可谓惓惓[①]焉矣。案元自真金，即建学宫中，命王恂教近侍子弟。恂卒，刘因继之。见《因传》。成宗大德八年，二月，增置国子生二百员，选宿卫大臣子孙充之。武宗至大二年，十一月，尚书省臣言：“比年卫士大滥，率多无赖。请充卫士者必廷见乃听。”从之。又择卫士子弟充国子学生。皆见《本纪》。盖元本族人多犷悍，而又倚为心腹，不肯不用，乃思以是柔之，即仁宗之用意，亦不外此也。然其效必微矣。

---

① 惓惓（quán quán）：诚挚恳切。

第四章

细看一张风云际会的将相面孔

一个朝代的兴衰，必有一个朝代兴衰的理由，除了君主外，还和文臣武将有关。从古代的历史长卷中可以看出，任何一个朝代的任何一位君主都不可能一个人完成治理和发展国家的宏大使命。在个中过程里，将相的面孔都是君王身边不可缺少的。并且这张面孔的好坏，往往直接影响着一段历史的背景。

楚将龙且

郦食其[①]说齐王，言项羽非项氏莫得用事；陈平亦言：项王不信人，其所任爱，非诸项，即妻之昆弟；此项羽之所以败也。《史记·项羽本纪》言：项王闻淮阴侯已举河北，破齐、赵，且欲击楚，乃使龙且往击之。淮阴侯与战，骑将灌婴击之，大破楚军，杀龙且。《汉书·高帝纪》略同。《项籍传》则云：羽使从兄子项它为大将，龙且为裨将救齐。《史记·曹相国世家》云：从韩信击龙且军于上假密，大破之，斩龙且，虏其将军周兰。《汉书·曹参传》作亚将周兰。《史记·灌婴列传》亦以周兰为亚将，《汉书》同。师古曰：亚将，次将也。然则龙且乃末将耳。诸文所以多言龙且者，盖以其为名将，当时人争指目之，而不数项它及周兰也。龙且乃破淮南之人，其劲悍可知。陈平又称为骨鲠之臣，使项王专任之，韩信或不易得志于齐邪?

以贾人为将

《史记·高祖本纪》：赵高已杀二世，使人来，欲约分王关中。沛公以为诈，乃用张良计，使郦生、陆贾往说秦将，啖[②]以利，因袭攻武关，破之。《留侯世家》言沛公欲以兵二万人击秦峣（yáo）下军，良说

① 郦食其（lì yì jī）：刘邦部下，著名的说客。

② 啖：吃，引申为引诱。

曰：秦兵尚强，未可轻，臣闻其将屠者子，贾竖[1]易动以利，愿沛公且留壁[2]，使人先行，为五万人具食，益张旗帜诸山上为疑兵，令郦食其持重宝啖秦将。秦将果叛，欲连和俱西袭咸阳。《高祖本纪》又言其击陈豨，闻豨将皆故贾人也，上曰：吾知所以与之矣。乃多以金啖豨将，豨将多降者。夫秦、汉时之轻贾人亦甚矣，安得以之为将？以之为将，人心安能服之？盖当时习以贾人为好利之徒，人有好利者则称之曰贾竖云耳，非真贾人也。

汉士大夫散财振施

让爵、让产、散财、振[3]施之事，以汉世为最多。让爵、让产，事仅在一家之中，无足深论，今略论其散财、振施之事。

《后汉书·朱晖传》：同县张堪素有名称。尝于太学见晖，甚重之，接以友道，乃把晖臂曰：欲以妻子托朱生。晖以堪先达，举手未敢对。自后不复相见。堪卒，晖闻其妻子贫困，乃自往候视，厚振赡之。晖又与同郡陈揖交善。揖早卒，有遗腹子友，晖尝哀之。及司徒桓虞为南阳太守，召晖子骈为吏，晖辞骈而荐友。《三国·蜀志·张裔传》：少与犍为杨恭友善。恭早死，遗孤未数岁，裔迎留，与分屋而居，事恭母如母。恭之子息长大，为之娶妇，买田宅产业，使立门户。《张嶷传》：得疾困笃，家素贫匮。广汉太守蜀郡何祇（zhī），名为通厚。嶷夙与疏阔，乃自舆诣祇，托以治疾。祇倾财医疗，数年除愈。《吴志·陆瑁传》：少好学笃义。陈国陈融、陈留濮阳

① 贾（gǔ）竖：古代对商人的蔑称。

② 留壁：扎下大营，停止前进。

③ 振：通“赈”，救济。

逸、沛郡蒋纂、广陵袁迪等，皆单贫有志，就瑁游处。瑁割少分甘，与同丰约。及同郡徐原，爰（yuán）居会稽，素不相识，临死遗书，托以孤弱，瑁为起立坟墓，收导其子。此皆施诸知故者也。

《后汉书·伏湛传》：更始立，以为平原太守。时仓卒兵起，天下惊扰，而湛独晏然，教授不废。谓妻子曰：一谷不登，国君彻膳[①]。今民皆饥，奈何独饱？乃共食粗粝（lì），悉分俸禄，以振乡里，来客者百余家。《党锢传》：张俭，献帝初，百姓饥荒，而俭资计差温，乃倾竭财产，与邑里共之，赖其存者以百数。《三国·魏志·常林传》：避地上党，耕种山阿。当时旱蝗，林独丰收，尽呼比邻，升斗分之。《吴志·陈武传》：仁厚好施，乡里远方客多依托之。《骆统传》：时饥荒，乡里及远方客多有困乏，统为之饮食衰少。姊问其故。统曰：士大夫糟糠不足，我何心独饱？姊曰：诚如是，何不告我？乃以私粟与统，又以告母，母亦贤之，遂使分施。此则及于众庶矣。而同遭丧乱者，其情为尤切。《三国·魏志·管宁传注》引《傅子》，言每所居，姻亲、知旧、邻里有困穷者，家储虽不盈儋石[②]，必分以赡救之。《王朗传》：虽流移穷困，朝不谋夕，而收恤亲旧，分多割少，行义甚著。《杨俊传》：以兵乱方起，而河内处四达之衢[③]，必为战场，乃扶持老弱，诣京密山间，同行者百余家。俊振济贫乏，通共有无。宗族、知故，为人所略作奴仆者凡六家，俊皆倾财赎之。转避地并州。本郡王象，少孤特，为人仆隶，年十七八，见使牧羊，而私读书，因被箠（chuí）楚。俊嘉其才质，即赎象着家，聘娶立屋，然后与别。《赵俨传》：避乱荆州，与杜袭、繁钦通财同计，合为一家。《蜀志·许靖传》：奔扬州。许贡、王朗与有旧故，往保焉。靖收恤亲里，经纪振赡，出于仁厚。孙策东渡江，皆走交州，以避其难。靖身坐岸边，先载附从，疏亲悉发，乃从后去。袁徽寄寓交

---

① 彻膳：也作“撤膳”，撤去膳食。

② 儋（dàn）石：两石和一石，言数量少。儋，量词，两石为一儋。

③ 衢（qú）：四通八达的路。

州，与荀彧书，言许文休自流宕（dàng）以来，与群士相随，每有患急，常先人后己，与九族中外，同其饥寒。其纪纲同类，仁恕恻怛[①]，皆有效事，不能复一二陈之。

《吴志·全琮传》：父柔，尝使琮赍米数千斛[②]到吴，有所市易。琮至，皆散用，空船而还。柔大怒。琮顿首曰：愚以所市非急，而士大夫方有倒悬之患，故便振赡，不及启报。是时中州士人避乱而南，依琮居者以百数，琮倾家给济，与共有无。凡此，皆在流离转徙之中，益敦睦姻任恤之行者也。《后汉书·独行传》：刘翊，“黄巾贼起，郡县饥荒。翊救给乏绝，资其食者数百人。乡族贫者，死亡则为具殡葬，嫠独[③]则助营妻娶。献帝迁都西京，翊举上计掾。是时寇贼兴起，道路隔绝，使驿稀有达者。翊夜行昼伏，乃到长安。诏书嘉其忠勤，特拜议郎，迁陈留太守。翊散所握珍玩，惟余车马，自载东归。出关数百里，见士大夫病亡道次，翊以马易棺，脱衣敛之。又逢知故困馁于路，不忍委去，因杀所驾牛，以救其乏。众人止之，翊曰：视没不救，非志士也。遂俱饿死”。此固不必逆知其死，然其易至于不济，则亦至易见矣。而曾不为身豪发计留，不亦造次颠沛必于是乎？《刘虞传》：虞为幽州牧，青、徐士庶避黄巾之难归之者百余万口，皆收视温恤，为立产业，流民皆忘其迁徙。此非居高位有大权者不能。若平民，则如鱼之相煦以沫耳。然流离转徙之中，藉是而获济者多矣。

杨恽（yùn）受父财五百万，及身封侯，皆以分宗族。后母无子，财亦数百万，死皆与恽，恽尽复分后母昆弟。再受訾，千余万，皆以分施。郇越，附《王贡两龚鲍传》。散其先人訾千余万，以分施九族、州里。马援亡命北地，因留牧畜，宾客多归附者，遂役属数百家。转游

① 恻怛：犹“恻隐”。

② 斛（hú）：古代容量单位。

③ 嫠（lí）独：寡妇和鳏（guān）夫。

陇、汉间，因处田牧，至有牛马羊数千头，谷数万斛。既而叹曰：凡殖货财产，贵其能施振也，否则守钱虏耳。乃尽散以班昆弟、故旧。樊梵，宏孙。悉推财物二千万与孤兄子。荀恁，资财千万，父越卒，悉散与九族。见周燮等传首。种暠，父为定陶令，有财三千万，父卒，悉以振恤宗族及邑里之贫者。折像，有赀[1]财二亿，家僮八百人，周施亲疏。至终，家无余赀。《方术传》。此等能施，似以其富。然如范迁，有宅数亩，田不过一顷，而推与兄子，四子无立锥之地，见《郭丹传》。则仁义之附，亦匪以其富矣。要不可谓非一时风气所鼓荡也。

此其故何哉？曰：去封建之世近，士之好名，甚于其好利，故能施者较多，而其事亦易传于后耳。王符尝讥当时之人，“疏骨肉而亲便辟[2]，薄知友而厚犬马。宁见贯朽千万，而不忍贷人一钱；情知积粟腐仓，而不忍贷人一斗。骨肉怨望于家，细人谤读于道”《潜夫论·贵忠》。与史所言之风气适相反，何哉？王朗“尝讥世俗有好施之名，而不恤穷贱”，《三国志》本传《注》引《魏略》。一人之所为，固可自其两面观之也。要之封建之世养士之习未尽亡耳。然则受之者当何如？曰：以所识穷乏得我之情为之，是嗟来之食也。然其谢也可食，虽曾子亦言之矣。要之当以免死为限耳。蔡茂素与窦融善，避难归之，每所饷给，计口取足，是其道也。

散施盖亦有为免祸之计者。《晋书·氾腾传》言其叹曰：“生于乱世，贵而能贫，乃可以免。”散家财五十万，以施宗族。吴明彻，侯景寇京师，天下大乱。明彻有粟麦三千余斛，而邻里饥馁。乃白诸兄曰：“当今草窃，人不图久，奈何有此而不与乡家共之？”于是计口平分，同其丰俭。皆其事也。此亦不必乱世。《后汉书·周党传》言其家产千金，少孤，为宗人所养，而遇之不以理，及长，又不还其财；党诣乡、县讼，主乃归之，既而散与宗族，悉免遣奴婢。盖讼虽胜，其地仍不可居也。

---

①赀（zī）：通“资”，资财。

②便辟（bì）：亦作“便嬖”，指善于迎合的人。

萧望之对待匈奴之议论

呼韩邪之来朝也，诏有司议其仪，咸曰：宜如诸侯王，位次诸侯王下。萧望之独以为单于非正朔所加，故称敌国，宜待以不臣之礼，位在诸侯王上。宣帝从之。诏曰："教化所不施，不及以政。"此从《望之传》。《本纪》作"礼所不施"。而望之之言曰："使匈奴后嗣卒有鸟窜鼠伏，阙于朝享，不为叛臣。"大哉言乎！彼之称臣服从者，屈于力也，不则商贾利赏赐也；力所不及，利所不存，遂欲抗颜与我为敌国。乡以得其臣为荣者，至此遂以失其臣为辱，则何如望之之议，谓"外夷稽首称藩，中国让而不臣"之为谦尊而光，卑而不可输哉？夫谦尊而光，而侈然自大者之为可笑而亡谓也，其理至易喻也。然惟汉世能行之。无他，当是时中国盛强，足于中不待炫耀于外也。宣帝赐单于印玺与天子同，见《汉书·食货志》。何损于汉天子之豪①末哉？

匈奴之乱也，议者多欲因其坏乱举兵灭之；望之独引《春秋》不伐丧之义，谓宜遣使者吊问，辅其微弱，救其灾患，四夷闻之，咸贵中国之仁义。如遂蒙恩得复其位，必称臣服从，此德之盛也。斯议也，论者必以为迂，然因外夷之坏乱而举兵灭之，唐太宗之于突厥、薛延陁，则尝行之矣，曾何补于默啜之寇盗，更何益于中叶后回纥之骄横哉？观东西汉之世，两呼韩邪之后戢戢乡化②，而唐世恒以六胡州旰食，而知尚德不观兵之效矣。特难为浅虑者道耳。

---

①豪：通"毫"。

②乡（xiàng）化：即"向化"，归服之意。乡，通"向"。

边章、韩遂

《后汉书·董卓传》云："北宫伯玉等劫致金城人边章、韩遂，使专任军政，共杀金城太守陈懿，攻烧州郡。"《注》引《献帝春秋》曰："梁州义从宋建、王国等反，诈金城郡降，求见凉州大人故新安令边允、从事韩约。约不见，太守陈懿劝之，国等便劫质约等数十人。金城乱，懿出，国等扶以到护羌营，杀之，而释约、允等。陇西以爱憎露布，冠约、允名以为贼，州购约、允各千户侯。约、允被购，约改为遂，允改为章。"《三国志·魏武纪》："建安二十年，西平、金城诸将麹（qū）演、蒋石等共斩送韩遂首。"《注》引《典略》曰："遂字文约，始与同郡边章俱著名西州。章为督军从事。遂奉计诣京师，何进宿闻其名，特与相见。遂说进使诛诸阉人，进不从，乃求归。会凉州宋扬、北官玉等反，举章、遂为主，章寻病卒，遂为扬等所劫，不得已，遂阻兵为乱，积三十二年，至是乃死，年七十余矣。"又引刘艾《灵帝纪》曰："章一名元。"案元疑当作允。遂字文约，亦可见其本名约。宋建亦名扬，北宫伯玉亦名玉，盖边郡之事，传闻不能甚审，故名字或有异同也。自建安二十年上溯三十二年，为灵帝中平元年，与《后书》本纪、《董卓传》俱合。何进之谋诛阉人，当在灵帝崩后，而《典略》云："遂说进诛阉人，"即传闻不审之一证。然据《献帝春秋》及《典略》观之，则章、遂本不欲叛，似皆可信也。

袁曹成败

袁、曹成败，昔人议论孔多，然皆事后傅会之辞，非其实也。建安五年，曹操之东征刘备也，《武帝纪》曰："诸将皆曰：与公争天下者袁绍也，今绍方来，而弃之东，绍乘人后，若何？公曰：夫刘备，人杰也，今不去，后必为患。袁绍虽有大志，而见事迟，必不动也。郭嘉亦劝公。嘉传无此语。遂东击备，破之……公还官渡，绍卒不出。"绍传亦云："太祖自东征备，田丰说绍袭太祖后，绍辞以子疾，不许，丰举杖击地曰：夫遭难遇之机，而以婴儿之病失其会，惜哉。"皆病绍之用兵，不能乘时逐利。案用兵各有形势，轻兵掩袭，乘时逐利，与持重后进，专以摧破敌人之大军为主旨者，各一道也。绍之计，盖为先定河北，然后蓄势并力，以与强者争衡。当操与吕布相持于兖州时，强敌在前，饥军不立，欲从袁绍之说，遣家居邺。《三国志·魏书·程昱（yù）传》。其势可谓危矣，然以程昱之谏而遂止，袁绍亦不之问。其后吕布为操所败，张邈从布走，张超犹守雍丘，臧洪以故吏之谊，欲乞兵往救。绍当是时大可存超以为牵制，而犹终不听许，至反因此与洪构衅，诚欲专力于河北，未欲问鼎于河南也。建安四年，绍既并公孙瓒，将进军攻许，则既遣人招张绣，复与刘备连和，其明年，两军既相持，则有刘辟等应绍略许下，绍又使刘备助之，则绍于牵制操耳，亦不为不力矣。然终不发大兵为之援者，许下距河北远，多遣兵则势不能捷，少则无益于事，徒招挫折，故绍不肯遣大兵，即操亦知其如此，度其时日，足以定备，是以敢于轻兵东骛，非真能逆臆[1]绍之昧机而不动也。绍之南也，田丰

① 逆臆：预料。

说绍曰："曹公善用兵，变化无方，众虽少，未可轻也，不如以久持之，简其精锐，分为奇兵，乘虚迭出，以扰河南，救右则出其左，救左则出其右，使敌疲于奔命，民不得安业，我未劳而彼已困，不及二年，可坐克也。今释庙胜[1]之策，而决成败于一战，若不如志，悔无及也。"及兵既接，沮授又曰："北兵数众，而果劲不及南；南谷虚少，而货财不及北；南利在于急战，北利在于缓搏，宜徐持久，旷以日月。"一以兵之不逮，一以将之不及，不欲速战，而主持久以敝敌。盖时河北虽云凋敝，然其空乏初不如河南之甚，田丰违旨，终遭械系，沮授之策，则绍实不可谓不用。绍传云："太祖与绍相持日久，百姓疲乏，多叛应绍，军食乏。"

《武帝纪》亦谓：操以粮少，与荀彧书，议欲还许。而绍则连谷车为徐晃、史涣所邀击者数千乘。又使淳于琼等五人，将兵万余人送之，悉为操所烧，乃致大溃。则其粮储之丰可知，使徐晃、史涣功不成，操攻琼而之诛不启，抑或不克济，事之成败，固未可知。或传太祖军粮方尽，书与彧议，欲还许以引绍，彧曰："今军食虽少，未若楚、汉在荥阳、成皋间也。是时刘、项莫肯先退，先退者势屈也。公以十分居一之众，划地而守之，扼其喉而不得进，已半年矣。情见势竭，必将有变，此用奇之时，不可失也。"夫楚汉相持，汉以兵多食足见长，楚兵少食尽，其势与曹操之势正相反，安得举以为喻。陆逊之策刘备曰："备是猾虏，更尝事多，其军始集，思虑精专，未可干也。今住已久，不得我便，兵疲意沮，计不复生，掎角此寇，正在今日。"此即荀彧所谓情见势绌，用奇之时。徐晃、史涣之邀击，及操之自将以攻淳于琼，正是其事。然亦幸而获济耳，使绍而虑精专，此等竟不能遂，则其后之成否，固犹未可知也。然则袁绍之成败，亦间不容发耳。所谓还许以引绍者，即是不支而退，使其竟尔如此，而绍以大兵乘其后，曹军之势必土崩瓦解，不复支矣。然则绍之筹策，固亦未尝可谓其不奏功也。

《满宠传》云：时袁绍盛于河朔，而汝南绍之本郡，门生宾客布在

① 庙胜：朝廷预先制定好的制胜之策。

诸县，拥兵拒守。太祖忧之，以宠为汝南太守。宠募其服从者五百人，率攻下二十余壁，诱其未降渠帅，于坐上杀十余人，一时皆平。得户二万，兵二千人，令就田业。《李通传》云建安初，通举众诣太祖于许。释通振威中郎将，屯汝南西界。太祖讨张绣，刘表遣兵以助绣，太祖军不利。通将兵夜诣太祖，太祖得以复战，通为先登，大破绣军。拜裨将军，封建功侯。分汝南二县，以通为阳安都尉。通妻伯父犯法，朗陵长赵俨收治，致之大辟。是时杀生之柄，决于牧守，通妻子号泣以请其命。通曰："方与曹公戮力，义不以私废公。"嘉俨执宪不阿，与为亲交。太祖与袁绍相拒于官渡。绍遣使拜通征南将军，刘表亦阴招之，通皆拒焉。通亲戚部曲流涕曰："今孤危独守，以失大援，亡可立而待也，不如亟从绍。"通按剑以叱之，即斩绍使，送印绶诣太祖。又击郡贼瞿恭、江宫、沈成等，皆破歼其众，送其首。遂定淮、汝之地。

《赵俨传》云：袁绍举兵南侵，遣使招诱豫州诸郡，诸郡多受其命。惟阳安郡不动，而都尉李通急录户调。俨见通曰："方今天下未集，诸郡并叛，怀附者复收其绵绢，小人乐乱，能无遗恨！且远近多虞，不可不详也。"通曰："绍与大将军相持甚急，左右郡县背叛乃尔。若绵绢不调送，观听者必谓我顾望，有所须待也。"俨曰："诚亦如君虑；然当权其轻重，小缓调，当为君释此患。"乃书与荀彧，彧报曰："辄白曹公，公文下郡，绵绢悉以还民。"上下欢喜，郡内遂安。此可见操之多忠亮死节之臣，刘辟等之所以不能摇动以此也。《后汉书·绍传》云：绍与操相持，许攸进曰："曹操兵少而悉师拒我，许下余守势必空虚，若分遣轻军，星行掩袭，许拔则操为成禽，如其未溃，可令首尾奔命，破之必也。"夫遣骑轻则如曹仁等优足拒之矣，安得使操疲于奔命而况侈言拔许哉！

曹操之攻淳于琼也，袁绍闻之谓长子谭曰："就彼破琼等，吾攻拔其营，彼固无所归矣！"乃使张郃（hé）、高览攻曹洪，此亦未为非计。《三国志·魏书·武帝纪》。而郃谓曹公营固，攻之必不拔，《三国志·张郃传》。其后果然，则操之备豫不虞不为不至。安得如书生谈兵谓一即可袭取哉。

要之两汉三国时史所传，惟一大纲，余皆事后傅会之辞，遽一一信为事实则傎[1]矣。《蜀志》又谓曹公北征乌丸，先主说表袭许，表不能用其说，当时又谓孙策闻公与绍相持，乃谋袭许，未发为刺客所杀，《三国志·魏书·武帝纪》。则近于子虚乌有矣。参《孙策欲袭许》条。

《荀彧传》载彧论曹公较之袁绍有四胜，又曰不先取吕布，河北亦未易图也。《郭嘉传》注引《傅子》又谓嘉料绍有十败，公有十胜，其所谓十败十胜者，实与彧之辞无大异，特敷衍之，多其节目耳。又曰："嘉曰绍方北击公孙瓒，可因其远征，东取吕布，不先取布，若绍为寇，布为之援，此深害也。"两人之言有若是其如出一口者乎，其为事后傅会，而非其实，审矣。然此等综括大体之辞，较之专论一事者差为近理。要之当时之史尚系传述之辞，多所谓某人某人之语，未必可即作其人之辞观。然以此为其时人之见解，固无不可也。《史》《汉》之《留侯传》，《三国志》之《荀彧传》均可作如是观。

诸葛亮南征考

诸葛亮之南征，《三国志》记其事甚略。《亮传注》引《汉晋春秋》曰：亮在南中，所在战捷。闻孟获者，为夷汉所服，募生致之。既得，使观于营陈之间。问曰："此军何如？"获对曰："向者不知虚实，故败。今蒙赐观看营陈。若只如此，即定易胜耳。"亮笑，纵使更战。七纵七禽，而亮犹遣获，获止不去，曰："公天威也，南人不复反矣。"遂至滇池。南中平。皆即其渠师而用之。或以谏亮；亮曰："若留外人，则当留兵，兵留则无所食，一不易也。加夷新伤破，父兄死伤，留外人而无兵者，必成祸患，二不易也。又夷累有废杀之罪，自嫌衅重，若留外人，

① 傎（diān）：颠倒错乱。

终不相信，三不易也。今吾欲使不留兵，不运粮，而纲纪粗定，夷汉粗安故耳。”

《马谡传注》引《襄阳记》曰：亮征南中，谡送之数十里。亮曰：“虽共谋之历年，今可更惠良规。”谡对曰：“南中恃其险阻，不服久矣。虽今日破之，明日复反耳。今公方倾国北伐，以事强贼。彼知官势内虚，其叛亦速。若殄（tiǎn）尽遗类，以除后患，既非仁者之情，且又不可仓卒也。夫用兵之速，攻心为上，攻城为下；心战为上，兵战为下；愿公服其心而已。”亮纳其策，赦孟获以服南方，故终亮之世，南方不敢复反。攻心攻城，心战兵战，后世侈为美谈，其实不中情实。案当时叛者，牂牁朱褒、益州雍闿、越嶲高定。褒之叛在建兴元年，闿、定则尚在其前。《后主传》：建兴元年夏，牂牁太守朱褒反。先是益州郡大姓雍闿反，流太守张裔于吴。越嶲夷王高定亦叛。据《张裔传》及《马忠传》，则闿前次已杀太守正昂。《吕凯传》云：雍闿等闻先主薨于永安，骄黠滋甚，又载亮表凯及王伉，谓其执忠绝域，十有余年，则当先主之世，闿亦未尝服从也。闿又系为吴所诱。见《蜀志·张裔、吕凯传》《吴志·步骘（zhì）、士燮传》。其答李严书，辞绝桀慢。见《吕凯传》。盖其蓄叛谋久矣，其心岂仓卒可服？

《李恢传》云：为庲（lái）降都督，住平夷县，先主薨，高定恣睢于越嶲，雍闿跋扈于建宁，朱褒反叛于牂牁。丞相亮南征，先由越嶲，而恢案道向建宁。诸县大相纠合，围恢军于昆明。恢出击，大破之。追奔逐者，南至盘江，东接牂牁，与亮声势相连。南土平定，恢军功居多。《吕凯传》：永昌不韦人也。仕郡五官掾功曹，雍闿降于吴，吴遥署闿为永昌太守，永昌既在益州郡之西，道路壅塞。与蜀隔绝，而郡太守改易。凯与府丞蜀郡王伉，帅厉吏民，闭境拒闿。及丞相亮南征讨闿，既发在道，而闿已为高定部曲所杀。亮至南，表以凯为云南太守，亮平南之后，改益州郡为建宁郡。分建宁、永昌郡为云南郡，又分建宁、牂牁为兴古郡。王伉为永昌太守。《马忠传》云：亮入南，拜忠牂牁太守。郡丞朱褒反，叛乱之后，忠抚育恤理，甚有威惠。昆明种落，西至楪（dié）榆，其距越巂，已不甚远。亮兵自越巂而出，至云南附近，必已与李恢、吕凯相接。永昌本未破坏。自昆明以东，又为恢所平定，则亮之战绩，当在越巂、云南之间。既抵云南，遂可安行至滇池矣。亮之行，盖至滇池为止。自此以东，盖因李恢兵势，更遣马忠往抚育之。《后主传》仅云：南征四郡，四郡皆平；《亮传》亦仅云：率众南征，其秋悉平；不详述其战绩者，亮军实无多战事也。七纵七擒事同儿戏，其说信否，殊难质言。即谓有之，亦必在平原，非山林深阻之区。且以亮训练节制之师，临南夷未经大敌之众，胜算殆可预操。孟获虽得众心，实非劲敌。累战不捷，强弱皎然，岂待七擒而后服？况攻心攻城，心战兵战，乃庙算预定之策，非临机应变之方，谋之历年，当正指此，安得待出军之日，然后问之？马谡亦安得迟至相送之日，然后言之乎？

《李恢传》云：军还，南夷复叛，杀害守将。恢身往扑讨，锄尽恶类，徙其豪师于成都，赋出叟、濮耕牛战马、金银犀革，充继军资，于时费用不乏。此所谓军还者，当指亮南征之军。所谓费用不乏，亦即《亮传》所谓军资所出，国以富饶。其事相距不远，故承其秋悉平之下终言之。则是亮军还未几，南夷即叛也。《后主传》：建兴十一年，南夷刘胄反，将军马忠讨平之。《马忠传》亦云：建兴十一年，南夷豪帅刘胄反，扰乱诸郡。征庲降都督张翼还，以忠代翼，忠遂斩胄，平南土。而据《张翼传》，则翼之为庲降都督，事在建兴九年，刘胄作乱，翼已举兵讨胄，特未破而被征。然则胄之乱尚未必在十一年；即谓其在十一年，而亮之卒实在十二年八月，相去尚几两年也。《马忠传》又云：初建宁郡杀太守正昂，缚太守张裔于吴，故都督常驻平夷县。至忠，乃移治味县。又越巂郡亦久失土地，忠率将太守张嶷，开复旧郡。《张嶷传注》引《益都耆旧传》云：忠之讨胄，嶷属焉。战斗常冠军首。遂斩胄平南。事讫，牂牁、兴古獠种复反。忠令嶷领诸营往讨。此事当在建兴十一、二年间，亮亦尚未卒。又《后主传》：延熙三年春，使越巂太守张嶷平定越巂郡。

《张嶷传》云：自丞相亮讨高定之后，叟夷数反，杀太守龚禄、焦璜。是后太守不敢之郡，只住安定县，去郡八百余里，其郡徒有名而已。时论欲复旧郡，除嶷为越巂太守。嶷在官三年，乃徙还故郡。定莋、台登、卑水三县，旧出盐铁及漆，夷徼久自固。嶷乃率所领夺取，署长吏。郡有旧道，经旄牛中至成都，既平且近。自旄牛绝道，已百余年，更由安上，既险且远。嶷乃与旄牛夷盟誓，开通旧道，复古亭驿。又《霍峻传》：子弋。永昌郡夷僚，恃险不宾，数为寇害。乃以弋领永昌太守，率偏军讨之。遂斩其豪帅，破坏邑落，郡界宁静。此事在弋为太子中庶子之后，太子璇之立，事在延熙元年，则弋之守永昌，当略与嶷之守越巂同时，然则不但终亮之世，南方不敢复反为虚言；抑亮与李恢、吕凯等，虽竭力经营，南夷仍未大定，直至马忠督庲降，张嶷守越巂，霍弋守永昌，然后竟其令功也。诸人者，固未尝不竭抚育之劳，亦未闻遂释攻战之事，此又以见攻心心战之策，未足专恃矣。要之亮之素志，自在北方；其于南土，不过求其不为后患而止。军国攸资，已非夙望，粗安粗定，自系本怀。一出未能敉平，原不足为亮病，必欲崇以虚辞，转贻致讥失实矣。

诸葛亮随身衣食悉仰于官不别治生

诸葛亮自表后主曰："成都有桑八百株，薄田十五顷，子弟衣食，自有余饶。至于臣在外任，无别调度，随身衣食，悉仰于官，不别治生，以长尺寸，若臣死之日，不使内有余帛，外有赢[①]财，以负陛下。"及卒，如其所言。见《三国志》本传。读史者以为美谈。其实当时能为此者，非亮一人也。夏侯惇"性清俭，有余财，辄以分施，不足资之于

① 赢：盈余。

官，不治产业”。徐邈“赏赐皆散与将士，无入家者”。嘉平六年，诏与田豫并褒之。以上均见《三国志》本传。邓芝“为大将军二十余年，身之衣食，资仰于官，不苟素俭，然终不治私产，妻子不免饥寒。死之日，家无余财”。吕岱“在交州，历年不饷家，妻子饥乏”。其所为皆与亮同。陈表“家财尽于养士，死之日，妻子露立”。朱桓“爱养吏士，赡护六亲，俸禄产业，皆与共分。及桓疾困，举营忧戚”。见《三国志》本传。则尤有进焉者矣。君子行不贵苟难，不以公家之财自私则可矣；禄尽于外，而妻子饥寒则过矣。要之治生自治生，廉洁自廉洁，二者各不相妨也。

袁涣“前后得赐甚多，皆散尽之，家无所储，终不问产业，乏则取之于人，不为皦（jiǎo）察之行，然时人服其清”。见《三国志》本传。有袁涣之行则可也。无之，则有借通财之名，行贪取之实者矣。随身用度，悉仰于官，而无节度，亦不能保贪奢者之不恣取也。为之权衡斗斛，则并权衡斗斛而窃之，于私产之世而求清廉，终无正本之策也。是故督责之术之不可以少弛也，于财计尤然。

羊续为南阳太守，妻与子秘俱诣郡舍，续闭门不纳。妻自将秘行，其资藏惟有布衾、敝袛（zhǐ）裯，盐麦数斛而已。顾敕秘曰：“吾自奉若此，何以资尔母乎？”使与母俱归。刘虞“以俭素为操，冠敝不改，乃就补其穿。及遇害，瓒兵搜其内，而妻妾服罗纨，盛绮饰，时人以此疑之”。均见《后汉书》本传。步骘“被服居处有如儒生。然门内妻妾，服饰奢绮，颇以此见讥”。见《三国志》本传。夫虞与骘非必其为伪也，和洽曰：“夫立教观俗，贵处中庸，为可继也。今崇一概难堪之行以检殊涂，勉而为之，必有疲瘁。”见《三国志》本传。俭者之家人，不必其皆好俭也。身安于俭焉，习于俭焉，勉于俭焉，皆无不可，必欲强其家人以同好，则难矣。迫其家人为一概难堪之行，以立己名，尤非真率平易者所能为。故居官者携家室以俱行，未为失也，必欲使之绝父子之恩，忘室家之好，如世所称妻子不入官舍者，亦非中庸之行矣。然身俭素而家人奢泰，以此累其清节者，亦非无之。妻子不入官舍，亦有时足为苞苴（jū）滥取之防，以此自厉，究为贤者，较之以家自累者，则远胜矣。《三国志》载：蒋钦，“权尝入其堂内，母疏帐缥被，妇妾布裙。权叹其在贵守约。”则家人能俱安于俭者，亦有之，然非可概诸人人也。

治生之道，循分为难。何谓循分？曰：耕而食，织而衣，有益于己，无害于人者是已。然在交易既兴之后则难矣。无已，其廉贾乎？然身处阛阓[1]之中，为操奇计赢之事，而犹能不失其清者，非有道者不能，凡人未足以语此也。士大夫之家，既不能手胼足胝[2]，躬耕耘之业，又不能持筹握算，博蝇头之利；使为农商，必将倚势陵人，滞财役贫矣。陈化敕子弟废田业，绝治产，仰官廪禄，不与百姓争利，见《三国志·孙权传》黄武四年《注》引《吴书》。以此也。若其财果出于廪禄，虽治产亦何伤？所以必绝之者，正以士大夫而治生，易有妨于百姓故也。诸葛亮之不别治生，其以此欤？

《三国志·孙休传》注引《襄阳记》言：“（李）衡每欲治家，妻辄不听。后密遣客十人，于武陵龙场泛洲上作宅，种甘橘千株。临死，敕儿曰：汝母恶我治家，故穷如是。然吾州里有千头木奴[3]，不责汝衣食，岁上一匹绢，亦可足用耳。衡亡后二十余日，儿以白母，母曰：此当是种甘橘也。汝家失十户客来七八年，必汝父遣为宅。汝父恒称太史公言，江陵千树橘，当封君家。吾答曰：且人患无德义，不患不富，若贵而能贫，方好耳，用此何为？吴末，衡甘橘成，岁得绢数千匹，家道殷足，晋咸康中，其宅址枯树犹在。”患无德义而不忧贫，衡之妻何其贤也？然勤树艺之利，而不剥削于人，衡之治生，亦可谓贤矣。然自吴末至咸康，五十年耳，木已枯矣，信乎树木之利，不如树人也。

士之能厉清节者寡矣，乱世尤甚，以法纪荡然，便于贪取也。《三国志·王修传》言：袁氏政宽，在职势者多畜聚。太祖破邺，籍没审配等

---

① 阛阓（huán huì）：市区。

② 手胼（pián）足胝（zhī）：犹“胼手胝足”。手脚都生了老茧，比喻辛勤劳作。

③ 木奴：喻指柑橘树或其果实。

家财物以万数。此袁氏所由亡欤？《郭嘉传注》引《傅子》，谓嘉言绍有十败，曹公有十胜，汉末政失于宽，绍以宽济宽，公纠之以猛。然则绍之宽，非宽于人民，乃宽于虐民者耳。然虽太祖，亦未能使其下皆厉廉节也。太祖为司空时，以己率下，每岁发调，使本县平资。于时谯令平曹洪资财与公家等，太祖曰："我家资那得如子廉邪？"《三国志·曹洪传注》引《魏略》。洪之多财可知矣。诸葛瑾及其子恪并质素，虽在军旅，身无采饰；而恪弟融，锦罽文绣[①]，独为奢绮。潘璋"性奢泰，末年弥甚，服物僭拟，吏兵富者，或杀取其财物"。均见《三国志》本传。其不法如此。然非独武人也，曹爽等实不世之才，而卒以奢败。魏之何夔，蜀之刘琰，吴之吕范，并以豪汰[②]称，而其风且传于奕世。何曾，夔之子也。晋治之不善，王、石等之奢汰实为之，而其风则仍诸魏末者也。以魏武帝、诸葛武侯之严，吴大帝之暴，而不能绝，亦难矣。

太祖父嵩之死，《武帝纪注》引《世语》《吴书》，其说不同。《世语》云："嵩在泰山华县。太祖令泰山太守应劭送家诣兖州，劭兵未至，陶谦密遣数千骑掩捕。嵩家以为劭迎，不设备。谦兵至……阖门皆死。"《吴书》言："太祖迎嵩，辎重百余两。陶谦遣都尉张闿将骑二百卫送，闿于泰山华、费间杀嵩，取财物，因奔淮南。"谦虽背道任情，谓其与阙宣合从寇钞，似失之诬，当以《吴书》之言为是。然无论其为谦遣骑掩捕，抑卫送之将所为，嵩之慢藏诲盗则一也。处乱世者，可不戒欤？

鲁肃指囷，读史者亦久传为美谈，然亦非独肃也。先主转军广陵海西，糜竺进奴客二千，金银货币，以助军资。于时困匮，赖以复振，亦肃指囷之类也。知《管子》谓丁氏之粟足食三军之师，为不诬矣。然用财贵得其当，刘备、周瑜，皆末世好乱之士，助之果何为哉？

---

① 锦罽：丝织品和毛织品。

② 豪汰：豪华奢侈。

诸葛亮治戎

《三国志·诸葛亮传》：亮卒于军，及军退，宣王[1]案行[2]其营垒处所，曰：天下奇才也。此非虚美之辞。《晋书·职官志》曰：武帝甚重兵官，故军校多选朝廷清望之士居之。先是陈勰为文帝所待，特有才用，明解军令。帝为晋王，委任使典兵事。及蜀破后，令勰受诸葛亮围陈用兵倚伏之法，又甲乙校标帜之制，勰悉闇练[3]之，遂以勰为殿中典兵中郎将，迁将军。久之，武帝每出入，勰持白兽幡在乘舆左右，卤簿陈列齐肃。太康末，武帝尝出射雉，勰时已为都水使者，散从，车驾逼暗乃还，漏已尽，当合函停乘舆，良久不得合，乃诏勰合之，勰举白兽幡指麾，须臾之间而函成，皆谢勰闲解，甚为武帝所任。此事足见诸葛亮之治戎，确有法度也。

孙策欲袭许

孙策欲袭许之说，见于《三国·魏志·武帝纪》，又见于《吴志·策传》，《策传》且谓其欲袭许迎汉帝。注引《江表传》，则谓“策前西征，陈登阴遣间使，以印绶与严白虎余党，图为后祸，以报陈瑀见破之辱。登，瑀从兄子。策归复讨登，军到丹徒，须待运粮，见杀”，

---

① 宣王：指司马懿。

② 案行：巡视。

③ 闇（àn）：同“暗”，暗中。

《九州春秋》及《傅子》又谓“策闻曹公将征柳城，而欲袭许”，异说纷如。夫策见杀在建安五年，而柳城之役在十二年。《九州春秋》及《傅子》之谬，不待辨矣。孙盛《异同评》谓：“策虽威行江外，略有六郡，然黄祖乘其上流，陈登间其心腹，且深险强宗，未尽归服，曹、袁虎争，势倾山海，策岂暇远师汝、颍，而迁帝于吴、越哉？”又谓“绍以建安五年至黎阳，策以四月遇害”。而《志》云策闻曹公与绍相距于官渡，谬矣。谓伐登之言为有证，其说是也。而裴松之[①]谓：“黄祖始被策破，魂气未反，刘表君臣，本无兼并之志，强宗骁帅，祖郎、严虎之徒，禽灭已尽，所余山越，盖何足虑。若使策志获从，大权在手，淮、泗之间，所在可都，何必毕志江外，迁帝扬、越？”又致“武帝建安四年已出屯官渡，策未死之前，久与袁绍交兵”，因谓策之此举，理应先图陈登，而不止于登，《国志》所云不谬，则误矣。刘表、黄祖，庸或不能为策患，江南之强宗骁帅，则虽处深险之区，实为心腹之疾，策虽轻狡，岂容一无顾虑，即谓其不足为患？抑策并不知虑此。然以策之众，岂足与中国争衡，即谓袁、曹相持，如鹬（yù）蚌两不得解，策欲袭许，亦未有济，况徒偏师相接乎？淮、泗之间，岂足自立？策之众，视陶谦、袁术、刘备、吕布何如？若更远都江表，则义帝之居郴（chēn）耳，岂足有济。况汉至献帝之世，威灵久替，扶之岂足有济？曹公之克成大业，乃由其能严令行，用兵如神，非真天子之虚名也。不然，因献帝而臣伏于操者何人哉？以曹公之明，挟献帝而犹无所用，而况于策乎？况以策之轻狡，又岂足以知此乎？

《吴志·吕范传》云：“下邳陈瑀，自号吴郡大守，住海西，与强族严白虎交通。策自将讨虎，遣范与徐逸攻瑀于海西，枭其大将陈牧。”而《孙策传》注引《江表传》谓：“建安二年，诏以策为骑都尉，袭爵乌程侯，领会稽太守。又诏与领徐州牧温侯布，及行吴郡太守安东将军陈瑀，共讨袁术。”则瑀行吴郡太守，乃朝命，非自号也。《传》又言：“是时陈

① 裴松之：著名史学家，以为《三国志》作注而闻名后世。

瑀屯海西，策奉诏治严，当与布、瑀参同形势，行到钱塘，瑀阴图袭策，遣都尉万演等密渡江，使持印传三十余细贼与丹阳、宣城、泾、陵阳、始安、黟、歙（shè）诸险县大帅祖郎、焦已，及吴郡乌程严白虎等，使为内应，伺策军发，欲攻取诸郡，策觉之，遣吕范、徐逸攻瑀于海西，大破瑀，获其吏士妻子四千人。”案：策之渡江，本为袁术，汉朝命吏，如刘繇、王朗、华歆等，无不为其所逐。是时虽有与吕布、陈瑀同讨袁术之命，特权宜用之，非信其心也。有隙可乘，加以诛翦，夫固事理所宜。

《吕范传》注引《九州春秋》曰：“初平三年，扬州刺史陈祎（yī）死，袁术使瑀领扬州牧，后术为曹公败于封丘，南人叛瑀，瑀拒之。术走阴陵，好辞以下瑀，瑀不知权，而又怯，不即攻术，术于淮北集兵向寿春，瑀惧，使其弟公琰请和于术。术执之而进，瑀走归下邳。”然则瑀实乃心王室者。陈登之结白虎余党，盖亦欲继其从父之志，戡翦乱人，非徒为雪家门之耻也。《张邈传》注引《九州春秋》言：登甚得江淮间欢心，有吞灭江南之志，孙策遣军攻登，再败，而迁为东城太守。孙权遂跨有江外。太祖每临大江而叹，恨不早用陈元龙[①]计，而令封豕养其爪牙，则登之才，盖非刘繇、王朗等比，而任之不专，致使大功不竟，轻狡之子，坐据江外数十年，岂不惜哉。

关羽欲杀曹公

《华阳国志·刘先主志》：建安五年，公东征先主。先主败绩，妻子及关羽见获。公壮羽勇锐，拜偏将军。初，羽随先主从公围吕布于濮阳，时秦宜禄为布求救于张杨。羽启公：“妻无子，下城乞纳宜禄妻。”公许之。及至城门，复白。公疑其有色，自纳之。后先主与公猎，羽欲

① 陈元龙：指陈登，字元龙。

于猎中杀公，先主为天下惜，不听，故羽常怀惧。公察其神不安，使将军张辽以情问之。羽叹曰："吾极知曹公待我厚，然我受刘将军恩，誓以共死，不可背之，要当立功以报曹公。"公闻而义之。案关羽壮士，与刘备誓共死，不肯背之，其夙心也，然其怀惧不安，则自以初求秦宜禄妻，而曹公自纳之，及尝欲杀曹公之故。《三国志·关羽传》于此均未叙及，则情节漏略矣。《注》引《蜀记》与《华阳国志》之事略同，然但言公留宜禄妻，而羽心不自安，更不言羽因欲杀曹公而怀惧，情节亦为不全。羽初欲取宜禄妻，其当怀惧，固不如尝欲杀公之深也。惟云："猎中众散，羽劝备杀公。"众散二字，又可补常璩（qú）之阙。知古人叙事，多不甚密，欲求一事之真，非互相校勘不可也。

姜维不速救成都

《三国志·姜维传》：维保剑阁拒钟会，列营守险，会不能克。粮运县远，将议还归。而邓艾自阴平由景谷道旁入，遂破诸葛瞻于绵竹。后主请降于艾，艾前据成都。维等初闻瞻破，或闻后主欲固守成都，或闻欲东入吴，或闻欲南入建宁，于是引军由广汉、郪（qī）道以审虚实。寻被后主敕令，乃投戈放甲，诣会于涪（fú）军前，将士咸怒，拔刀斫[①]石。《华阳国志》则谓维未知后主降，谓且固城，素与执政者不平，欲使其知卫敌之难而后逞志，乃回由巴西出郪五城。案维当诣会之后，犹欲杀会而复蜀，其无意于降魏可知。成都雄郡，邓艾孤军，安知后主之遽降？维既无意降魏，岂有不捧漏沃焦，与艾争一旦之命者？而顾迟曲其行，则常璩之言是也。王崇谓邓艾以疲兵二万入江油，姜维举十万之师，案道南归，艾为成擒，擒艾已讫，复还拒会，则蜀之存亡，未可量

① 斫（zhuó）：砍。

也。乃回道之巴，远至五城，使艾轻进，径及成都，兵分家灭，已自招之，其言允矣。故知文武不和，未有不招覆亡之祸者也；而武人褊（biǎn）隘，欲望其休休[①]尽匪躬之节[②]难矣。

柳仲礼

侯景[③]之围台城也，四面援军云集，虽不皆精锐，然其数十倍于景，谓其不能解围，无是理也。所以无功者，全误于柳仲礼[④]之怀挟异志。仲礼之为大都督，乃韦粲（càn）所推，粲虽无功，然赴援甚速，死事甚烈，一子三弟，皆及于难，亲戚死者数百人，谓非乃心王室不可也。仲礼为粲外弟，粲当知其为人，而执欲推之甚固，其故殊不可解。案此无难解也。《柳仲礼传》云："侯景潜图反噬，仲礼先知之，屡启求以精兵三万讨景，朝廷不许，及景济江，朝野便望其至，兼蓄雍司精卒，与诸蕃赴援，见推总督。景素闻其名，甚惮之。"《韦粲传》云：粲建议推仲礼为大都督，报下流众军，裴之高自以年位高，耻居其下。乃云：柳节下[⑤]已是州将，何须我复鞭板，累日不决。粲乃抗言于众曰："今同赴国难，义在除贼，所推柳司州者，政以久捍边疆，先为侯景所惮，且士马精锐，无出其前，若论位次，柳在粲下，语其年齿，亦少于粲，直以社稷之计，不得复论，今日贵在将和，若人心不同，大事去矣。裴公朝之旧齿，岂应复挟私以沮大计，粲请为诸君解释之。"乃舸（gě）至之高

① 休休：气魄大。

② 匪躬之节：不顾个人利益而尽忠王室的节操。

③ 侯景：南北朝时期历史人物。

④ 柳仲礼：南朝梁大臣，侯景之乱时为大都督，后投降侯景。

⑤ 节下：对将帅的尊称。

营，切让之。之高泣曰："吾荷国荣，自应率先士卒，顾恨衰老，不能效命，跂[1]望柳使君，共平凶逆，前谓众议已定，无俟老夫尔。若必有疑，当剖心相示。"于是诸将定议，仲礼方得进军。合观二传，则仲礼当时兵最强，必得大都督而后肯进，粲不得已而推之，而之高之泥之，亦非必自负年位，不肯相下，盖亦前知其为人矣。仲礼，骑将也，以其兵强，不得已而用之，而卒为所误，故骑将必不可用。

魏时将帅之骄

《三国·魏志·董昭传》：文帝三年，"征东大将军曹休临江在洞浦口，自表：愿将锐卒虎步江南，因敌取资，事必克捷；若其无臣，不须为念。帝恐休便渡江，驿马诏止。时昭侍侧，因曰：今者渡江，人情所难，就休有此志，势不独行，当须诸将。臧霸等既富且贵，无复他望，但欲终其天年，保守禄祚而已，何肯乘危自投死地，以求徼幸？苟霸等不进，休意自沮。臣恐陛下虽有敕渡之诏，犹必沉吟，未便从命也。是后无几，暴风吹贼船，悉诣休等营下，斩首获生，贼遂迸散。诏敕诸军促渡。军未时进，贼救船遂至"。案《贾逵传注》引《魏略》言太祖之崩，"太子在邺，鄢陵侯未到，士民颇苦劳役，又有疾疠，于是军中骚动。群寮恐天下有变，欲不发丧。逵建议以为不可秘，乃发哀，令内外皆入临，临讫，各安叙不得动。而青州军擅击鼓相引去。众人以为宜禁止之，不从者讨之。逵以为方大丧在殡，嗣王未立，宜因而抚之。乃为作长檄（xí），告所在给其饮食。"

《臧霸传》曰："（孙）权乞降，太祖还，留霸与夏侯惇等屯居巢。文帝即王位，迁镇东将军，进爵武安乡侯，都督青州诸军事。及践阼[2]，进

① 跂（qǐ）：踮起脚后跟。

② 践阼（zuò）：即位。

封开阳侯，徙封良成侯。与曹休讨吴贼，征为执金吾，位特进。”《注》引《魏略》曰：“建安二十四年，霸遣别军在洛。会太祖崩，霸所部及青州兵，以为天下将乱，皆鸣鼓擅去。文帝即位，以曹休都督青、徐，霸谓休曰：国家未肯听霸耳！若假霸步骑万人，必能横行江表。休言之于帝，帝疑霸军前擅去，今意壮乃尔，遂东巡，因霸来朝而夺其兵。”然则当时所虑者，曹休之不能制霸，非休之欲渡江也。《魏略》谓休表言霸意，而董昭谓休自欲渡江，失其实矣。《王基传》：明帝时，基上疏曰：“昔汉有天下，至孝文时，惟有同姓诸侯，而贾谊忧之曰：置火积薪之下而寝其上，因谓之安也。今寇贼未殄，猛将拥兵，检之则无以应敌，久之则难以遗后，当盛明之世，不务以除患，若子孙不竞[①]，社稷之忧也。使贾谊复起，必深切于曩时矣。”读此知魏时将帅之骄，统一之业之不克早成，良有以也。

将帅之骄也，由于法之不行。诸葛亮所谓“宠之以位，位极则贱，顺之以恩，恩竭则慢”也。《三国志》本传《注》引《蜀记》。《武帝纪》建安八年五月己酉令曰：“《司马法》：将军死绥[②]。故赵括之母，乞不坐括。是古之将者，军破于外，而家受罪于内也。自命将征行，但赏功而不罚罪，非国典也。其令诸将出征，败军者抵罪，失利者免官爵。”案《史记·项羽本纪》言：章邯降，“项羽乃立章邯为雍王，置楚军中；使长史欣为上将军，将秦军为前行。秦吏卒多窃言曰：章将军等诈吾属降诸侯，今能入关破秦，大善；即不能，诸侯虏吾属而东，秦必尽诛吾父母妻子”。然则战败受诛者，不独将军也。而将军战败受罪，直至建安八年始行，何其慢哉？岂以所将者多群盗若臧霸之流，不容操之过急欤？

又《武帝纪》：“建安七年正月，公军谯，令曰：吾起义兵，为天下除暴乱。旧土人民，死丧略尽，国中终日行，不见所识，使吾凄怆伤怀。其举义兵已来，将士绝无后者，求其亲戚以后之，授土田，官给耕牛，置学师以教之。为存者立庙，使祀其先人，魂而有灵，吾百年之后

① 不竞：不振。

② 死绥：军队若退败，将领应受罚。绥，退却。

何恨哉！”十二年二月，“丁酉，令曰：吾起义兵诛暴乱，于今十九年，所征必克，岂吾功哉？乃贤士大夫之力也。天下虽未悉定，吾当要与贤士大夫共定之；而专飨其劳，吾何以安焉！其促定功行封。于是大封功臣二十余人，皆为列侯，其余各以次受封，及复死事之孤，轻重各有差。”《注》引《魏书》载公令曰：“昔赵奢、窦婴之为将也，受赐千金，一朝散之，故能济成大功，永世流声。吾读其文，未尝不慕其为人也。与诸将士大夫共从戎事，幸赖贤人不爱其谋，群士不遗其力，是以夷险平乱，而吾得窃大赏，户邑三万。追思窦婴散金之义，今分所受租与诸将掾属及故戍于陈、蔡者，庶以畴答[1]众劳，不擅大惠也。宜差死事之孤，以租谷及之。若年殷用足，租奉毕入，将大与众人悉共飨之。”十四年七月，“辛未，令曰：自顷已来，军数征行，或遇疫气，吏士死亡不归，家室怨旷，百姓流离，而仁者岂乐之哉？不得已也。其令死者家无基业不错自存者，县官勿绝廪，长吏存恤抚循，以称吾意”。夫此三令，可谓至诚恻怛，其于将士之恩，亦不为不厚矣。文帝即王位后，延康元年十月癸卯，下令曰：“诸将征伐，士卒死亡者或未收敛，吾甚哀之；其告郡国给槥[2]椟殡敛，送致其家，官为设祭。”《文帝纪》。亦可谓能肯堂肯构者。《汉书·高帝纪》：四年八月，“汉王下令：军士不幸死者，吏为衣衾棺敛，转送其家，四方归心焉”。则知魏氏之于将士，不为不厚；而将帅之骄如此，治军者贵威克厥爱，信哉！

司马宣王征辽东

《传》曰：“虽鞭之长，不及马腹。”此为兵家所最忌。司马宣王之征辽东也，策之曰：“弃城预走，上计也。据辽水以距大军，次计也。坐

---

① 畴答：用财物表示感谢。畴，通“酬”。

② 槥（huì）：小棺材。

守襄平，此成擒耳。”又曰：“惟明者能深度彼己，预有所弃，此非其所及也。今悬军远征，将谓不能持久，必先距辽水而后守，此中下计也。”既至襄平，大雨，贼恃水，樵牧自若。诸将欲取之，皆不听。曰：“自发京师，不忧贼攻，但恐贼走。今贼粮垂尽，而围落未合，掠其牛马，抄其樵采，此故驱之走也。夫兵者诡道，善因事变。贼凭众恃雨，故虽饥困，未肯束手，当示无能以安之。取小利以惊之，非计也。”其惧渊之走如此。盖悬远之地，少用师则力不足，多用师则馈运不继；即敌窜伏不敢抗，而分军搜捕为难，多军填厌[①]又不易；师尽撤，则敌复出而前功尽弃，甚或乘吾之敝，击其莫归，其患有不可胜[②]言者；故必视之以弱，聚而歼旃[③]也。

《兵法》曰：“用兵之法……诸侯自战其地者为散地。”《孙子·九地》第十一。此言征之于史而屡验。司马宣王之征辽东，兵少于公孙渊，亦其一事也。然此非自度兵强于敌，知虑谋略皆出敌上，足以制其死命不可。故悬师远征，究非易事也。围之未合也，司马陈珪曰：“昔攻上庸，八部并进，昼夜不息，故能一旬之半拔坚城，斩孟达。今者远来，而更安缓，愚窃惑焉。”宣王曰：“孟达众少而食支一年；将士四倍于达，而粮不淹月；以一月图一年，安可不速？以四击一，正令半解，犹当为之；是以不计死伤，与粮竞也。今贼众我寡，贼饥我饱，水雨乃尔，功力不设，虽当促之，亦何所为？”“与粮竞”之言甚精。宣王所以不肯多用师，以运粮难也。此非兵精于敌，知虑谋略，皆出敌上，后患有不可胜言者；而专恃兵多而又不精者无论矣。杨镐之征辽是已。此等用兵，即使幸胜，亦不足贵。以其所费多，不易再举，又不能久驻以殄余敌也。论者徒咎其分兵为四，未为知言。

渊之穷也，使其相国王建、御史大夫柳甫乞降，请解围面缚，不

① 填厌（yā）：压制，镇服。厌，同“压”。

② 胜：尽。

③ 旃（zhān）：助词，相当于“之”或“之焉”。

许。皆斩之。檄告渊曰："昔楚、郑列国，而郑伯犹肉袒牵羊而迎之。孤为王人，位则上公，而建等欲孤解围退舍，岂楚、郑之谓邪？必传言失旨，已相为斩之。若意有未已，可更遣年少有明决者来。"渊复遣侍中卫演乞克日送任。宣王谓演曰："军事大要有五：能战当战，不能战当守，不能守当走，余二事惟有降与死耳。汝不肯面缚，此为决就死也。不须送任。"此等处，以言用兵，诚可谓当机立断；以言乎军礼，则古人遗意，荡焉尽矣，亦可以观世变矣。

司马宣王之忍

孟子曰："不仁哉，梁惠王也！仁者以其所爱，及其所不爱；不仁者以其所不爱，及其所爱。"《尽心下》。吴起杀妻以求将，义士非之。然古说流传，率多失实，不足信也。拓跋力微，欲图兼并，手刃其妻，并害妻之兄弟。此在夷狄，不足责也。司马宣王固云服膺儒教者，其托风痺（bì）以辞魏武之辟也，暴书遇雨，不觉自起收之。家惟一婢，见之。张夫人恐事泄致祸，手杀之以灭口，而亲执爨。密勿同心，可谓至矣。《安平献王传》云：汉末丧乱，与兄弟处危亡之中，箪食瓢饮。盖宣王家素贫，张夫人所谓糟糠之妻也。乃后宠柏夫人，张夫人遂罕得进见。卧疾往省，詈以老物可憎，致几自杀。以诸子不食，乃惊而致谢。退谓人曰："老物不足惜，虑困我好儿耳。"《晋书·宣穆张皇后传》。其天性凉薄，可以见矣。景皇又以其妃魏氏之甥，鸩而杀之。《景怀夏侯皇后传》。仍世凶德如此。明帝问前世所以得天下。王导陈宣帝创业之谋，及文王末高贵乡公事。明帝以面覆床，曰："若如公言，晋祚安得长远？"盖其所为，有鲜卑黄须奴所不忍问者矣。记曰："其所厚者薄，而其所薄者厚，未之有也。"汉高推堕孝惠、鲁元公主车下，视太公居俎上，漠然无所动于其中。唐太宗亲推刃同气，而取其妃。千古奸雄，如出一辙，岂仁之果不胜不仁哉？世习于争夺相杀之已久，非阻兵安忍者，不足以有所诀而取济于一时也。

高肇

景明而后，魏政不纲，朝臣之公忠体国者，高肇一人而已。史顾诬为奸佞之流，甚矣其无是非也。《魏书·张彝传》：彝除秦州刺史。“为国造佛寺，名曰兴皇。诸有罪咎者，随其轻重，谪（zhé）为土木之功，无复鞭杖之罚。时陈留公主寡居，彝志愿尚主，主亦许之。仆射高肇亦望尚主，主意不可。肇怒，证彝于世宗，称其擅立刑法，劳役百姓。诏遣直后[1]万贰兴驰驿检察。贰兴，肇所亲爱，必欲致彝深罪。彝清身奉法；求其愆（qiān）过，卒无所得；见代还洛，犹停废数年。”彝即清身，所为岂可云奉法？乱法而劳民，肇为仆射而举其罪，可以谓之谮乎？彝之咎，止于见代，欲深罪之者顾如是乎？谓其以争尚主而怨怒，则莫须有之辞也。此亦肇见诬之一端也。

曹景宗、韦叡

南北朝时，南北构兵，南多败衄。梁武帝天监六年邵阳洲之战，北方以元英之重兵，杨大眼之勇将，而皆溃败，决裂不可收拾，实南方之一奇捷也。是役之功，实在韦叡，而曹景宗不与焉。

是役也，元英违邢峦之议，逆世宗之诏，志在必取寿阳，固曰愎谏以要功，然守者之力已穷，攻者之势方烈，设无邵阳洲之捷，昌义之不

① 直后：官名。

为朱修之、蔡道恭之续者亦仅耳。是役也，武帝实先使曹景宗往援，诏其顿道人洲，待众军齐集俱进，而景宗欲专其功，违敕而进，逮遇风沉溺，则又还守先顿，使无韦叡以促之，景宗必逗桡[①]不进，亦如其救司州时矣。《曹景宗传》言叡受景宗节度，而《南史·韦叡传》言景宗未敢进。帝诏叡会焉，赐以龙环御刀，曰："诸将有不用命者，斩之。"则实使叡督促景宗也。叡之受命也，自合肥径阴陵大泽，遇涧谷辄飞桥以济师。人畏魏军盛多，劝叡缓行，叡曰："钟离今凿穴而处，负户而汲[②]，车驰卒奔，犹恐其后，而况缓乎？"旬日而至邵阳，于景宗营前二十里，夜掘长堑，树鹿角，截洲为城，比晓而营立。元英大惊，以杖击地曰："是何神也！"非此捧漏沃焦[③]之势，又何及于事乎？是时，魏人先于邵阳洲两岸，为两桥，树栅数百步，跨淮通道，其难克者在此。

《韦叡传》云：叡装大舰，使梁郡太守冯道根、庐江太守裴邃、秦郡太守李文钊等为水军，值淮水暴涨，叡即遣之。斗舰竞发，皆临敌垒，以小船载草，灌之以膏，从而焚其桥，风怒火盛，烟尘晦冥，敢死之士，拔栅斫桥，水又漂疾，倏忽之间，桥栅尽坏。而道根等皆身自搏战，军人奋勇，呼声动天地，无不一以当百，魏人大溃。《曹景宗传》言：高祖诏景宗等，预装高舰，使与魏桥等，为火攻计。令景宗与叡，各攻一桥。叡攻其南，景宗攻其北。六年三月，春水生，淮水暴长六七尺，叡遣所督将冯道根、李文钊、裴邃、韦寂等，乘舰登岸击魏，洲上军尽殪[④]。景宗因使众军皆鼓噪乱登诸城，呼声震天地。大眼于西岸烧营，英自东岸弃城走，诸垒相次土崩，悉弃其器甲，争投水死，淮水为之不流。合观两传，先登者实叡军，而景宗特继之耳。

---

① 逗桡（náo）：怯阵避敌。

② 负户而汲：背着门板去打水。负户，背着门板，以防止被箭射到。

③ 捧漏沃焦：捧着漏水的容器浇烧干的锅。比喻情势危急。

④ 殪（yì）：死。

富弼劝辽兴宗不用兵

事有不谋而合者，辽兴宗求关南地于宋，宋使富弼报之。《宋史》记其事，谓弼说契丹主曰：“北朝与中国通好，则人主专其利，而臣下无获，若用兵，则利归臣下，而人主任其祸，故劝用兵者，皆为身谋耳。”契丹主惊曰：“何谓也？”弼曰：“晋高祖欺天叛君，末帝昏乱，土宇狭小，上下离叛，故契丹全师独克；然壮士健马，物故大半。今中国提封[①]万里，精兵百万，法令修明，上下一心，北朝欲用兵，能保其必胜乎？就使其胜，所亡士马，群臣当之欤？抑人主当之欤？若通好不绝，岁币尽归人主，群臣何利焉？”契丹主大悟，首肯者久之。明日，刘六符谓弼今惟有结婚可议耳。弼曰：“婚姻易生嫌隙。本朝长公主出降，赍送不过十万缗，岂若岁币无穷之利哉？”其后弼再往契丹，遂不复求婚，专欲增币。夫就宋辽二史观之，兴宗皆似有大志，非可以区区岁币饵者。读史者或疑《宋史·弼传》之辞为不实。然《辽史·兴宗纪》亦云弼为兴宗言，大意谓辽与宋和，坐获岁币，则利在国家，臣下无与；与宋交兵，则利在臣下，害在国家。兴宗感其言，和好始定。《辽史》未必取材于宋，则《宋史·弼传》之言初非不实矣。

《旧唐书·郑善果传》：从兄元绖（dié），突厥寇并州，高祖令元璹充使招慰。元璹谓颉利曰：“汉与突厥，风俗各异。汉得突厥，既不能臣；突厥得汉，复何所用？且抄掠资财，皆入将士，在于可汗，一无所得；不如早收兵马，遣使和好，国家必有重赍，币帛皆入可汗，免

① 提封：疆域。

为劬劳[①]，坐受利益。大唐初有天下，即与可汗结为兄弟，行人往来，音问不绝。今乃舍善取怨，违多就少，何也？”颉利纳其言，即引还。与富弼之折辽兴宗，如出一辙。然则兴宗亦颉利之伦，宋辽两史所载，一似志在拓地之雄主，盖未得其实也。果其志在拓地，富弼安得以财利为言，取笑异国？而兴宗亦安能遽听之乎？然则史事之增饰不实者多矣。兴宗之求地，未必不出于臣下之怂恿；而其臣下之怂恿，未必不以虏掠之利动之。富弼固窥见其微，乃以是折之也。夫弼岂知郑元璹之所为而师之哉？其所遇者同，其所以应之之术自不得不同也。

权臣和党祸

正德十六年（1521 年），武宗崩后，世宗即位。世宗的性质，是偏于严刻的。即位之初，用杨廷和为大学士，厘革武宗时的弊政。天下翕然[②]，颇有想望太平之意。旋因议尊本生父兴献王为皇考，而称孝宗为皇伯考，罢斥抗议的朝臣，而进用承顺意旨的张璁（cōng）、桂萼。这件事，虽然没甚关系，然而从此以后，阿谀取容迎合意旨的人，就渐渐的得法起来。中叶以后，用严嵩为大学士。世宗颇好神仙，终日从事斋醮（jiào）。一切政治，都置诸不问。又好以“明察自矜，果于刑戮”。就为严嵩所利用。故意激怒了他，以“入人罪”。于是大家都惧怕严嵩，没人敢和他反抗。严嵩就得以大权独揽。1550 年，俺答大举入寇，直逼京城。严嵩以“辇毂之下，败不可掩，戒诸将勿与战”。于是虏兵纵横内地八日，掳掠的彀[③]了，方才飏去。世宗看见城外火光烛天，问是什么事？左右便以失火对。其蒙蔽如此。这时候，南有倭寇，北有俺答，用兵都连

① 劬（qú）劳：劳累。

② 翕（xī）然：安定。

③ 彀（gòu）：通“够”。

亘十余年；内地的政治，又是如此腐败；明朝的元气，就此大伤了。

1567 年，世宗崩，穆宗立，张居正、高拱，相继马相，革除世宗时弊政。这时候，倭寇初平。俺答也请和。东南西北之民稍稍息肩。惟东方的插汉部又强盛，蓟、辽时被侵寇。高拱乃用戚继光守蓟镇，李成梁守辽东。继光守御甚严，成梁屡战破敌。于是东北边亦安静。1572 年，穆宗崩，神宗立。年方八岁。张居正辅政。居正是个“综核名实[1]”的政治家，要行严肃的“官僚政治”的。明朝从世宗以来，吏治败坏，已达极点。又累朝都好奢侈；国家财政，固极困难；人民生计，尤为凋敝。到处都盗贼窃发，民不聊生。居正乃“行官吏久任之法，严州县讳盗之诛。崇节俭以阜财，峻刑法以治盗，信赏必罚，号令严明”。一纸文书，虽“万里之外，无敢不奉行惟谨”。

所以神宗初政，论史者称赞他有“起衰振敝”之功。然而神宗本不以张居正为然，不过迫于太后，无如之何。1582 年，张居正卒，就追夺他的官爵，籍没其家。从此以后，做宰相的，一切都奉承意旨，纪纲废弛，仍旧和前此一样了。

神宗亲政以后，荒于酒色。中年以后，怠荒更甚，至于二十多年不视朝（这时候，鸦片初输入中国。有人说，神宗实在是抽了鸦片烟的，但是没有什么确据），官缺的也不补人。至于正旦朝会，朝廷之上，寥寥无几人（大凡结党攻讦（jié），总是起于没有是非的时候。要是有比较清明一点的政治，朋党自然结不起来的）。神宗既然二十多年不视朝，一切章奏，自然是“留中不发”。于是言路互相攻击的人，无是非曲直可见，格外攻击得利害。而只要言路一攻，其人就自然引去，于是言路的势力，反而更重。这时候，又有在野的顾宪成[2]等，讲学于无锡东林书院。颇“议论时事，臧否人物”。附和他的人很多。就中朝的人物，也有遥相应和的。于是党议复起。言路之中，分为齐、楚、浙三党；朝臣之中，又有所谓崑、宣党；互相攻击。而这时候，又适有所谓“三案”

① 综核名实：综合名与实加以考核，目的是名实相符。

② 顾宪成：因创办东林书院而被尊称为“东林先生”，东林党的领袖。

的好题目，就攻击得更为利害了。

神宗皇后王氏，无子。恭妃王氏，生皇长子常洛。贵妃郑氏，也生子常洵。帝宠郑贵妃，欲立其子。借口待中宫有子，久不建储。群臣屡以为言。1601 年，才立常洛为皇太子。1615 年，忽然有一个不知姓名的男子，持梃（tǐng）闯入东宫，击伤守门内侍。把他拘来审讯。他自言姓张，名差。是郑贵妃宫中太监刘成、庞保主使他的。于是众论哗然，很有直攻郑贵妃和贵妃的兄弟郑国泰的。后来事未穷究，但把张差、刘成、庞保三个人杀掉，就算完结。这个唤做“梃击之案”。

1620 年，神宗死了，常洛即位，是为光宗。不多时，就病了。鸿胪寺丞李可灼进红丸一粒，光宗服之，明日而崩。于是东林党说这进红丸的事情，李可灼不能不负责任。也有人不以为然的。是为“红丸之案”。

光宗崩后，熹宗即位。时年十六。光宗的选侍郑氏，也住在乾清宫。御史左光斗上疏力争，选侍不得已，才移居哕鸾宫。是为“移宫之案”。

这所谓三案，本来不是什么惊天动地的事情。却是两党得之，都把它当作攻讦的好资料。事过之后，依旧彼此争执，互相攻击。这时候，大学士叶向高，颇左袒东林党人。吏部尚书周嘉谟，又多引用东林党。非东林党人恨之刺骨。熹宗也是个昏愚不过的。宠信乳母客氏，封为奉圣夫人。又宠任内监魏忠贤。非东林党就和他相结。御史崔呈秀更把东林党人的名字，都开给他，叫他“一网打尽”。于是魏忠贤自己提督东厂，先后杀掉杨涟、左光斗、魏大中、袁纪中、周朝瑞、顾大章、高攀龙、周顺昌、周起元、缪昌期、李应升、周宗建等十二人。这十二个人，谓之“前后六君子”。都是东林党里，表表有名的。又毁天下书院；把东林党人的姓名，榜示天下。魏忠贤威势赫奕；至于各省督抚，都替他建立生祠；歌功颂德的，遍于海内，真是不成事体。直到前 1627 年，熹宗崩，毅宗即位，才把魏忠贤除掉。然而明朝的国事，已经无可收拾了。

第五章

品味一张传习天下的为学面孔

悠久的华夏历史就是一部厚重的文化史。在中华历史的发展过程中，制度变革、重大举措及社会的变迁发展，很大程度上受一定文化因素的影响。诸如儒、墨、道、法等学说，像一道道闪亮的光，在不同的历史阶段，除了左右着社会的思潮和走向外，还有一些引领者，他们以传习天下的面孔播撒着牵动社会形态发展的思想的种子。

曾子大孝

言道者莫高于能通，立教者莫善于能摄。凡于一种德行，钻研有素、身体力行已久者，必能以此一德，遍摄诸德。悬一德以为教，而人之所以为人之道，靡不该焉，曾子之言孝则是也。《大戴记[①]·曾子大孝》一篇，分孝为三等，曰“大孝尊亲，其次不辱，其下能养”，又曰“大孝不匮，中孝用劳，小孝用力”。于是直养而已，不足言孝。而居处、事君、涖（lì）官、朋友、战陈，下至伐一木，杀一兽，靡不该焉。此以事言之也。以理言，则括以“父母全而生之，子全而归之”两语。欲求其全，则“一举足而不敢忘父母，一出言而不敢忘父母”。欲求其全而归之，则非终其身不可。而“养可能也，敬为难；敬可能也，安为难；安可能也，久为难；久可能也，卒为难”之义立矣。《小戴记[②]·内则》曾子曰：“孝子之身终。终身也者，非终父母之身，终其身也。是故父母之所爱亦爱之，父母之所敬亦敬之，至于犬马尽然，而况于人乎？”终其身，即全而归之之义。爱敬及于犬马，则推之至于至微，即一举足一出言而不敢忘父母之义也。言孝至此，可谓豪发无遗憾[③]。孔门《孝经》之作，必托诸曾子，有以也。

然此篇“仁者，仁此者也；《小戴》此下有“礼者履此者也”六字。义者，宜此者也；忠者，忠此者也；《小戴》无此六字。信者，信此者也；礼者，体此者也；行者，行此者也；《小戴》无此十二字。强者，

① 大戴记：指《大戴礼记》。

② 小戴记：指《小戴礼记》。

③ 豪发无遗憾：没有丝毫遗憾。豪，通“毫”。

强此者也。乐自顺此生，刑自反此作”，“夫孝者，天下之大经也。《小戴》无此九字，而有“曾子曰”三字。夫孝，置之而塞于《小戴》作“乎”。天地。衡《小戴》作“溥”。《疏》云：“定本作傅。”之而衡于《小戴》作“横乎”。四海，施诸后世而无朝夕。推而放诸东海而准，推而放诸西海而准，推而放诸南海而准，推而放诸北海而准，《诗》云：自西自东，自南自北，无思不服。此之谓也”两节，疑是他篇简错。曾子言孝，虽所该者广，然特以之遍摄诸德而已。其言仍多就行为指点，不作此夸张语也。《大戴》此篇，亦见《小戴·祭义》。其前有《乐记》一段，可为此篇尝与他篇相错之证。此两节盖系脱简错入。“夫孝者天下之大经也夫孝”十一字，《小戴》记之“曾子曰夫孝”五字，疑系既简错后臆补，其原文所指何事，则不可知也。

心学之原

《礼记·礼运》：“故宗祝在庙，三公在朝，三老在学。王前巫而后史，卜筮瞽侑[①]，皆在左右。王中，心无为也，以守至正。”此言帝王治心之学之最早者也。窃谓心学之原，与宗教殊有关系。《祭统》曰：“齐之为言齐也。齐不齐以致齐者也。是故君子非有大事也，非有恭敬也，则不齐。不齐，则于物无防也，嗜欲无止也。及其将齐也，防其邪物，讫其嗜欲，耳不听乐。故《记》曰：齐者不乐。言不敢散其志也。心不苟虑，必依于道；手足不苟动，必依于礼。是故君子之齐也，专致其精明之德也。故散齐七日以定之，致齐三日以齐之。定之之谓齐。齐者，精明之至也，然后可以交于神明也。”夫心学之精微，原不尽系于形体。然齐庄于外者，必能精明于内。至于心不苟虑，手足不苟动，而其精明

① 瞽（gǔ）侑（yòu）：瞽，指乐师。侑，辅助，这里指谏官。

有不待致而致者矣。《祭义》述齐之效曰："齐三日，乃见其所为齐者。"专精如是，又何求而不得哉？推所求于思其居处，思其笑语，思其志意，思其所乐，思其所嗜之外，而鬼神来告之矣。

杨朱之政治学说

先秦诸子之学，无不志存救世者，独杨朱[①]则不然。其自私自利，至于拔一毛利天下而不为；而孟子谓"杨朱墨翟之言盈天下"，又谓"逃墨必归于杨，逃杨必归于儒"，其势力之雄厚，至于如此，深可怪也。杨朱事迹，散见周秦诸子者颇多，皆不及其学说，惟《列子》有《杨朱》篇，述其说颇详。胡适之谓当时时势，自可产生此种学说而信之；梁任公谓周秦之际，决无此等颓废思想而疑之。予谓二说皆非也。杨朱之学，实出道家。道家有养生之论，其本旨，实与儒家修齐治平一以贯之之理相通；然推其极，遂至流于狭义之为我与颓废。所谓作始也简，将毕也巨，此学问所以当谨末流之失也。然杨朱之意，本在救世，所谓"为我"，亦为一种治术，而非自私自利之谓，则无疑也。

道家养生之论，老子已言之，如曰"贵以身为天下，若可寄天下；爱以身为天下，若可托天下"是也。"若"同"乃"。此语诸子之言养生者多引之。《庄子》之《缮性》《让王》，《吕览》之《贵生》《不二》，《淮南》之《精神》《道应》《诠言》诸篇，发挥此义，最为透彻。《让王》篇曰："尧以天下让许由，许由不受；又让于子州支父，子州支父曰：以我为天子，犹之可也。虽然，我适有幽忧之病，方且治之，未暇治天下也。夫天下至重也，而不以害其生，又况他物乎？唯无以天下为者，可以托天下也。""天下至重而不以害其生"，则与杨子之"拔一毛利天

① 杨朱：战国著名思想家、哲学家，"杨朱学派"创始人。

下不为”近矣，而顾曰“可托天下”，何也？盖道家之意，以为人生于世，各有其所当由之道，即各有其所当处之位。人人能止乎其位，则无利于人，亦无害于人，而天下可以大治。若其不然，一出乎其所当处之位，则必侵及他人之位；人人互相侵，则天下必乱，固不问其侵之之为善意恶意也。此亦道家所以齐是非之一理。惟如此，故谓仁义非人性，伯夷盗跖，失性则均也。道家之言治，所以贵反性命之情者以此。人人反其性命之情，则能各安其位矣。故道家之言养生，其意原欲以治天下。

《不二》篇曰：“楚王问为国于詹子，詹子对曰：何闻为身，不闻为国。詹子岂以国可无为哉？以为为国之本，在于为身；身为而家为，家为而国为，国为而天下为。故曰以身为家，以家为国，以国为天下。此四者异位同本。故圣人之事，广之则极宇宙，穷日月，约之则无出乎身者也。”可谓言之深切著明矣。天下、国、家与身，异位同本，理颇难明，《淮南·精神训》论之最好，其说曰：“知其无所用，贪者能辞之；不知其无所用，廉者不能让也。夫人主之所以残亡其国家，损弃其社稷，身死于人手，为天下笑，未尝非为非欲也。夫仇由贪大钟之赂而亡其国，虞君利垂棘之璧而禽其身，献公艳骊姬之美而乱四世，桓公甘易牙之和而不以时葬，胡王淫女乐之娱而亡上地。使此五君者，适情辞余，以己为度，不随物而动，岂有此大患哉！”此从消极方面言之也。若从积极方面言之，则其说见于《诠言训》。

《诠言训》曰：“原天命，治心术，理好憎，适情性，则治道通矣。原天命则不惑祸福，治心术则不妄喜怒，理好憎则不贪无用，适情性则欲不过节。不惑祸福，则动静循理；不妄喜怒，则赏罚不阿；不贪无用，则不以欲用害性；欲不过节，则养性知足。凡此四者，弗求于外，弗假于人，反己而得矣。”“适情辞余，以己为度”，乃养生论之真谛；“原天命，治心术，理好憎，适情性”，即所谓反其性命之情也。惟反其性命之情者，乃可以养生；亦惟反其性命之情者，乃能为天下。故曰：惟无以天下为者，可以托天下也。”世之不明此理者，每谓天下之治，有待人为；殊不知如是，则吾已出乎其位。出位即致乱之原，虽一时或见其利，而将来终受其弊。故桀纣之乱在目前，而尧舜之乱在千世之后。何则？古之人好争，好争则乱，于是以礼让为教。夫以礼让治当时之乱则可矣，然讲礼让太过，其民必流于弱。故凡出乎其位之事，虽得利于一时，未有不蒙祸于将来者。佛说世人所为，“如以少水，而沃冰山，暂得融解，还增其厚”，理正由此。然则孰若人人各安其位，不思利人，亦不思利己之为当哉！故《列子》载杨朱之言曰：“善治外者，物未必治；善治内者，物未必乱。以若之治外，其法可以暂行于一国，而未合于人心；以我之治内，可推之于天下。”又曰：“古之人，损一豪利天下，不与也；悉天下奉一身，不取也。人人不损一豪，人人不利天下，天下治矣。”夫人人不损一豪，则无尧舜；人人不利天下，则无桀纣。无桀纣，则无当时之乱；无尧舜，则无将来之弊矣，故曰天下治也。杨子为我之说如此，在哲学上，亦有甚深之根据，或以自私自利目之，则浅之乎测杨子矣。《淮南·氾论训》曰：“全性保真，不以物累形，杨子之所立也。”可见杨子为我之义，出于道家之养生论。

然则杨朱之说，即万物各当其位之说，原与儒家相通。然所谓位者，至难言也。以人人论，则甲所处之位，非乙所处之位；以一人论，则今所处之位，非昔所处之位。以位之万有不同，所谓当其位者，亦初无一定形迹。“禹稷颜子[①]，易地则皆然”，“穷则独善其身，达则兼善天下”，皆是理也。然则处乎君师之位者，即以一夫不获为予辜，亦不为出其位；遭值大乱之时，又怀救世之志者，即如孔子之周流列国，亦不为出其位。若但执七尺之躯为我，以利此七尺之躯为为我，而执此为当处之位，则谬矣。一种学说，推行既广，必不能无误解其宗旨之人，此杨氏之末流所以流于无君，而孟子所以辟之也。然则如《杨朱》篇所载之颓废思想，乃杨学之末流，固非杨子之咎，而亦不得谓杨氏之徒无此失也。《列子》固系伪书，其所谓《杨朱》篇者，亦或不可信。然《庄

① 禹稷颜子：禹，大禹。稷，后稷。颜子，颜回。

子·盗跖》篇设为跖告孔子之辞曰："今吾告子以人之情：目欲视色，耳欲听声，口欲察味，志欲盈人。上寿百岁，中寿八十，下寿六十，除病瘦、瘐之误。瘐即瘉。瘉，病也。死丧、忧患，其中开口而笑，一月之中，不过四五日而已矣。天与地无穷，人死者有时；操有时之具，而托于无穷之间，忽然无异骐骥之驰过隙也。不能说其志意，养其寿命者，皆非通道者也。丘之所言，皆吾之所弃也。亟去走归，无复言之。子之道，狂狂汲汲，诈巧虚伪事也，非所以全真也，奚足论哉！"与《列子·杨朱》篇所谓"徒失当年至乐，不能自肆于一时，重囚累梏（gù），何以异哉"，"生则尧舜，死则腐骨；生则桀纣，死则腐骨。腐骨一矣，孰知其异？且趣当生，奚遑死后"者，又何以异？跖之言曰"不能说其意志，养其寿命者，皆非通道"，曰"子之道非所以全真"，皆足见其所持，为道家养生论之流失也。《列子》此篇，盖有真有伪，其真者盖剽自先秦古籍，而伪者则张湛[1]之徒所推衍也。

鬼谷先生

《史记·苏秦列传》云："苏秦者，东周洛阳人也。东事师于齐，而习之于鬼谷先生，出游数岁，大困而归。"衡以文义，鬼谷自当在齐。《集解》引徐广曰："颍川阳城有鬼谷，盖是其人所居，因为号。"盖以其时阳城有鬼谷，故引以释之。然曰"盖"，亦疑辞也。《索隐》曰："扶风池阳、颍川阳城，并有鬼谷墟，盖是其人所居，因为号。"云池阳有鬼谷者，《甘茂列传》：苏代说秦王曰："甘茂非常士也，其居于秦，累世重矣。自殽（xiáo）塞及至鬼谷，其地形险易，皆明知之。王不若重其势、厚其禄以迎之，使彼来，则置之鬼谷，终身勿出。"此鬼谷，《集

① 张湛：东晋玄学家。

解》亦引徐广曰："在阳城。"自非。《索隐》曰："在关内云阳。"按汉云阳县，在今陕西淳化县西北，池阳县在今陕西泾阳县西北，其地密迩。《索隐》此所云，与其《苏秦列传》所云者，其实是一，然皆不足以释苏秦所事之鬼谷先生也。

或曰：颍川距洛阳近，苏秦虽东师于齐，而习之则在颍川之鬼谷先生也。亦尝闻古人事师，有惮其远而别就近者习之之例乎？东师事于齐者，言其所事非一师，而独于鬼谷先生为习耳，若求师于乡里。张仪魏人，太史公曰："三晋多权变之士。"夫言从衡强秦者，大抵皆三晋之人也。仪何不求师于乡里，而亦与苏秦俱师事鬼谷先生乎？又"鬼谷"二字不必为地名。《索隐》云："《乐台》注《鬼谷子书》云：苏秦欲神秘其道，故假名鬼谷。"其说固近臆测，然不以鬼谷为地名，亦未尝非是也。《甘茂列传》殿本《考证》：张照曰："按《战国策》作槐谷，补注曰：《春秋后语注》。槐里之谷，今京兆始平之地，与此异。"案谓槐里之谷者似是。以后世地名释古书恒易误。《索隐》《集解》，亦有此失也。

贾谊过秦论

贾生过秦之论，流俗每分为三篇，以"秦孝公据殽函之固"至"仁义不施而攻守之势异也"为上篇，"秦并海内兼诸侯"至"是二世之过也"为中篇，"秦并兼诸侯山东三十余郡"至"故旷日持久而社稷安矣"为下篇，非也。此文当以俗所谓下篇者为上篇，其所谓上中者则并不可分为二篇。俗所谓上篇者，即申说其所谓下篇中"秦地被山带河"云云之意，其中篇之首至"名号显美功业长久"，所以过始皇，"今秦二世立"以下过二世，亦申其所谓下篇者"三主失道"之意耳。子婴之失则第一篇已具之，故不再申说。盖秦三主之过，实以始皇、二世为大，故下不再申说，然其论则因之亡而起其意，已具于第一篇中也。篇中之论有重要未能尽意处，别为篇补之，可以此文为法。

淮南王书无中篇

《汉书·淮南王传》言其“招致宾客方术之士数千人，作为《内书》二十一篇，《外书》甚众；又有《中篇》八卷，言神仙黄白之术，亦二十余万言”。“又有”以下十九字，必后人窜入。中即内也，《艺文志·杂家》有《淮南内》二十一篇，即今所传《淮南王书》；又有《外》三十三篇。王既招致方术之士甚众，未必无言神仙黄白事者，当在此中，不当别有《中篇》也。《楚元王传》言宣帝复兴神仙方术之事，而淮南有《枕中》《鸿宝》《苑秘》书，书言神仙使鬼物为金之术，及邹衍[①]《重道延命方》，世人莫见；而更生父德，武帝时治淮南狱，得其书，更生幼而读诵，以为奇，献之，言黄金可成；上令典尚方铸作事，费甚多，方不验，上乃下更生吏。刘奉世曰：德待诏丞相府，年三十余，始元二年事也。淮南事元朔六年，是时德甫数岁。案《郊祀志》亦言更生献淮南《枕中》《洪宝》《苑秘》之方，而不言其出于德。然则谓其出于德，乃后人附会之语，而孟坚误采之也。刘向虽信其书，不必信其出于淮南王也。

《艺文志·易》家有《淮南道训》二篇，《注》云“淮南王安聘明《易》者九人号九师法”，疑即今《淮南王书》中之《原道训》。《内书》中此二篇专言《易》，余则不纯于儒，故向、歆入之杂家。师古曰：《内篇》论道，《外篇》杂说。以《内篇》为纯论道者，亦非也。

① 邹衍：战国末期阴阳家代表人物。

太史公书采战国策

《史记·吕不韦传》："吕不韦者，阳翟（dí）大贾人也。"《索隐》："《战国策》以不韦为濮阳人，又记其事迹，亦多与此传不同。班固虽云太史公据《战国策》，然为此传，当别有所闻见，故不全依彼说。或者刘向定《战国策》时，以己异闻，改易彼书，遂令不与史迁记合也。"今案班固之论，盖本于其父彪，然《汉书·司马迁传赞》，与《后汉书·彪传》所载彪之《略论》，显有异同。《迁传赞》曰："孔子因鲁史记而作《春秋》。而左丘明论辑其本事以为之传。又纂异同为《国语》。又有《世本》，录黄帝以来至春秋时帝王公侯卿大夫祖世所出。春秋之后，七国并争，秦兼诸侯，有《战国策》。汉兴伐秦定天下，有《楚汉春秋》。故司马迁据《左氏》《国语》，采《世本》《战国策》，述《楚汉春秋》，接其后事，讫于大汉。"《彪传》所载彪《略论》则曰："唐虞三代，诗书所及，世有史官，以司典籍，暨于诸侯，国自有史，故《孟子》曰：楚之《梼杌[①]》、晋之《乘》、鲁之《春秋》，其事一也。定、哀之间，鲁君子左丘明论集其文，作《左氏传》三十篇。又撰异同，号曰《国语》，二十一篇。由是《乘》《梼杌》之事遂闇，而《左氏》《国语》独章[②]。又有记录黄帝以来至春秋时帝王公卿大夫，号曰《世本》，一十五篇。春秋之后，七国并争，秦并诸侯，则有《战国策》三十三篇。汉兴定天下，太中大夫陆贾记录时功，作《楚汉春秋》九篇。孝武之世，太史令司马迁，采《左氏》《国语》，删《世本》《战国策》，据

① 梼杌（táo wù）：楚国史官以"梼杌"作为本国史书的名字。

② 章：通"彰"，彰显。与上文"闇"相对。

楚、汉列国时事，上自黄帝，下讫获麟，作本纪、世家、列传、书、表，凡百三十篇，而十篇缺焉。”《传赞》言《左氏》《国语》《世本》《楚汉春秋》，皆无篇数；而《略论》有之。且《传赞》亦不言《楚汉春秋》为陆贾作；云“汉兴伐秦定天下，有《楚汉春秋》”；云“述《楚汉春秋》，接其后事”：颇似“楚汉春秋”四字，为秦、汉间纪事之书之总称，而非专指一书言之者。然则其所谓采《战国策》者，是否指后来三十三篇之《国策》言，亦自有可疑也。何也？以凡世所传古书，有刘向之叙者，多不可信也。

裴骃①《集解序》：“班固有言曰：司马迁据《左氏》《国语》，采《世本》《战国策》。”《索隐》：“《战国策》，高诱云：六国时纵横之说也，一曰《短长书》，亦曰《国事》。刘向撰为三十三篇，名曰《战国策》，按是班固取其后名而书之，非迁时已名《战国策》。”案《战国策》本纵横家言，后人视为史籍，本属非是。汉时为纵横家言者，尚不乏人，其所传，自不能与刘向所撰，绝无异同。且今之《战国策》是否刘向所撰，亦有可疑。

古人著书，文辞非其所重，故其有所依据者，大抵直录前人之辞，不加更定。今《左氏》所载，事迹诚多与《史记》相同，辞句则皆大异。何史公于此，忽破成例乎？故谓今之《左氏》曾为史公所见者必诬。即《世本》，世所传者，亦未必尽与史公所据相合，以二者相校，其间亦有异同也。

① 裴骃：史学家，著有《史记集解》，是现存最早的《史记》注本。其父为裴松之。

太史公书亡篇

补《太史公书》是一事，续《太史公书》是一事，后人就《太史公书》有所附益，又是一事。三者不可相殽①。

《后汉书·班彪传,》，载彪作《后传略论》，言司马迁作本纪、世家、列传、书、表，凡百三十篇，而十篇缺焉。《汉书·艺文志》:《太史公书》百三十篇，十篇有录无书；本传同。张晏曰："迁殁之后，亡《景纪》《武纪》《礼书》《乐书》《兵书》《汉兴以来将相年表》《日者②列传》《三王世家》《龟策③列传》《傅靳列传》。元、成之间，褚先生补缺，作《武帝纪》《三王世家》《龟策》《日者传》，言辞鄙陋，非迁本意也。"此就百三十篇中所缺者补之，所谓补《太史公书》者也。

《彪传》又云："武帝时，司马迁著《史记》，自太初以后，阙而不录。后好事者颇或缀集时事，然多鄙俗，不足以踵继其书。"《注》："好事者，谓扬雄、刘歆、阳城衡、褚少孙、史孝山之徒也。"《汉书·张汤传赞》："冯商称张汤之先与留侯同祖，而司马迁不言，故阙焉。"如淳曰："班固《目录》：冯商，长安人。成帝时，以能属书，待诏金马门，受诏续《太史公书》十余篇。"师古曰："刘歆《七略》云：商，阳陵人。治《易》，事五鹿充宗④。能属文，博通强记，与孟柳俱待诏。颇序列传，

① 殽（xiáo）：通"淆"，混淆。

② 日者：古代专以占候卜筮为业的人。

③ 龟策：龟甲和蓍（shī）草，古代用这两样东西进行占卜。这里指占卜的从业者。

④ 五鹿充宗：西汉时大臣，学者。

未卒，会病死。”《艺文志注》同。“事五鹿充宗”下，多“后事刘向”四字。《艺文志注》引韦昭曰：“冯商受诏续《太史公》十余篇，在班彪《别录》。”说与如淳同，而《汉志》列商所续《太史公》仅七篇，盖余篇因病未卒邪？然无论其为七篇抑十余篇，要必在百三十篇之外，此所谓续《太史公书》者也。

张晏言褚少孙补迁书仅四篇，而今所缺十篇俱在，则补迁书者不止一人。然遂谓扬雄、刘歆、阳城衡、史孝山之徒为之，则又非也。雄等所为，盖皆续而非补；而此十篇，亦有可云补，有不可云补者。何则？苟其言补，虽不能必得迁意，要必与迁书体例相同。而如今之所为，钞《封禅书》以充《武纪》，钞《荀子》《戴记》以当《礼书》《乐书》，皆与迁书体例，截然不合也。张晏言褚先生所补，言辞鄙陋，而如今之所补，则《武纪》用《封禅书》，即迁所自为；《三王世家》全录策文；《日者传》载司马季主之辞；《龟策传》载太卜所传龟策卜事；其辞皆非褚氏所为，何鄙陋之有？且《武纪》即取《封禅书》，是钞本书之此篇以补彼篇也，《武纪》完，《封禅书》又缺矣，有是理乎？故知今此四篇，又非褚少孙之旧也。

然则《史记》中不出谈、迁处，果何人所为邪？曰：古书为后人所乱者甚多，而其乱之也，亦各不同。有本书既缺，他有所采以补之，而其所采大致与本书合者，如今《史记》之《景纪》《傅靳列传》《汉兴以来将相年表》是也。此三篇体例最与元书合。《景纪》《索隐》云以班书补之。今检其文，与班书绝不同，可知补《史记》者必别有所受之也。有所采虽未必合，而体例与元书相符者，若《律书》《三王世家》、《日者》《龟策》两传是也。颜师古谓《史记自序》，有《律书》无《兵书》，以驳张晏，误也。《律书》即《兵书》，昔人已言之矣。亦有全不相干者，则《武纪》《礼》《乐》二书是矣。此其意盖本不在补，特取略有关涉之事，钞附以备观览而已。虽附元书篇中，元书仍不可不谓之缺也。有附录而无元文，亦无补之之文，然今《礼书》《乐书》中钞《荀子》

《戴记》处，虽止可谓之附录，而自此以前一节，则与元书体例，尚无不合，岂此一节为褚少孙所补，而其余则好事者之为之与?《乐书》篇末又有“太史公曰”云云，亦割《礼论》之文。

张晏谓《史记》所缺十篇，而今存者亦皆有“太史公曰”字。论者因谓《史记》实未尝缺，而訾[①]少孙之补为亡谓[②]，《十七史商榷》。此又非也。太史公三字，盖非独谈、迁，凡居是官者，皆以之自称焉。刘知几谓马迁既殁，太史之署，非复记言之司，此特以大校言之，安知居其位者，遂一无所述哉?且如今《司马相如传赞》，采及扬雄之语，岂谈、迁所能为，然亦著“太史公曰”字。此等苟非居是官者之自称，则只可谓钞他书以续补《史记》者妄益之，然观“褚先生曰”字，皆未尝改，则知妄以他人之辞，托诸谈、迁者尚不多，非谈、迁所能言之“太史公曰”，自以释为居是官者之自称为较安也。

《史记》中有褚先生之辞者，不止张晏所举四篇。如《三代世表》《建元以来侯者年表》是也。然晏不云此诸篇为褚所补，则知晏所谓补者，乃元书全佚，他有所采以充之，而非如此诸篇，于元书之后，有所沾缀也。诸篇中涉及麟止[③]后事者，大抵皆此类耳。此皆只可谓之附益，既不可云补，亦不足言续也。

《自叙》曰：“三子之王，文辞可观，作《三王世家》。”今《三王世家》亦载太史公之言曰：“封立三王，天子恭让，群臣守义，文辞烂然，甚可观也，是以附之世家。”其言如出一口。似乎迁之元书，为不亡矣。然又载褚先生之言曰：“臣幸得以文学为侍郎，好览观太史公之列传。传中称《三王世家》，文辞可观。求其世家，终不能得。窃从长老好故事者，取其封策书，编列其事而传之，令后世得观贤主之指意。”今此篇所列策文，在“太史公曰”以前者，盖即褚先生得诸长老者也。然则“太

---

① 訾（zǐ）：非议。

② 亡谓：没有意义。

③ 麟止：停笔。

史公曰”以下之语，何自而来？岂其所序之事及辞已亡，而论赞之语独存与？盖史迁之书，私书也，其意欲藏之名山，传之其人，而其后祖述宣布，实由其外孙扬恽。见迁本传。《杨敞传》云：“恽始读外祖《太史公记》，颇为《春秋》。”此乃民间之物，不必为侍郎而后得观。褚先生所览观之太史公列传，其所谓太史公者，实非迁也。今观其辞又曰：“王者疆土建国，封立子弟，所以褒亲亲，序骨肉，尊先祖，贵支体，广同姓于天下也，是以形势强而王室安。自古至今，所由来久矣，非有异也，故弗论著也。”此语若出谈、迁，则自汉兴以来同姓王侯，皆不当列表；而自楚元王以下，宗室受封者，亦不当著于世家矣；有是理乎？列者，序列；古书之序，恒与其书别行。褚少孙既云览观太史公之列传，又云求《三王世家》弗能得，则此所谓列传者，乃诸篇之序录，如今《史记》中之《自叙》，而非如《史记》中之列传序列行事者也。今《史记》诸篇中系诸太史公之辞，窃疑此类当尚不乏，特无从一一别白；而此篇“太史公曰”以下之辞，其非出于谈、迁，则昭然可睹矣。《礼书》《乐书》既亡，而篇首仍有系诸太史公之语，盖亦此类。故知张晏之言，必非无据也。知晏之言有据，则知张守节[①]举《礼书》《乐书》等非史公元文者，司马贞举《建元以来侯者年表》四十五国、《历书》太始、征和以下，悉以为褚先生所补者之非矣。

《三国·魏志·王肃传》载明帝问肃曰：“司马迁以受刑之故，内怀隐切，著《史记》非贬孝武，令人切齿。”对曰：“司马迁记事，不虚美，不隐恶。刘向、扬雄服其善叙事，有良史之才，谓之实录。汉武帝闻其述《史记》，取孝景及己本纪览之，于是大怒，削而投之。于今此两纪有录无书。后遭李陵事，遂下迁蚕室。此为隐切在孝武，而不在于史迁也。”案迁《报任少卿书》，极言所以隐忍苟活，实为《史记》之未成，则其著书，实在遭李陵事后，而不在其前，安得有武帝因读本纪隐切，乃下迁蚕室之事？故昔人于肃说，多不之信也。或曰：著书是一

① 张守节：唐代学者，曾为《史记》作注，名为《史记正义》。

事，成书又是一事。迁书之成，在遭李陵事后；其从事论著，当在继父为太史之年，安得谓景、武二纪，遭陵事时必无草创乎？此说可通。然古人轻事重言，往往设辞悟主，不必实有其事。孔融之“想当然耳”，是其明证。《魏志》载肃谏疏及李云不当死、史迁非隐切之对，意固美其直谏，非嘉其博闻。据明帝问，迁著书自在遭陵事后，肃之言似不能据为事实也。然景、武两纪，有录无书，则非虚辞，又可见张晏之说之确矣。

江淹齐史

《齐书·文学·檀超传》云：“建元二年，初置史官，以超与江淹掌史职。超史功未就，卒官，江淹撰成之，犹不备也。”《南史》不云卒官。云徙交州，于路见杀，余语同。《梁书·江淹传》云：“凡所著述百余篇，自撰为前后集，并《齐史》十志，并行于世。”《南史》云：“淹任性文雅，不以著述在怀，所撰十三篇，竟无次序。”又云：“凡所著述，自撰为前后集，并《齐史》传志，并行于世。”《隋书·经籍志》史部正史类，梁有江淹《齐史》十三卷亡。《史通·古今正史》篇云：“淹始受诏著述，以为史之所难，无出于志，故先著十志，以见其才。”云先著，后来当续有所撰。然则《隋志》之十三卷，当系十卷为志，三卷为传也。

汉世豪杰多能读书

《廿二史札记》有《东汉功臣多近儒》一条，历举光武功臣，多习儒术，与其《汉初布衣卿相之局》一条并观，可见世变之亟矣。然其所言，犹有未尽者。《后汉书·顺阳怀侯传》云：伯升尝与俱学长安，习《尚书》《春秋》。《阴识传》：伯升起兵时，识游学长安。闻之，委业而归，率子弟、宗族、宾客千余人往诣伯升。是伯升与其徒党，皆曾读书也。《朱晖传》：光武与晖父岑俱学长安，有旧故。及即位，求问岑，时已卒，乃召晖拜为郎。晖寻以病去，卒业太学。则光武同学有旧故者，又不独一严光矣。诸将中盖以邓禹、贾复学业为最优，故最能偃武修文。然《李通传》言：光武征讨四方，常令通居守京师，镇抚百姓。修宫室，起学官。此又贤于萧何之徒能筹划兵饷。后汉营建太学之早，通其与有力乎？《邓禹传》言：禹有子十三人，各使守一艺。艺盖谓经艺。故和熹亦能通经；训不好文学，乃为禹所非也。《马武传》：帝与功臣诸侯燕语，从容言曰：诸卿不遭际会，自度爵禄何所至乎？邓禹先对曰：臣少尝学问，可郡文学博士。亦可见禹于经艺颇优。

《后书·儒林传赞》称美儒学之功，谓后汉所以衰敝而能多历年所者，皆学之效。乍观之，似不免阿私[①]所好。然细思之，设使何进所召，非董卓而为张温、皇甫嵩，后汉之祸，何遽至此乎？诸葛亮鞠躬尽瘁，人人知其忠诚矣。即魏武帝，建安十五年十二月己亥令，何一语非出自肺腑？引蒙恬以自方，明虽死不敢负汉，意气感激之士，读之能无怆然流涕乎？梁太祖之功业，曷尝能过魏武帝，而汲汲谋篡如不及，人之度

① 阿私：偏私。

量相越，岂不远哉？予尝谓：魏武帝之不肯篡汉，汉世儒学盛行之效也。近世湘淮诸将之不能覆清，自宋以来理学盛行之效也。其事之是非利害，难以一言定，要其因果，则如此耳。

抑汉世儒学，能戢枭雄之心，以澹干戈之祸者，尚不仅于魏武帝、诸葛武侯见之也。当时跅弛[①]之士盖多矣！魏朗，尝白日操刃，为兄报仇县中。后亡命陈国，从博士郤（xì）仲信游。又诣太学受五经。《后汉书·党锢传》。徐庶，少好任侠、击剑。为人报仇。后更折节学问。《三国志·诸葛亮传注》引《魏略》。何颙、友人虞伟高，有父仇未报，而笃病将终。颙往候之，伟高泣而诉。颙感其义，为复仇，以头醊[②]其墓。后为宦官所陷，亡匿汝南间。所至皆亲其豪杰。袁绍慕之，私与往来，结为奔走之友。是时党事起，天下多罹（lí）其难。颙尝私入洛阳，从绍计议。其穷困闭厄者，为求援救，以济其患。有被掩捕者，则广设权计，使得逃隐。后又与荀爽、王允等共谋董卓。《后书·党锢传》。此等皆大侠者流也。使无名教以范围之，玄黄龙战之际，又恶知其所至乎？多一顾念名义之人，即少一裂冠毁冕之人；多一不忍杀人之人，即少一横行无忌之人。文教之维持世运，其功，诚有不可见而又不容尽没者耳。

东汉诸将与儒学

生民之祸，无酷于兵。观秦、汉间之事可知矣。新[③]、汉[④]之际，战争犹酷于秦、汉之间，然后汉诸将，则颇有不嗜杀人者，此不可谓非儒

---

① 跅（tuò）弛：放荡，不受拘束。

② 醊（zhuì）：祭奠。

③ 新：西汉之后，外戚王莽所建立的朝代。

④ 汉：这里指新朝之后的东汉。

学之功也。光武之遣冯异代邓禹也，敕之曰：“诸将非不健斗，然好虏掠。卿本能驭吏士，念自修敕，无为郡县所苦。”岑彭破荆门，长驱武阳，持军整齐，秋毫无犯。陈俊为琅邪太守，专征青徐，检制军吏，不与郡县相干，百姓歌之。铫期[①]自为将，有所降下，未尝虏掠。祭遵制御士心，不越法度，所在吏民，不知有军。李忠与任光同奉世祖，从攻下属县。至苦陉，世祖会诸将，问所得财物，惟忠独无所掠。朱佑将兵多受降，以克定城邑为本，不存首级之功；又禁制士卒，不得虏掠百姓，军人多以此怨之。三数将率之不嗜杀人，于九州颠覆之祸，固亦所补甚微，然此不得不归诸教化之功。冯异者，好读书，通《左氏春秋》《孙子兵法》。祭遵少好经书。朱佑初学长安。岑彭、陈俊、任光史虽不言其学业，然彭王莽时守本县长，俊少为郡吏，任光为乡啬夫，郡县吏，而李忠又以好礼修整称，王莽时为新博属长。汉世吏人亦多儒者，铫期父卒服丧三年，其非不读书尤可知矣。

《祭遵传》云：“尝为部吏所侵，结客杀之。初，县中以其柔也，既而皆惮焉。”《任光传》云：“少忠厚，为乡吏所爱。”其非无行之徒可知。职是故，诸将私行，亦多修饬，如祭遵“为人廉约小心，克己奉公；赏赐辄尽与士卒，家无余财；身衣韦裤布被[②]，夫人裳不加缘”，“临死遗诫：牛车载丧，薄葬洛阳。问以家事，终无所言”。遵从弟彤，“在辽东几三十年，衣无兼副[③]”是也。寇恂不与贾复斗，冯异每所止舍，诸将并坐论功，异常独屏大树下，军中号曰大树将军。此固蔺相如、鲁仲连之所优为，然在彼辈或以天资特高，在儒者则为庸行矣。故知教化之功不可尽诬也。

光武与功臣诸侯燕语，从容言曰：“诸卿不遭际会，自度爵禄，何所至乎？”邓禹先对曰：“臣少尝学问，可郡文学博士。”见《马武传》。

---

① 铫（yáo）期：东汉大将。

② 韦裤布被：熟皮做裤子，布做被子，行形容生活俭朴。

③ 兼副：两套。

可知当时诸将，非必以武功自见者。功成之后，尚能敦行修学，居官亦多能抚循人民，兴起教化，非偶然也。如寇恂为汝南太守，修乡校，教生徒，聘能为《左氏春秋》者，亲受学焉。经明行修，名重朝廷。贾复知光武欲偃干戈，修文德，乃与邓禹并剽甲兵，敦儒学。祭遵为将军，取士皆用儒术，对酒设乐，必雅歌投壶。又建为孔子立后，奏置五经大夫。李忠为丹阳太守，起学校，习礼容，春秋乡饮，选用明经，皆是。光武虽不任功臣，而高密、固始、胶东三侯，尝与公卿参议国家大事，亦见其人非尽武夫也。

儒将

论流品者必以儒为尚，如将曰儒将，医曰儒医是也。此由执笔者皆儒生，故自私其类欤？盖不免焉，而亦不尽然也。世所谓儒医者，多不闲于手术。此由儒者多四体不勤故也。儒医尊而铃医贱，不复能得重糈[1]，乃多苟图糊口，不求精进，古专家之技，遂以是而亡，近世评《银海精微[2]》者，谓其术或非今眼科之所知，其一证也。然儒医虽不闲于技，而多好求明理，五运六气等空论，诚不足取；然审证周，用药慎，能推广方书之用，而救铃医卤莽之失者，亦不少焉。医籍俱在，不可诬也。惟将亦然，儒将所长，曰能恤人民，曰能严国纪。以严国纪言之，于大局一时之安危，所关尤巨。鉴观往史，而不免感不绝于余心也。

《后汉书·儒林传》称儒学之效曰："所谈者仁义，所传者圣法也。故人识君臣父子之纲，家知违邪归正之路，自桓、灵之间，君道秕（bǐ）僻，朝纲日陵，国隙屡启，自中知以下，靡不审其崩离，而权强之臣，

① 糈（xǔ）：粮。

② 银海精微：宋朝之后伪托孙思邈所作的眼科医书。

息其窥盗之谋，豪俊之夫，屈于鄙生之议者，人诵先王言也，下畏逆顺势也。至如张温、皇甫嵩之徒，功定天下之半，声驰四海之表，俯仰顾盼，则天业可移，犹鞠躬昏主之下，狼狈折札之命，散成兵就绳约而无悔心，暨乎剥桡[1]自极，人神数尽，然后群英乘其运，世德终其祚，迹衰敝之所由致，而能多历年所者，斯岂非学之效乎？”斯言也，乍观之，一若阿私所好者，然试设想：何进之所召者，若非董卓而为张温、皇甫嵩，汉末之祸，亦何遽至此？张温、皇甫嵩非能大有为之人，范氏谓其俯仰则天业可移，庸或太过。然如诸葛武侯之在蜀，孰能禁其不自取？犹可曰：国小民寡，大功未就，遽谋篡夺，必无以餍众心，知者不为也。乃如魏武帝，中原大乱，皆身所戡定，虽曰一统之功未竟，然吴、蜀之在当日，亦僻壤耳，功不逮此，而遽自尊者，岂可悉数？魏武而欲自取，其孰能禁之？

乃观建安十五年十二月己亥令，殷殷欲以周文、齐桓为法，反复乐毅、蒙恬之行事，至于流涕，其确乎不拔为何如？而世乃妄造荀彧沮其国公九锡之议，谓公为不平，彧以忧死，可谓以小人之腹，度君子之心矣。难立而易坏者，莫如纲纪。纲纪，无形可见者也，然可以范围一世之人心，使其莫敢逾越。人心咸轨于正，然后群之内可以相安，群之外莫敢予侮。自辛亥革命以来，武人擅权，裂冠毁冕，内乱不已，外寇乘之，八年征战，虽获幸胜，而萧墙之内，犹不能以一朝居，此仁人志士，所由抚膺扼腕，叹息于张温、皇甫嵩、魏武帝、诸葛武侯之不作者也。历代丧乱之时，阴受儒将之赐而不自知者有二：一在汉、魏之间，一则胜清咸、同之际。今人每訾曾、胡、左、李[2]之伦，翼建夷以覆宗国，此乃未能论世，而欲知人。当是之时，风尘澒（hòng）洞，九州豺虎，生民之祸，亦已烈矣。设更益之以武夫割据，互相攻伐，中国大局，又将何如？辛亥以后之扰攘，所以迂缓之数十年而后见者，以曾、

---

① 剥桡：衰亡。

② 曾、胡、左、李：指晚清名臣曾国藩、胡林翼、左宗棠和李鸿章。

胡、左、李辈皆读书人，莫敢干犯名义，且急流勇退，大局粗定，即释兵权故也。彼固昧于民族之义矣，然视何者为纲纪，严畏而不敢犯，夫固各以其时。试问今日，有能严民权之义，若昔时天泽之分者乎？然则所谓军人教育者，诚不宜徒骛于战胜攻取之末，而不思其本也。

虽然，儒将之效，则亦有所极矣。以张温、皇甫嵩、魏武帝、诸葛武侯、曾、胡、左、李辈之严畏名义，亦不过能使萁（qí）豆相煎之祸，迂缓之数十年耳，卒不能消灭之使不作也。是何也？传曰："兵犹火也，不戢将自焚也。"见《左传》隐公四年。夫曰自焚，则非敌能胜之，而其敢亡实由于自取矣。自取之道奈何？记曰："不诚无物[1]。"《礼记·中庸》。而兵事则尚狙诈。夫其为狙诈也，岂不曰："吾特以是遂吾之所求。"所以求之者虽诈，而其求之之意，固出于至诚恻怛也。此固非欺人之谈，然习于诈者，终将稍伤其诚，且尚诈则不能无用机巧之人，而机巧之人，其至诱恻怛之心必较薄，故军之乘时特起者，虽以哀矜始，及其久屯聚而不散，则终必稍离其真。魏武帝之后，继之以司马宣王。曾、胡硁（kēng）硁，左宗棠虽少粗犷，犹不以权谲为体，至李鸿章则异是矣，而其后遂乘之以无所不为之袁世凯，岂不哀哉？握兵者终必至于无所不为，何也？曰：人生而有欲，不敢肆其欲者，以外力钳制之，使不得逞耳。握兵者则孰能钳制之？其力终必日扩，其行即随之而日肆，势也。惟至诚恻怛之士，所欲更有大于此者，乃能自抑其欲而不敢肆，此等人盖不易数觏[2]。抑人心不能无随境而迁，后起者所值之时势，必不如创业者之艰，则其至诚恻怛之心，亦将随之而减，则其欲稍纵而行日肆矣。久之则若堤防之溃决而不可御矣。其事至浅也，其祸至博也，见微知著者，不可以不察也。魏武帝雅性节俭，不好华丽，后宫衣不锦绣，侍御履不二采，此盖其所以能奋起于艰难之中，手戡群雄。然其为司空欲身率其下也，岁发调，必使本县平其资。谯令平曹洪赀财与公家

① 不诚无物：无真诚则无万物。

② 觏（gòu）：遇见。

等，而公曰：我家财那得如子廉邪？然则公虽节俭，其下不必皆然，公亦明知之而不能禁也。以是推之，当时文武臣僚，风气可以想见。崔琰、毛玠典选，必崇一概难堪之行，明知其足以长伪而不恤，其亦有所不得已与？然何益矣，曹爽既已侈败，司马宣王务反爽，而其时之侈风乃弥甚，终至滔滔不可复返焉。请举二事以明之。石崇与王恺竞富，晋武帝每助恺，尝以珊瑚树赐恺，高三尺许，枝柯扶疏，世所罕比。恺以示崇。崇便以铁如意碎之。恺既惋惜，谓崇嫉己宝，声色方厉。崇曰："不足多恨，今还卿。"乃命左右悉取珊瑚树，有三四尺者六七株，条干绝俗，光彩曜日，如恺比者甚众。恺恍然自失矣。帝又尝幸王济宅，供馔甚丰，悉贮琉璃器中。琉璃来自西胡，珊瑚出于南海，汉末丧乱，至魏文帝之世，都畿犹树木成林，有待斫伐；见《三国志·王昶（chǎng）传》。而王、石等乃能多致远物如此，当时文武臣僚财力之雄可想，弗求胡获？无所不为之行，盖有迫之不得不然者矣。积重者难返，善观世变者，所以不欲兵之久屯聚也。

范宁崇学

《晋书·范汪传》：为东阳太守，"在郡大兴学校"。子宁，为余杭令，"在县兴学校，养生徒，洁己修礼，志行之士，莫不宗之。期年之后，风化大行。自中兴以来，崇学敦教，未有如宁者也"。补豫章太守，"在郡又大设庠序①。遣人往交州采磬石，以供学用。改革旧制，不拘常宪。远近至者千余人，资给众费，一出私禄。并取郡四姓子弟，皆充学生，课读五经。又起学台，功用弥广。江州刺史王凝之上言曰：豫章郡居此州之半。太守臣宁，入参机省'出宰名郡'而肆其奢浊，所为狼

①庠（xiáng）序：学校。

籍。郡城先有六门，宁悉改作重楼，复更开二门，合前为八。私立下舍七所。臣伏寻宗庙之设，各有品秩，而宁自置家庙。又下十五县，皆使左宗庙，右社稷，准之太庙，皆资人力，又夺人居宅，工夫万计。宁若以古制宜崇，自当列上，而敢专辄，惟在任心。州既闻知，即符从事，制不复听。而宁严威属县，惟令速立。愿出臣表下太常，议之礼典。宁以此抵罪。子泰，弃官称诉。帝以宁所务惟学，事久不判。会赦，免。”案宁之所为，诚若奢汰，然远近至者千余人，资给众费，一出私禄，则其无所利焉可知。孝武迟回不判，以待赦令，良有由也。或疑宁私禄何以能如是之多，则此非指朝所颁禄．各地方相沿，本有行政经费，并有供守令之费，如后世之陋规者。此不能不取，亦不必不取，惟在用之何如耳。豫章居江州之半，此款必不菲也。人有所长，必有所短。用人之道，贵在舍短取长。宁之失，在于迂阔奢泰，以崇学敦教论，则可谓世济其美矣。若能任以学事，而抑其迂阔奢泰之为，则用人之道也。

事之当办与否，与其办理之善否，系属两事。当办之事，虽办理不善，只应改其办法，不应径废其事也。且如青苗，抑配固为不可，然任兼并之家要倍称之息，可乎？然则散放之法可变，散放之事，不可已也。宋世之新旧党，若知此义，事之败于狐埋狐搰者，必可大减矣。《宋史·胡宿传》：“知湖州，前守滕宗谅大兴学校，费钱数十万。宗谅去，通判、僚吏皆疑以为欺，不肯书历。宿诮之曰：君辈佐滕侯久矣，苟有过，盍不早正？乃阴拱以观，俟其去而非之，岂昔人分谤之意乎？坐者皆大惭。其后湖学为东南最，宿之力为多。”滕侯贤者，自无欺罔之事，然其下之人，得毋有欺滕侯者乎？然其事已在前矣。惩此而不承权舆，是重费也。然则胡宿保全湖学之功，不减于滕宗谅之创始也。

宋世张昇镇许，欲兴乡学，而马宏沮之，诬县令因以取民，引见《郡县乡里之学下》条。宏之言固诬，然因兴作以取民之事，必多有之，宏乃得以肆其诬，则亦不可不儆（jǐng）也。国民党政府之都南京也，学校、官司，屋宇皆不周于用，于是竞事营建。百务废弛，惟兹则汲汲恐后。论者皆讥其别有用心焉。此则范宁之罪人也。

《晋书·虞溥传》:“除鄱阳内史。大修庠序，广招学徒，至者七百余人。祭酒求更起屋行礼。溥曰：君子行礼，无常处也。故孔子射于矍相之圃①，而行礼于大树之下。况今学庭庠序，高堂显敞乎!”斯则范宁之诤友也。子曰：“以约失之者鲜矣。”《论语·里仁》。

周朗

一时之人，有一时之人之思想。《宋书·周朗传》：世祖即位，普责百官谠言②。朗上书，谓：“宜二十五家选一长，百家置一师。男子十三至十七，皆令学经；十八至二十，尽使修武。官长皆月至学所，以课其能。习经者五年有立，则言之司徒；用武者三年善艺，亦升之司马。若七年而经不明，五年而勇不达，则更习专其言政置谋，迹其心术行履，复不足取，虽公卿子孙，长归农亩，终身不得为吏。”此可谓昔人教育普及之论，其思想似颇特异。然《晋书·慕容皝(huàng)载记》，载其记室参军封裕谏辞曰：“四业者国之所资，教学者有国盛事。习战务农，尤其本也，百工商贾，犹其末耳。宜量军国所须，置其员数，已外归之于农，教之战法。学者三年无成，亦宜遣之于农，不可徒充大员，以塞聪隽之路。”皝因此令学生不任教者，除其员录。其思想与朗颇相类。《魏书·景穆十二王传》：南安王桢之子英，奏言“谨案学令：诸州郡学生，三年一校所通经数，因正使列之。然后遣使就郡练考。儁(jùn)造之流，应问于魏阙；不革之辈，宜反于齐民。顷以皇都迁构，江、扬未

① 矍(jué)相之圃：矍相，古地名，位于山东。后借指学宫里习射的场所。《礼记·射义》:“孔子射于矍相之圃。”

② 谠(dǎng)言：正直的言论。

一，故乡校之训，弗遑正试。致使薰莸（yóu）之质，均诲学廷；兰萧之体，等教文肆。今外宰京官，铨考向讫，求遣四门博士明通五经者，道别校练，依令黜陟。”其所行，亦即慕容皝之令。盖时宇内分裂，竞争烈而责望于民者深，故不期而同有此思想也。更上溯之，晋初傅玄上疏，言分民之理，欲采皇甫陶之说，课散官以亲耕，亦以直丧乱之后，不容浮食者之众耳。

沈约宋书

赵瓯（ōu）北《廿二史札记》谓沈约《宋书》，多取徐爰旧本，举其革易之际，为宋讳者反甚于为齐为证，可谓卓识。然谓“约于永明五年奉敕，次年二月即告成，共纪、志、列传一百卷，古来修史，未有若此之速者”，则其说未审。《十七史商榷》云：“约表云：本纪、列传，缮写已毕，合志、表七十卷，臣今奏呈，所撰诸志，须成续上。今约书，纪十卷，传六十卷，适七十卷，外有志三十卷而无表，与《梁书》本传云著《宋书》百卷适合，则表中志、表二字乃衍文。”其说是也。然期月而成纪传七十卷，亦非仍旧贯不为功矣。宋史始于何承天，草立纪传，止于武帝功臣，所撰志惟天文、律历，亦见约上书表。《宋书》元本，实大成于徐爰，《郡斋读书志》谓约书以何承天书为本，旁采徐爰之说，则大误矣。

第六章

笑看一张特立独行的名士面孔

我们常常把一些以功业或以道德文章而著称的人称为名士。一般而言，这些人满腹文章，才华横溢，影响力大。而特立独行的名士，在具备出众的才气之外，往往还有一种特殊的性格，他们大多率性纵情，不拘约束，拥有自己的秉性和习惯，坚持自己的路子，不在乎别人的目光。当然，也有沽名钓誉之人，想办法让自己成为“名士”。名士不管真假，即已成历史，我们不妨笑看。

夏侯胜、桓荣

《后汉书·桓荣传》曰："荣少学长安。贫窭（jù）无资，常客佣以自给，而精力不倦。王莽败，天下乱。荣抱其经书，与弟子逃匿山谷。虽常饥困，而讲论不辍。建武十九年，年六十余，始辟大司徒府。授太子经。二十八年，为太子少傅。赐以辎车乘马。荣大会诸生，陈其车马、印绶，曰：今日所蒙，稽古之力也，可不勉哉？三十年，拜为太常。荣初遭仓卒，与族人桓元卿同饥厄。而荣讲诵不息。元卿嗤荣曰：但自苦气力，何时复施用乎？荣笑不应。及为太常，元卿叹曰：我农家子，岂意学之为利，乃至是哉？"此事最为论者所嗤鄙，以为当时为学之所愿，乃如此也？然《汉书·夏侯胜传》言："胜每讲授，常谓诸生曰：士病不明经术，经术苟明，其取青紫，如俛[1]拾地芥耳。"其言与桓荣亦何以异？然其议武帝庙乐，谓其亡德泽于民，不宜立，讼言诏书不可用。侃侃直节，何其贤也？岂徒志于富贵者而能如是哉？事何可以一端论也？人之为学，为荣利计者，固或不免。然能有所成就者，后必稍易其初志，不然，未有能有所成就者也，亦且终不能久持之。以予所见，无不如此者。然则桓荣之不弃所学，谓其徒为垂老之荣利计，亦浅之乎测丈夫矣。

① 俛（fǔ）：同"俯"。

汉末名士

东汉之末，士之矫俱极矣。何武为京兆尹，举方正，所举者召见，盘辟雅拜，有司以为诡众虚伪，武坐左迁。《汉书·何武传》。而赵壹举郡上计，到京师，司徒袁逢受计，计吏数百人，皆拜伏庭中，壹独长揖而已。既出，往造河南尹羊陟，不得见。壹以公卿中非陟无足以托名者，乃日往到门，陟自强许通，尚卧未起，壹径人上堂，遂前临之，举声哭。西还，道经弘农，过候太守皇甫规。门者不即通，壹遂遁去。《后汉书·文苑传》。其诡众虚伪，视何武所举者何如？使有纪纲，必蒙大戮。郡守且当坐选举不实之罪，而逢等方共奖借之，为之延誉，其时所谓名士，尚可问哉！

《后汉书·符融传》云："汉中晋文经、梁国黄子艾，并恃其才智，炫曜上京，卧托养疾，无所通接。洛中士大夫好事者，承其声名，坐门问疾，犹不得见。三公所辟召者，辄以询访之，随所臧否，以为与夺。融察其非真，乃到太学，并见李膺，二子行业无闻，以豪桀自置，遂使公卿问疾，王臣坐门。融恐其小道破义，空誉违实，特宜察焉。膺然之。二人自是足名论渐衰，宾徒稍省，旬日之间，惭叹逃去。"夫赵壹逃去，而皇甫规追书以谢，已异矣；乃至三公辟召，访诸晋、黄，岂不甚哉！徐干言："桓灵之世，自公卿大夫，州牧郡守，王事不恤，宾客为务，冠盖填门，儒服塞道，饥不暇餐，倦不获已，殷殷沄（yún）沄，俾夜作昼；下及小司，列城墨绶，莫不相商以得人，自矜以下士。星言夙驾，送往迎来，亭传常满，吏卒传问，炬火夜行，阍寺不闭，把臂捩（liè）腕，扣天矢誓，推托恩好，不较轻重；文书委于官曹，系囚积于囹圄，而不皇省也。详察其为也，非欲忧国恤民，谋道讲德也，徒营已治私，求势逐利而已。”《中论·谴交》。盖既结党连群，则或能有所轻重，于是或倚之求进取，或则惧其谤毁，故其势至于如此也。卒之求食者多，禄位有限，求度者十一未能得，身没他邦，长幼不归，父母怀茕（qióng）独之思，室人抱《东山》之哀，亲戚隔绝，闺门分离，无罪无辜，亡命是效。亦《遣交》篇语。亦何为哉！此九品中正之制，所以不得不继之而起也。

黄允以隽才知名，司徒袁隗欲为从女求姻，见允而叹曰：得婿如是，足矣。允闻而黜遣其妻夏侯氏。妇谓姑曰：今当见弃，方与黄氏长辞，乞一会亲属，以展离诀之情。于是大集宾客三百余人，妇中坐攘袂，数允隐匿秽恶十五事，言毕，登车而去。允以此废于世。《郭太传》。李充家贫，兄弟六人，同食递衣，妻窃谓充曰：今贫居如此，难以久安，妾有私财，愿思分异。充伪酬之曰：如欲别居，当酝酒具会，请呼乡里内外，共议其事。妇从充，置酒燕客，充于坐中前跪白母曰：此妇无状，而教充离间母兄，罪合遣斥。便呵叱其妇，逐令出门，妇衔涕而去。《独行传》。此两事可以参观。夫不听其妇可也，伪酬之而显逐之，又何为乎？《记》曰：不可怒子放妇出而不表礼焉。充后为博士，所行如此，岂无隐慝哉？其妇不起而数之，何也？人固有强弱乎？夫好名之士之得名，非必人人皆心服之也，固有劫于势，不得发口言者。使其人而其时而未合败，虽数其罪百五十事，犹无伤也。何者？众人固戢戢[①]如羊，虽心知善恶，口不能言也。然则若黄允者，沽名之才，则有之矣，劫众之术，犹未工也，能不为李充所笑乎？

李充后遭母丧，行服墓次，人有盗其墓树者，充手自杀之。此大辟之罪也，而太守鲁平请署功曹。延平中，诏公卿、中二千石各举隐士大儒，务取高行，以劝后进，特征充为博士。时鲁平亦为博士，每与集会，常叹服焉。迁侍中。大将军邓骘贵戚倾时，无所下借，以充高节，每卑敬之。知当时之所谓高节者，如此而已。岂特以薄屋为高，藿食为

---

①戢戢（jí jí）：顺从。

清邪？仲长统语，见本传。

鲁平之请充署功曹也，充不就，平怒，乃援充以捐沟中，因谪署县都亭长，似过矣。不特此也，公孙述之于谯玄、李业，皆以死胁之，于王皓、王嘉，则系其妻子；业、皓、嘉竟以是死，皎并累及家属，亦见《独行传》。似尤过矣。然桥玄贤者，召姜岐为吏不就，敕吏逼之，曰：岐若不至，趣嫁其母。则亦有激而然也。观迫之者之激，而知为之者之伪也。

蜀汉先主薄许靖不用，法正说曰：天下有获虚誉而无其实者，许靖是也。然人不可户说，靖之浮称，播流四海，若其不礼，人以主公为贱贤也；宜加敬重，以眩远近。先主乃厚待靖。《三国志·法正传》。此虚名之士所以获处也。大抵欲养望者，不宜身任事，当多以虚誉奖进人；必审其人实不能自立，乃从而贬议之，亦所谓推亡固存之道也。如是，则党与多，而仇怨我者，皆焉能为有无之人也，则名誉可以长保，而权利可以获处矣。权豪秽恶，当与之疏，以免讥议。至其人怀忿，实欲相仇，则又宜下之，所谓勿以虚名受实祸也。苟其虚誉隆洽，私党众多，人自莫我訾议，我固不难设辞以自解也。故陈寔（shí）、郭泰、徐穉（zhì）、申屠蟠，皆术之最工者也。若黄允、晋文经、黄子艾者则下矣。允何以败？以耆利冒进太甚也。文经、子艾何以败？以矫激太甚，据非所据也。大抵好立名者当远利；于声势货财，必能勿亟取，然后名高而不危。故虽矫伪之士，亦不能令废自克之功也。

孔融之称盛宪也，曰："天下谭士①，依以扬声。"又曰："今之少年，喜谤前辈，或能讥平孝章，孝章要为有天下大名，九牧之民，所共称叹。"《三国·吴志·孙韶传注》引《会稽典录》。亦何惭于许靖哉？然终已不免，则所遇者之异也。少年喜谤前辈，何也？曰：不谤人，不足以立名。故立虚誉者多危，欲图保之，亦非易也。

名高易招嫉忌，故多危。荀爽就谒李膺，因为其御，既还，喜曰：

① 谭士：指"谈士"，游说之士。

今日乃得御李君矣。郭泰行陈梁间，遇雨，巾一角垫，时人乃故折巾一角，以为林宗巾。膺以声名自高，士有被其容接者，名为登龙门。泰名显，士争归之，载刺[1]常盈车。其为众所归附，指目同而祸福异者，膺持风裁，而泰不为危言覈（hé）论也。故真能免患者必乡原[2]。袁阆（làng）不修异操，致名当时；见《王龚传》。法真逃名而名随，避名而名追；见《逸民传》。皆术之最工者也。

史叔宾少有盛名，后以论议阿枉败。《郭太传》。所谓论议阿枉者，扶翼所不当扶翼之人，未知推亡固存之道者也。然此等人必犹顾念私交，未肯落阱下石，故其人实未必大恶。若乃见私党之将败，从而攻之，以冀自免，或且徼利[3]焉，则又叔宾之徒所不忍为矣。或曰：凡人说话不可太切实；平时说话太落边际，至缓急时，更欲改变则难矣。故处世之道，莫如模棱两可，貌似慷慨激昂，而实不着边际，以狂狷之行，饰乡原之心，此处世之术之最工者也。叔宾之不克自拔于阿枉，亦其平时议论，太落边际故与？

何以诬人？曰：莫如闇昧不明之事。非必谓帷薄之不修也。门以内事，世之所重，而其真伪，则非门以外人所得悉也。以是立名，以是造谤，术至工矣。许武举为孝廉，以二弟晏、普未显，欲令成名，乃割财产以为三分，武自取肥田广宅、奴婢强者，二弟所得，并悉劣少。乡人皆称弟克让而鄙武贪婪，晏等以此并得选举。武乃会宗亲，泣曰：吾为兄不肖，盗声窃位，二弟年长，未豫荣禄，所以求得分财，自取大讥；今理产所增，三倍于前，悉以推二弟，一无所留。于是郡中翕然，远近称之。《循吏·许荆传》。高凤名声著闻，太守连召请，恐不得免；自言本巫家，不应为吏，又诈与寡嫂讼田，遂不仕。《逸民传》。骆秀被门庭之谤，众论狐疑，赖有谢渊，乃得证明。《三国·吴志·陆逊传注》引

① 刺：名帖。

② 乡原：即“乡愿”，外表忠厚，讨人喜欢，实际却不能明辨是非的人。

③ 徼利：求利。

《会稽典录》。则其事也。许靖与从弟劭俱知名，而私情不协。劭为郡功曹，排摈靖不得齿叙[1]，以马磨自给。《三国志·许靖传》。靖岂默然受谤之士？所以难于自明者，盖亦以谤之者为门内人也。张劭之丧，至圹将窆[2]，柩不肯进，范式执引，于是乃前。《后汉书·独行传》。有是理乎？会葬千人，纵为所蔽，执绋者[3]岂不知其情，犹莫能发其覆也，况于门以内事哉！陈蕃年十五，闲处一室，庭宇芜秽，父友候之，谓曰：孺子何不洒扫以待宾客？蕃曰：大丈夫处世，当扫除天下，安事一室乎！为豫章太守，性方峻，不接宾客，士民亦畏其高。征为尚书令，送者不出郭门。蕃丧妻，乡人毕至，惟许子将不往，曰：仲举性峻，峻则少通，故不造也。《陈蕃传》并《注》。此犹白日出而鬼魅匿形也。《易》曰：诬善之人其辞游，失其守者其辞屈。结党造作声誉之人，必畏严气正性之士。

谢甄、边让，并善谈论，共候林宗，未尝不连日达夜。符融每见李膺，幅巾奋袖，谈辞如云。《郭太传》。此《易》所谓躁人之辞多也。仇览与融同郡，入太学，又与融比宇；融宾客盈室，览常自守，不与融言。融谓曰：今京师英雄四集，志士交结之秋，虽务经学，守之何固？览正色曰：天子修设太学，岂但使人游谈其中！高揖而去，不复与言。后融以告郭林宗，林宗与融赍刺就房谒之，遂请留宿。林宗嗟叹，下床为拜。《循吏传》。览其陈仲举之俦乎？符融虽为所拒，犹能屈己下之，林宗亦为下拜，此又二人之所以能获盛名也。何者？严气正性之人，容或持正论不阿，造次之间，为所败也；先为之下，则敌寡矣。故盛名之下，必无骨鲠之士。

《三国·魏志·杜畿传注》引《杜氏新书》曰："杜恕少与冯翊李丰俱为父任，总角相善。及各成人，丰砥砺名行以要世誉，而恕诞节直

---

① 齿叙：录用。

② 圹，音 kuàng，墓穴。窆，音 biǎn，下葬。

③ 执绋（fú）者：送葬的人。

意，与丰殊趣。丰竟驰名一时，京师之士多为之游说。而当路者或以丰名过其实，而恕被褐怀玉也。由是为丰所不善。恕亦任其自然，不力行以合时。丰以显仕朝廷，恕犹居家自若。”明知其名过其实，而仍畀之膴仕者，毛羽既丰矣，为之游说者既众矣，孰肯逆舆情为国家正选拔哉？即为游说者，宁不知其非实，然拔茅茹以其汇征，所谓以同利为朋也。《潜夫论·实贡篇》曰：“志道者少与，逐俗者多俦，是以朋党用私，背实趋华。其贡士者，不复依其质干，准其才行，但虚造声誉，妄生羽毛。”《后汉书·王符传》。声誉可以虚造，况其人本能矫情伪饰者乎？

《实贡篇》又曰：“略计所举，岁且二百。览察其状，则德侔[①]颜、冉[②]；详核厥能，则鲜及中人。夫士者贵其用也，不必求备。故四友虽美，能不相兼；三仁齐致，事不一节。今使贡士必核其实，其有小疵，勿强衣饰，出处默语，各因其方，则萧、曹、周、韩[③]之伦，何足不致，吴、邓、梁、窦[④]之属，企踵可待。”诸葛恪与陆逊书曰：“君子不求备于一人，自孔氏门徒，大数三千，其见异者七十二人，然犹各有所短，师辟由喭（yàn），赐不受命，岂况下此而无所阙？加以当今取士，宜宽于往古，何者？时务从横[⑤]，而善人单少，国家职司，常苦不充。苟令性不邪恶，志在陈力，便可奖就，骋其所任。若于小小宜适，私行不足，皆宜阔略，不足缕责。”《三国·吴志·诸葛恪传》。观此，知当时选举之弊，全在才不核其所长，德则务于求备。才不核其所长，故无能者得以滥竽；德则务于求备，则真率者寡得自全，此选政之所以大坏，风俗之所以日偷[⑥]也。

---

①侔（móu）：相等。

②颜、冉：颜回和冉耕的并称。二人都是孔子弟子，都以德行著称。

③萧、曹、周、韩：指萧何、曹参、周勃和韩信。

④吴、邓、梁、窦：指吴汉、邓禹、梁统和窦融。

⑤从横：即“纵横”。从，通“纵”。

⑥日偷：日下，越来越败坏。

恪又曰："自汉末以来，中国士大夫如许子将辈，所以更相谤讪，或至于祸，原其本起，非为大仇，惟坐克己不能尽如礼，而责人专以正义。夫己不如礼，则人不服；责人以正义，则人不堪。内不服其行，外不堪其责，则不得不相怨。相怨一生，则小人得容其间。得容其间，则三至之言，浸润之谮，纷错交至，虽使至明至亲者处之，犹难以自定，况已为隙，且未能明者乎？是故张、陈至[1]于血刃，萧、朱[2]不终其好，本由于此而已。夫不舍小过，纤微相责，久乃至于家户为怨，一国无复全行之士也。"然则当时以行取人，而行之所以难全，又正因造谤者多故也。杜恕、李丰，总角之交，后更不善，其去张、陈、萧、朱亦无几矣，危哉！即许劭，亦幸其终处广陵、豫章，而未尝与许靖同客蜀也。法正入蜀，为州邑俱侨客者所谤无行，志意不得，及为蜀郡太守，擅杀毁伤己者数人。太史公曰："怨毒之于人甚矣哉！"《史记·伍子胥列传》。其本皆以求名而已。凡求名者，未有不实为利者也。故曰："放于利而行，多怨。"

《后汉书·荀彧传》："父绲，畏惮宦官，为彧取中常侍唐衡女。彧以少有才名，故得免于讥议。"《三国志·彧传注》引《典略》曰："衡欲以女妻汝南傅公明，公明不娶，转以与彧。父绲慕衡势，为彧娶之，彧为论者所讥。"裴氏辩之曰："案《汉纪》云唐衡以桓帝延熹七年死，计彧于时年始二岁，则彧婚之日，衡没久矣，慕势之言为不然也。"魏文帝非苟作者，而其言舛（chuán）误如此，悠悠之说，尚可信哉？《后汉书·郭太传》曰：太名闻天下，"后之好事，或附益增张，故多华辞不经，又类卜相之书。今录其章章效于事者，著之篇末。"观其所录，亦无以征其必信也。夫史之不可信久矣，亦曷尝不多载虚誉？观其多载虚誉，又知名闻天下之徒，事之丑恶不传者众也。

---

① 张、陈：指张耳、陈馀。

② 萧、朱：指萧育、朱博。

《太传》所录，太之所拔擢[①]者，非贱人，则恶人也。人伦之鉴，未必全无，然亦以太声势既盛，故所拔擢，易于成名也。丁谞（xū）出于役伍，张秉生于庶民，吴粲、殷礼起乎微贱，顾邵皆拔而友之，为立声誉，事亦由此。《三国·吴志·顾雍传》。太史公曰："闾巷之人，欲砥行立名者，非附青云之士，恶能施于后世哉？"《史记·伯夷列传》。岂独施于后世为然，此植党要名之事，所以不绝于世与！顾亭林[②]訾魏武帝崇奖跅弛之士，于是权诈迭进，奸逆萌生。谓经术之治，节义之防，光武、明、章数世为之而未足；毁方败常之俗，孟德一人变之而有余。《日知录·两汉风俗》。亭林欲敬教善俗，其心良苦。然所论史事，则全非其真。汉武帝元封五年，诏曰："盖有非常之功，必待非常之人，故马或奔踶（dì）而致千里，士或有负俗之累而立功名。夫泛驾之马，跅弛之士，亦在御之而已。其令州郡察吏民有茂材异等，可为将相及使绝国者。"《汉书》《本纪》。魏武建安十五年春、十九年十二月、二十二年八月令，意与此全同，所求者皆非常之才也。古之用人，必由乡举，乡里之评，率本行实，此固《周官》六德六行之旧，然徒能得束身自好之士，不能得才足济变之人也，且亦不能无矫饰。故扬雄自序云不修廉隅以徼名当世；虞延不拘小节，则无乡曲之誉；杜笃不修小节，亦不为乡人所礼。《史记·淮阴侯列传》云："始为布衣时，贫无行，不得推择为吏。"所谓无行，亦不过不能修饰，以要世誉，非必有恶行为乡里所患苦也。太史公《报任安书》，亦自言长无乡曲之誉。若太史公者，岂犹不足任使与？郡国廉孝，岁以百计，若汉武帝、魏太祖所求非常之才，不知天下能得一二人否？安能变及风俗？亭林言："董昭太和之疏，已谓当今年少，不复以学问为本，专更以交游为业；国士不以孝弟[③]清修为首，乃以趋势求利为先；至正始之际，而一二浮诞之徒，骋其知识，蔑周、孔之书，习老、庄之

① 拔擢：选拔提升。

② 顾亭林：指顾炎武。

③ 孝弟（tì）：即"孝悌（tì）"。弟，通"悌"。

教，风俗又为之一变。”昭之所言，乃汉末奔竞之俗，党祸起时，太学中久如此矣，于魏武之令乎何与？而习老、庄而蔑周、孔，亦与奔竞之俗何涉哉？

文臣轻视军人

《三国·蜀志·刘巴传注》引《零陵先贤传》曰：“张飞尝就巴宿，巴不与语，飞遂忿恚[1]。诸葛亮谓巴曰：张飞虽实武人，敬慕足下。主公今方收合文武，以定大事；足下虽天素高亮，宜少降意也。巴曰：大丈夫处世，当交四海英雄，如何与兵子共语乎？备闻之，怒曰：孤欲定天下，而子初专乱之。其欲还北，假道于此，岂欲成孤事邪？”案《彭羕（yàng）传》言：羕左迁为江阳太守。“闻当远出，私情不悦，往诣马超。超问羕曰：卿才具秀拔，主公相待至重，谓卿当与孔明、孝直诸人齐足并驱，宁当外授小郡，失人本望乎？蒙曰：老革荒悖，何复道邪！”《注》曰：“古者以革为兵，故语称兵革，革犹兵也。羕骂备为老革，犹言老兵也。”然则当时士夫视备，亦不足齿数，无怪备谓刘巴特欲假道还北矣。《费诗传》：“先主为汉中王，遣诗拜关羽为前将军。羽闻黄忠为后将军，怒曰：大丈夫终不与老兵同列！”是不惟士夫轻军人，即军人亦自相轻也。《吴志·孙坚传注》引《吴录》言：王叡“与坚共击零、桂贼，以坚武官，言颇轻之”。知文臣之轻视武人，由来已久。

① 忿恚（fèn huì）：愤怒。

马钧

古今巧士，莫过马钧。然裴秀难之，曹羲复与之同，何哉？傅玄之说义曰：马氏所作，因变而得。是则初所言者，不皆是矣。其不皆是，因不用之，是不世之巧，无由出也。曰“因变而得”，曰“初所言者不皆是”：则钧之所就，亦皆屡试而后成；而试之无成者，亦在所不免。度秀、羲等必以是而忽之也。此固为浅见。然自来长于巧者，多短于言。巧者之所成就，多非其所自传，而长于言者传之，其人不长于巧也。不知其事之曲折，不著其屡试屡易之艰苦；而但眩其成就之神奇，遂若凡有巧制，皆冥思而得，一蹴而成矣。此古来备物致用立成器以为天下利者，其事之真，所以多无传于后也。

前人巧制，每多不传于后，浅者每咎后人之不克负荷，此亦不然。凡物之能绵延不绝者，必其能有用于时者也。三国之世，诸葛亮作连弩，而马钧欲五倍之；钧又欲发石车；亮又作木牛流马；时蜀又有李撰，能致恩于弓弩机械；而吴亦有张奋能造攻城大攻车，奋，昭弟子，见昭传。盖时攻战方亟，故军械及运粮之具，相继而兴也。天下一统矣，攻战无所复事；而运粮以当时之情形，亦无须乎木牛流马，则其器安得而传哉？不观今世所谓机械者之于穷乡僻壤乎？人力既贱，资本家斥资以购机械，其赢曾不如用人力之为多也，则机械见屏矣。昔时巧制之不传，不与此同理乎？故机械之发明改革，实与群治相关。徒谓机械足以改革社会，亦言之不尽也。

晋人之矫诞

自后汉以名取士，而当世遂多矫伪之人，色取行违，居之不疑，至易代而犹未革。《晋书》所载，居丧过礼、庐墓积年、负土成坟、让产让财、抚养亲族、收恤故旧之士甚多，岂皆笃行，盖以要名也。而其尤矫诞者，要莫如邓攸。《攸传》云："石勒过泗水。攸乃斫坏车，以牛马负妻子而逃。又遇贼掠其牛马，步走。担其儿及其弟子绥，度不能两全，乃谓其妻曰：吾弟早亡，惟有一息，理不可绝，止应自弃我儿耳。幸而得存，我后当有子。妻泣而从之，乃弃之。其子朝弃而暮及，明日，攸系之于树而去。攸弃子之后，妻不复孕，过江纳妾，甚宠之。讯其家属，说是北人遭乱，忆父母姓名，乃攸之甥。攸素有德行，闻之感恨，遂不复蓄妾，卒以无嗣。时人义而哀之，为之语曰：天道无知，使邓伯道无儿。"史臣论之曰："力所不能，自可割情忍痛，何至豫加徽纆[1]，绝其奔走者乎？斯岂慈父仁人之所用心也？卒以绝嗣，宜哉！"其言善矣，然犹未尽也。夫云"朝弃暮及"，则儿已自能奔走，何待负担？此而系之，是自杀其子也。不徒不足称义，抑当服上刑矣。礼：买妾不知其姓则卜之。攸纵不知此，而当买纳之初，岂不讯其家属？必待宠幸既久，然后及之邪？史之所云，无一语近于情理，而众口相传，誉为义士，固知庸众之易欺；而当时愤世之士，必欲违众而蔑礼，至于贾祸而不悔，固亦有激之使然者也。

《隐逸·郭翻传》云："尝坠刀于水。路人有为取者，因与之。路人

---

① 徽纆（mò）：捆绑。这里指的是前文"攸系之于树而去"，邓攸把儿子困在树上而离去。

不取，固辞。翻曰：尔乡不取，我岂能得？路人曰：我若取此，将为天地鬼神所责矣。翻知其终不受，复沉刀于水。路人怅焉，乃复沉没取之。翻于是不逆其意，乃以十倍刀价与之。其廉不受惠，皆此类也。”孔子曰：“鲁道衰，洙泗之间，龂龂[①]如也。”若翻之所为，岂特龂而已。孟子曰：“可以取，可以无取，取伤廉；可以与，可以无与，与伤惠。”若翻者，已既伤惠，而又伤人之廉，虽市井薄俗有不忍为，而谓隐者为之乎？然当日知名之士，亦间有天性笃厚之人。《刘驎（lín）之传》云：“去驎之家百余里，有一孤姥，病将死，叹息谓人曰：谁当埋我？惟有刘长史耳。何由令知？驎之先闻其有患，故往候之。直其命终，乃身为营棺，殡送之。”若驎之者，不敢谓其无徼名[②]之心，然就其事论之，则诚凡民有丧、匍匐救之之仁人矣。世岂遂无仁人？以徼名而勉为仁者，盖亦不乏，则名亦未始不足以奖进人也。然终以矫伪之士为多。是以君子尚玄德，不贵偏畸之行也。

晋人不重天道

汉世灾异，策免三公，上言者亦多援引天道。至魏晋以后，则异是矣。《晋书·挚虞传》：虞对策东堂。策曰：“顷日食正阳，水旱为灾，将何所修，以变大眚[③]？”虞对曰：“古之圣明，原始以要终，体本以正末。故忧法度之不当，而不忧人物之失所；忧人物之失所，而不忧灾害之流行。诚以法得于此，则物理于彼；人和于下，则灾消于上。其有日月之眚，水旱之灾，则反听内视，求其所由，远观诸物，近验诸

① 龂龂（yín yín）：激烈争辩貌。

② 徼（jiǎo）名：求名。徼，求。

③ 眚（shěng）：灾难。

身……推之于物则无忤，求之于身则无尤。万物理顺，内外咸宜，祝史正辞，言不负诚，而日月错行，夭疠不戒，此则阴阳之事，非吉凶所在也。期运度数，自然之分，固非人事所能供御，其亦振廪散滞，贬食省用而已矣。是故诚遇期运，则虽陶唐殷汤，有所不变；苟非期运，则宋卫之君，诸侯之相，犹能有感。"《郤诜（shēn）传》载诜对策，实同时事。其言曰："水旱之灾，自然理也。故古者三十年耕必有十年之储，尧汤遭之而人不困，有备故也。自顷风雨，虽颇不时，考之万国，或境土相接，而丰约不同；或顷亩相连，而成败异流。固非天之必害于人，人实不能均其劳苦。失之于人，而求之于天，则有司惰职而不劝，百姓殆业而咎时，非所以定人志，致丰年也。宜勤人事而已。"其论虽亦古人所有，然古者勤修人事，实畏天心，二者或未易轩轾①，此专以劝人事为言，固与两汉拂士②异其趣矣。

周弘正

从古学人之无行者，周弘正其最乎？台城陷，弘正谄附王伟，又与周石珍合族，避侯景讳，改姓姬氏，拜为太常。景将篡，使掌礼仪。及王僧辨东讨，元帝谓之曰："王师近次，朝士孰当先来？"僧辨曰："其周弘正乎，弘正智不后机，体能济胜，无妻子之顾，有独决之明，其余碌碌不逮也。"俄而前部传云，弘正至。记曰："其所厚者薄，而其所薄者厚，未之有也。"人情孰不念父母，顾妻子，至激于义理者不然，乃有所不得已也。弘正既已屈节于景矣，所谓不得已者安在？于此而称其无妻子之顾，有独决之明。然则知不后机，体能济胜者，乃惟明于一身

① 轩轾（zhì）：高下，优劣。

② 拂（bì）士：足以辅佐君王的贤者。拂，通"弼"，辅佐。

之利害，而果以行其趋避之计乎？弘正之来也。僧辨飞骑迎之，即日启元帝，帝手书与弘正，仍遣使迎之，及至，礼数甚优，朝臣无比。帝尝著《金楼子》曰："余于士大夫，重汝南周弘正。"君若臣之所重者如此，安得不亡国败家，并丧其身乎。王克仕侯景，景败，迎候僧辨，僧辨曰：劳事夷狄之君。何不以此语诘[①]弘正？他日一败而臣于渊明，所遣往迎者，即弘正也，岂不哀哉？抑元帝性多猜忌，于名无所假人，微有胜己者，必加毁害，而于弘正，独优礼之，何也？则以其似直而实谀也。史称弘正俳谐[②]似优，刚肠似直，简文之立为太子，弘景奏记，请其抗目夷之义，执子臧之节，明知其时为不能以是加罪也。元帝不肯归建邺，弘正骤谏，似逆帝意，且忤近臣，然当时谏者甚多，朱买臣，帝之亲昵也，而亦谏，则非帝之所甚恶，亦非近臣之所深忌也。此所谓刚肠似直者也。其归元帝也，授之显官，而以着犊鼻裈[③]、衣朱衣，为有司所弹，其平时之行类俳优可想。君子正其衣冠，尊其瞻视，宁必以此示异于人，内重者外自不得而轻也，观人者必于其威仪，岂无故哉？或曰：娖娖[④]谨威仪者，遂可以有为乎？曰：不必其有为也。而庶几有所不为，有所不为者，必始于介也，介不足以限奇士，而恒人要不可不以此自勉，故以威仪观人者，或失之于奇士，必不失之于恒人。

弘正在武帝时，有罪应流徙，敕以赐干陁利国，未去，寄系尚方，于狱上武帝讲武诗，降敕原罪，仍复本位。当时用法甚宽，至欲屏之四夷，其所犯之重可知，此等人宥之何为哉？

---

①诘（jié）：责问。

②俳（pái）谐：诙谐。

③裈（kūn）：裤子。

④娖娖（chuò chuò）：谨慎矜持貌。

刘庸祖、麦铁杖

传说之辞，往往辗转附会，不得其实。而昔人修史，好奇爱博，过而取之，遂至显然不足信者，亦有所不暇计矣。《宋书·刘庸祖传》云：便弓马，膂力[①]绝人。每犯法，为郡县所录，辄越屋踰墙，莫之能擒。夜入人家，为有司所围，突围去，并莫敢追。因夜还京口，半夕便至。明旦，守门诣府州要识，俄而建康移书录之。府州执事者，并证庸祖其夕在京，遂得无恙。《隋书·麦铁杖传》云：骁勇有膂力，日行五百里，走及奔马。陈大建中，结聚为群盗。广州刺史欧阳頠（wěi）俘之，以献。没为官户，配执御伞。每罢朝后，行百余里，夜至南徐州，踰城而入，行光火劫盗。旦还及时，仍又执伞。如此者十余度。物主识之，州以状奏。朝士见铁杖每旦恒在，不之信也。后数告变，尚书蔡征曰：此可验耳。于仗下时，购以百金，求人送诏书与南徐州刺史。铁杖出应募，赍敕而往。明旦及奏事，帝曰：信然，为盗明矣。惜其勇捷，诫而释之。合观两事，明明皆非实录。特有此一类传说，随事增饰附会耳。其不足信，显而易见，而李延寿修《南、北史》，亦俱取之。岂真见不及此哉，亦所谓与其过而废之，毋宁过而存之也。

①膂（lǚ）力：体力，气力。膂，脊梁骨。

王景文

读宋明帝答王景文求解扬州诏，其通达可谓无以复加，论祸福之不应趋避，无可趋避，不必趋避，尤可谓洞见真际，宜乎其必不为无益之举矣。然终不免于杀景文，以景文之亟求退让，以蕲免祸，似乎临命必悲皇不能自主矣，而其从容乃殊出意计之外，则知人之善恶，不系乎其能明理与否，而系乎其能循理与否也。抑以景文之淡定，而犹不免祸，岂祸真无可避邪？古岂无获全于危乱之世者乎？孔子曰：危邦不入，乱邦不居，岂皆临时而求去乎？景文屡陈退让，而卒不获去，岂于避祸之道，犹有图之不夙者邪？故曰：介于石，不终日，贞吉。

山涛

《通鉴》陈武帝永定三年：周以霖雨，诏群臣上封事极谏，左光禄大夫猗（yī）氏乐逊上言四事，其三以为选曹、补拟，宜与众共之。今州郡选置，犹集乡闾，况天下铨衡，不取物望，既非机事，何足可密？案事见《周书·逊传》，今本有阙文。胡三省《注》曰："以此观之，选曹、补拟，皆密奏于上，盖自晋山涛启事始也。"案《晋书·涛传》言："涛再居选职，十有余年，每一官缺，辄启拟数人，诏旨有所向，然后显奏，随帝意所欲为先，故帝之所用，或非举首。众情不察，以涛轻重任意，或谮之于帝，故帝手诏戒祷曰：夫用人惟才，不遗疏远卑贱，天下便化矣。而涛行之自若。一年之后，众情乃寝。"涛之掌选，为世所艳称，其实上不逆人之意，而行之既久，下之人亦知用舍之皆出于上，而已不任其恩怨，乃巧于逢迎趋避之为耳。《外戚传》：王蕴，“累迁尚书吏部郎，性平和，不抑寒素，每一官缺，求者十辈，蕴无所是非。时简文帝为会稽王，辅政，蕴辄连状白之曰：某人有地，某人有才。务存进达，各随其方，故不得者无怨焉”。其所为亦涛之类也。

《陈书·徐陵传》：天康元年，迁吏部尚书，领大著作。陵以梁末以来，选授多失其所，于是提举纲维，综核名实。时有冒进求官，喧竞不已者，陵乃为书宣示曰：“所见诸君，多踰本分，犹言大屈，未喻高怀。若问梁朝朱领军异亦为卿相，此不踰其本分邪？此是天子所拔，非关选序。梁武帝云：世间人言有目色，我特不目色范悌。宋文帝亦云：人世岂无运命，每有好官缺，辄忆羊玄保。此则清阶显职，不由选也。秦有车府令赵高直至丞相，汉有高庙令田千秋亦；为丞相，此复可为例邪？”此犹张释之言：方其时上使使诛之则已，已下廷尉，则天下之平，不可倾也。专制之世，人主举措，诚有不能以法范围者，然此等要以少为佳。《晋书·王戎传》：“南郡太守刘肇贿戎筒中细布五十端，为司隶所纠，以知而未纳，故得不坐，然议者尤之。帝谓朝臣曰：戎之为行，岂怀私苟得，正当不欲立异耳。帝虽以是言释之，然为清慎者所鄙，由是损名。”天子能颠倒赏罚，而不能移易清议；清议有力，则终足以纠正赏罚，使不至于大悖。此足见与众共之利，而秘密之终成壅蔽矣。

专制之世，人主之威，似可以为所欲为矣；然壅蔽既深，亦有时而不得行其意。《北史·景穆十二王传》：元修义，“迁吏部尚书。及在铨衡，唯事货贿，授官大小，皆有定价。时中散大夫高居者，有旨先叙，上党郡缺，居遂求之；修义私已许人，抑居不与。居大言不逊，修义命左右牵曳之。居对大众，呼天唱贼。人问居曰：白日公庭，安得有贼？居指修义曰：此坐上者，违天子明诏，物多者得官，京师白劫，此非大贼乎？修义失色，居行骂而出。后欲邀车驾论修义罪状，左仆射萧宝夤（yín）喻之，乃止。”先叙之旨不得行，邀驾论罪不得达，虽有雷霆之威，亦何所用之乎？

第七章

闲看一张游走世间的游仙僧宦面孔

岁月弥散，往事悠悠。在历史长河的某个片段中，仙侠飘飘的身影，僧道欲去还留的遗踪，像清流一般，迤逦着我们深深浅浅的视线。是侠肝义胆，还是夺路横行？是隐居不仕，还是蠢蠢欲动？一切皆流连在那段梦幻中。除此之外，那专横一时的宦官，着实是不能让人小瞧的角色。这张面孔不仅曾较长时期地左右着皇帝的废立，甚至有时能让一个朝代分崩离析。

神仙家

天下事无可全诳[1]人者。《史记·封禅书》言："秦文公获若石[2]，于陈仓北阪城祠之。其神或岁不至，或岁数来，来也常以夜，光辉若流星，从东南来集于祠城，则若雄鸡，其声殷云，野鸡夜雊。"而刘向言："陈宝祠，自秦文公至今，七百余岁矣。汉兴，世世常来，光色赤黄，长四五丈，直祠而息，音声砰隐，野鸡皆雊（gòu）。每见雍，太祝祠以太牢，遣候者乘一乘传驰诣行在所，以为福祥。高祖时五来，文帝二十六来，武帝七十五来，宣帝二十五来，初元元年以来，亦二十来。"《汉书·郊祀志》。此自然之象，众目共睹，非可虚诳。然则汉武帝以正月上辛用事甘泉圜丘，使童男女七十人俱歌，昏祠至明，夜常有神光如流星止集于祠坛，天子自竹宫而望拜，百官侍祠者数百人，皆肃然动心焉。《汉书·礼乐志》。此亦非可虚诳。故知迷信之事，睹其事而不知其理者多矣，谓其绝无依据，则必不然。知此则可与论神仙家之原起焉。

《左氏》昭公二十年载齐景公问晏子之辞曰："古而无死，其乐何如？"古无为不死之说者，景公为神仙家所惑，盖又在威、昭、燕昭之前矣。《汉书·天文志》，望气之术，有察海旁蜃（shèn）气者；又云："云气各象其山川人民所聚积。"盖后亦知倒景之理，然其初则不之知，诚以为空虚之中有人焉。诚以为人可乘云气而遨游。《楚辞》中所表见者，皆此思想也。夫如是故方士必起于燕齐之间，而三神山必在海中也。

① 诳（kuáng）：欺骗。

② 若石：像石头的东西。

淮南王

汉人之重复仇，观淮南王事可以知之。审食其之于厉王母，特未能争于吕后耳，非有意杀之也；而厉王处心积虑，必致之死。王安躬行仁义，通达道术，必非利天下者。史言王入朝，武安侯迎之，为言上无太子而王喜；此乃武安奸诈，欲以此自结，而非王有利天下之心也。后王欲举事，诸使道从长安来，言上无男，汉不治，即喜；言汉廷治，上有男，即怒，以为妄言，亦以如此则易为变，非利天下也。抑此二者或传言之妄，而史从而书之，不然，王岂轻躁浅露若是？要之王无利天下之心，则可决矣。吴王濞宗室最长，蓄反谋数十年，岂能北面朝安者？安果有利天下之心，濞之举兵，何为欲应之乎？《史记》云安时时怨、望厉王死，欲畔逆；《汉书》云江淮间多轻薄，以厉王迁死感激安。此盖安谋反之由，他皆不足信也。安之谋反也，女陵为中诇（tóng）长安；太子屏其妃弗爱，王后亦与计谋；其败也，豪桀诛者数千人；其名臣则有伍被、左吴、赵贤、朱骄如等，君臣上下，同力一心。王闻伍被言反之难，曰："男子之所死者，一言耳。"其决如此。雷被告太子而不发，庄芷《汉书》作严正。告之而又不发，太子念事不成，则自杀以为后图，其审慎强毅又如此，皆复仇之大义，有以感激其心也。其所以能君臣上下，同力一心者，抑又王之意气慷慨，孝思出于至诚，有以感激之也。不特此也，衡山之谋叛，史言其与淮南不相能，恐为所并；又言淮南西发兵，则欲定江淮间有之。且衡山畏淮南兼并，何难发一使，以淮南反谋告汉朝，而招致宾客，求壮士，作辎（péng）车镞（zú）矢，自陷于罪戾乎？史又言元朔六年，衡山王过淮南，淮南王乃昆弟语，除前隙，约束反具。夫二国之隙已十年，岂有能除之一旦，遽共约束为反谋者？

衡山之志，盖亦淮南之志也。淮南、衡山之志如此，而败其谋者，乃以辟阳侯孙，亦以怀复仇之念故也。甚矣汉人之重复仇也！

淮南王曰："吴何知反？汉将一日过成皋者四十余人。今我令楼缓要成皋之口，周被下颍川兵塞镮（huán）辕、伊阙之道，陈定发南阳兵守武关，河南太守独有洛阳耳，何足忧？"善哉谋乎！吴王蚤岁冠军，白头举事，然有桓将军、田禄伯、周丘弗能用，兵徒屯聚而西，无他奇道，盖仍年少椎锋，徒知积金钱，招亡命耳，非有大略也。王又曰："天下劳苦有间矣，诸侯颇有失行，皆自疑。我举兵西乡，必有应者；无应，即还略衡山。"被又教以南收衡山以击庐江，有寻阳之船，守下雉之城，结九江之浦，绝豫章之口，强弩临江而守，以禁南郡之下，东收江都、会稽，南通劲越，屈强江淮间，其策画之周又如此。以上均见《汉书·伍被传》。使其举兵，其轻剽或不逮吴王，必不如吴王之可以一战覆也。汉亦危矣哉！然安终于无成者，则群臣近幸素能使众者皆前系诏狱实为之。否则公孙弘说下之如发蒙，大将军卫青亦仅和柔自守，伍被誉大将军之言，乃汉廷狱辞，非其实也。汉之为汉，未可知也。

《汉书·梅福传》：福上书曰："孝武皇帝好忠谏，说至言，出爵不待廉茂，庆赐不须显功；是以天下布衣，各厉志竭精，以赴阙庭自衒鬻①者，不可胜数。汉家得贤，于此为盛。使孝武皇帝听用其计，升平可致。于是积尸暴骨，快心胡越，故淮南王安缘间而起。所以计虑不成而谋议泄者，以豪贤聚于本朝，故其大臣势陵不敢和从也。"云武帝时有可缘之间，是矣。云豪贤聚于汉朝，有以折淮南之谋，则福饰辞以悟时主耳，非其实也。不然，淮南之谋，岂久而始泄哉？且伍被之徒为王谋者，可谓至矣，何势陵不敢和从之有？

---

①衒（xuàn）鬻（yù）：即"炫鬻"，炫耀，卖弄。衒，通"炫"。

窦公

《汉书·艺文志》："六国之君，魏文侯最为好古，孝文时，得其乐人窦公。"《注》引桓谭《新论》云："窦公年百八十岁，两目皆盲，文帝奇之，问曰：何因至此？对曰：臣年十三失明，父母哀其不及众技，教鼓琴，臣导引无所服饵。"案此神仙家之妄托也。窦公之传出于魏文侯之乐人，非身事魏文侯；犹扁鹊上治虢太子，下逮赵简子、齐桓侯，同蒙扁鹊之号，实非一人也。故曰"或在齐，或在赵"。自魏文侯至汉文帝，亦不止百八十岁，神仙家之技，故止于此。

游侠郭解

郭解之得也，穷治所犯，为解所杀，皆在赦前。轵（zhǐ）有儒生，侍使者坐。客誉郭解，生曰：郭解专以奸犯公法，何谓贤？解客闻，杀此生，断其舌。吏以此责解，解实不知杀者。杀者亦竟绝，莫知为谁。吏奏解无罪。公孙弘议曰：解布衣，为任侠行权，以睚眦[①]杀人。解虽弗知，此罪甚于解知杀之。当大逆无道。遂族郭解。弘之议，乃谓弗知罪甚于知，则其果知与否，可以勿问，非谓解真不知也。史言解少时阴贼，概不快意，身所杀甚众。年长，更折节为俭，以德报怨。然其阴贼着于心，卒发于睚眦如故云。则其多所贼杀，时人固皆知之，特莫能举发之耳。穷治所犯，所杀皆在赦前；杀轵儒生者，解实不知；杀者

① 睚眦（yá zì）：极小的仇恨。

亦竟绝，未必非吏为之道地也。武夫虽犷悍，然能磊磊落落，则虽报怨过当，犹有可取。以直报怨，固非所望于此曹也。贼而曰阴，风斯下矣。然非阴险有心计者，固不能为豪杰魁首。彼杀轵儒生者，岂中心说（yuè）而诚服解哉？亦以是纳交于解，而要誉于其徒党耳。自与季路、仇牧，而心计之工，虽商贾有所不若，清夜自思，不亦有靦（tiǎn）面目乎？此所谓游侠者，所以终为盗跖之居民间者邪？史公曰："朋党宗强比周，设财役贫；豪暴侵陵孤弱，恣欲自快；游侠亦丑之。余悲世俗不察其意，而猥以朱家、郭解等，令与暴豪之徒同类而共笑之也。"以吾观之，则朱家、郭解，亦暴豪之工于术者耳。语曰：不知来，视诸往。余则曰：不知古，鉴诸今。岂不见今之所谓朱家、郭解者？其立心与暴徒，何以别乎？古以儒、墨并称，亦以儒、侠并称，明墨子之徒，原即世所谓游侠。然闾巷之侠，儒、墨皆排摈不载；则侠之于墨，犹乡原之于儒也。

客或讥原涉曰：子本吏二千石之世，结发自修，以行丧、推财、礼让为名。正复仇取仇，犹不失仁义；何故遂自放纵，为轻侠之徒乎？当时轻侠之徒，有所贼杀，非为仇雠可知。此其所以为盗跖之居民间者邪？观客之所言，而世人之视游侠者可知矣。史言涉性略似郭解，外温仁谦让，而内隐好杀。人之视己，如见其肺肝然。岂有诚于心而不形于外，真可以欺世者哉？

剧孟过袁盎，盎喜待之。安陵富人有谓盎曰："吾闻剧孟博徒，将军何自通之？"盎曰："剧孟虽博徒；然母死，客送丧车千余乘，此亦有过人者。且缓急人所有。夫一旦叩门，不以亲为解；不以在亡为辞，天下所望者，独季心、剧孟。今公阳从数骑，一旦有缓急，宁足恃乎？"徙豪富茂陵也，郭解家贫不中訾，吏恐不敢不徙，诸公送者出千余万。彼有缓急，岂待叩人之门户哉？郑庄行千里不赍粮，敛客之财以养客，徒取诸彼以与此，虽鄙夫岂有爱焉？此足方季次、原宪乎？

子曰："吾未见刚者。"或对曰："申枨（chéng）。"子曰："枨也欲，焉得刚？”故曰：志士不忘在沟壑，勇士不忘丧其元。今汉之所谓游侠者，欲奸公法，则相与探丸为弹：得赤丸者斫武吏，得黑者斫文吏，白者主治丧。死而不忘埋葬，可谓勇乎？然而千金之子，坐不垂堂，此为郭解报仇者之所以多与？公孙弘则可谓知治矣。

豪右游侠

从来为地方人民之患者，莫如豪右及游侠，而二者又恒相结。晋南北朝，为纲纪废弛之世，故此二者，为患尤甚焉。豪族有由于阀阅[1]者，如《晋书·刘颂传》，言其为汉广陵厉王之后，世为名族，同郡有雷、蒋、縠（gǔ）、鲁四姓，皆出其下，时人为之语曰：“雷、蒋、縠、鲁，刘最为祖”是也。有由于多财者，如《忠义传》言：麹允金城人，与游氏世为豪族，西州为之语曰：“麹与游，牛羊不数头，南开朱门，北望青楼。”是也。又有恃当路之权势者，如《梁书·谢朏（fěi）传》言：朏弟子览，出为吴兴大守；中书舍人黄睦之，家居乌程，子弟专横，前大守皆折节事之是也。《宋书·谢方明传》言：江东民户殷盛，风俗峻刻，强弱相陵。而《蔡兴宗传》言：会稽多诸豪右，不遵王宪；又幸臣近习，参半宫省，封略山湖，妨民害治，王公、妃、主，邸舍相望；挠乱在所，大为民患。子息滋长，督索无穷。《梁书·良吏·沈瑀传》言：余姚大姓虞氏千余家，请谒如市，前后令长莫能绝。县南又有豪族数百家，子弟纵横，递相芘[2]荫，厚自封殖，百姓甚患之。则数者兼有之矣。当时豪族，有从事劫掠与盗贼无异者，如《南史·沈庆之传》言：诸沈为劫首者数十，人士患之，庆之诡为置酒，一时杀之，于是合境肃清，

① 阀阅：门阀大族。

② 芘（bì）：通“庇”。

人皆喜悦。《魏书·李安世传》言：广平人李波，宗族强盛，残掠生民。刺史相州。薛道㯹亲往讨之，波率其宗族拒战，大破㯹军。遂为逋逃之薮，公私成患。百姓为之语曰："李波小妹字雍容，褰[1]裙逐马如卷蓬[2]，左射右射必叠双。妇女尚如此，男子那可逢？"则豪右，游侠，二者殆不可分矣。贵人子亦有为劫者：《晋书·戴渊传》言：渊少好游侠，不拘操行，遇陆机赴洛，船装甚盛，遂与其徒掠之。《北齐书·毕义云传》言：义云少粗侠，家在兖州北境，常劫掠行旅，州里患之。《北史·毕众敬传》言：众敬少好弓马射猎，交结轻果，常于疆境盗掠为业。此尚其小焉者。其大者，如齐之阿伽郎君，《北齐书·阳洲公永乐传》：弟长弼，小名珂伽。性粗武。出入城市，好殴击行路。时人皆呼为阿伽郎君。以宗室封广武王。时有天恩道人，至凶暴，横行闾肆。后入长弼党，专以斗为事。文宣并收掩付狱。天恩党十余人皆弃市。长弼鞭一百。寻为南营州刺史。在州无故自惊走，叛亡入突厥，竟不知死所。周之李居士，居士父名昶，在周尚公主，与隋高祖有旧，及受禅，甚见亲礼。居士为大子千牛备身。聚徒任侠，不遵法度。数得罪，上以昶故，每原之。居士转恣，每大言曰："男儿要当辫头反缚蘧篨[3]上作獠舞。"取公卿子弟膂力雄健者，辄将至家，以车轮括其颈而棒之，殆死。能不屈者，称为壮士，释而与交。党与三百人，其趫（qiáo）捷者号为饿鹘（hú）队，武力者号为蓬转队。每韝（gōu）鹰绁（xiè）犬，连骑道中，欧击路人，多所侵夺。长安市里无贵贱，见之者皆辟易。至于公卿、妃、主，莫敢与校者。有人告"居士与其徒游长安城，登故未央殿基，南向坐，前后列队，意有不逊。每相约曰：当为一死耳"。又时有人言："居士遣使引突厥令南寇，当于京师应之。"帝谓昶曰："今日之事，当复如何？"昶犹恃旧恩，不自引咎，直答曰："黑白在于至尊。"上大怒，下

① 褰（qiān）：揭起，掀起。

② 如卷蓬：像风卷起飞蓬，形容非常轻快。

③ 蘧（qú）篨（chú）：一种竹席。蘧，通"籧（qú）"

昶狱，补居士党与治之。居士坐斩，昶赐死于家。见《隋书·列女传》。则其为人患尤甚矣。

此等豪暴之徒，徒能恃势倚众，犯法陵民，非能结合徒党，自成一队，如古所谓隐若一敌国者，实侠徒中之下焉者也。其能如此者，亦自有其人。《晋书·王衍传》：衍妻郭氏，贾后之亲，藉宫中之势，刚愎贪戾，聚敛无厌，好干豫人事。衍患之而不能禁。时有乡人幽州刺史李阳，京师大侠也，郭氏素惮之。衍谓郭曰："非但我言卿不可，李阳亦谓不可。"郭氏为之小损。李阳之势力可想。此等游侠魁首，遭逢丧乱，往往能挺戈而起，如王弥，史言其"少游侠京师"是也。永和中，张琚（jū）据陇东，遣使招司马勋，勋复入长安。初，京兆人杜洪，以豪族陵琚，琚以勇侠侮洪。洪知勋惮琚兵强，因说勋曰："不杀张琚，关中非国家有也。"勋乃伪请琚，于坐杀之。琚弟走池阳，合兵攻勋。勋频战不利，乃请和归梁州。《晋书·济南惠王遂传》。侠徒之为重一方可见矣。职是故，有志于建立勋业者，亦多藉其人以为用。《晋书·祖逖（tì）传》云：逖轻财好侠，慷慨有节尚。每至田舍，辄称兄意，散谷帛以周贫乏。乡党宗族，以是重之。后居丹徒之京口。以社稷倾覆，常怀振复之志。宾客义徒，皆暴桀勇士。逖遇之如子弟。时扬土大饥，此辈多为盗窃，攻剽富室。逖抚慰，问之曰："比复南塘一出不？"或为吏所绳，逖辄拥护救解之。谈者以此少逖，逖自若也。《北齐书·高乾传》：乾父翼，豪侠有风神，为州里所宗敬。乾少时轻侠，数犯公法。长而修改，轻财重义，多所交结。弟昂，初以豪侠立名。为之羽翼者：刘海宝，少轻侠。东方老，少粗犷无赖，结轻险之徒，共为贼盗。又《李元忠传》：元忠家素富，在乡多有出贷求利，元忠焚契免责。其宗人愍，少有大志。年四十，犹不仕州郡，惟招致奸侠，以为徒侣。洛京倾覆，愍率所部西保石门山，潜与刘灵助及高昇兄弟、安州刺史卢曹等同契。助败，愍遂入石门。高祖建义，以书招愍，愍奉书，拥众数千人以赴。又元忠族叔景遗，少雄武，有胆力。好结聚亡命，共为劫盗、乡里每患之。永安末，其兄南钜鹿大守无为，以臧罪为御史所劾，禁于州狱。景遗率左右十余骑，诈称台使，径入州城，劫无为而出之。州军追讨，竟不能制。由是以侠闻。及高祖举义信都，景遗赴军门。高祖素闻其名，接之甚厚。命与元忠举兵于西山。仍与大军俱会，擒刺史尒（ěr）朱羽生。又《毛遐传》：遐少任侠。弟鸿宾，尤轻财好施，遐虽早立，而名出其下。又《外戚传》：李延寔长子彧，任侠交游，轻薄无行。尒朱荣之死，武毅之士，皆彧所进。知风澒洞之际，侠徒之为用，为不少矣。

游侠之大者，其党羽必散布各地，又必彼此互相交通，故道路艰阻之时，行人往还，或藉其力。元亨父季海，魏司徒、冯翊王。遇周、齐分隔，遂仕长安。享时年数岁，与母李氏在洛阳。齐神武禁锢之。亨母，魏司空李冲女也。素有智谋。诈称冻馁，请就食荥阳，齐人以其去关西尚远，老妇弱子，不以为疑，许之。李氏阴托大豪李长寿，携亨及孤侄八人，潜行草间，遂得至长安。魏孝庄帝时，盗贼蜂起。清河有五百人西戍，还经南赵郡，以路梗，共投李元忠。奉绢千余匹。元忠惟受一匹，杀五牛以食之。遣奴为导，曰：“若逢贼，但道李元忠客。”如言，贼皆舍避。声气之广如此，此周亚夫得剧孟，所以若得一敌国欤？

侠徒之所以为侠，穷其本原，则既不能勤事生产，又不能淡泊自甘，乃不能不犯法以求食而已。捍法非一人所能为，则不得不相要结；欲相要结，则盗亦有道，又不得不互相振赡；此古今一辙者也。《魏书·薛安都传》：少骁勇，善骑射，颇结轻侠。诸兄患之。安都乃求以一身分出不取片资。兄许之。居于别厩。远近交游者，争有送遗，马牛、衣服、什物，充满其庭。又《裴延儁传》：延儁从孙庆孙，任侠有气。乡曲壮士及好事者，多相依附，抚养咸有恩纪。在郡之日，值岁饥凶，四方游客，常有百余，庆孙自以家财赡之。《冯元兴传》：家素贫约，食客恒数十人，同其饥饱，曾无吝色。《北史·房法寿传》：少好射猎。轻率勇气，结诸群小为劫盗。宗族患之。弱冠，州迎主簿。后以母老，不复应州郡命。常盗杀猪羊以供母。招集勇士，恒有数百。及降虏，虏给以田宅奴婢，亲旧宾客，率同饥饱，坎壈[1]常不丰足。《毛遐传》：世为豪右，赀产巨亿，士流贫乏者，多被振赡。故中书郎檀翥、乏尚书郎公孙范等，常依托之。至于自供，衣食粗敝而已。鸿宾，昆季之中，尤轻财好施。尒朱天光自关中还洛，夷夏心所忌者，皆将自随。鸿宾亦领乡中壮武二千人以从。洛中素闻其名，衣冠贫冗者，竞与之交。寻拜西兖州刺史。羁寓倦游之辈，四坐常满。鸿宾资给衣食，与己悉同。私食不足，颇有公费。

《周书·韦祐传》：少好游侠。所与交游，皆轻猾亡命。正光末，四方云扰，王公避难者或依之，多得全济。此等皆侠徒之本色，不如是，殆不足为侠也。既如是，安能不取非其有，此其所以终不免为盗跖之居民间者欤！亦有能振施而不为轻侠者？《晋书·隐逸·刘驎之传》云：驎之虽冠冕之族，而信义著于群小。凡厮伍之家，婚娶、葬送，无不躬自造焉。居于阳岐，在官道之侧，人物来往，莫不投之。驎之躬自供给。士君子颇以劳累，更惮过焉。凡人致赠，一无所受。去驎之家百余里，有一孤姥，病将死，叹息谓人曰："谁当埋我？惟有刘长史耳。何由令知？"驎之先闻其有患，故往候之。直其命终，乃身为营棺殡送之。此事甚类侠者之所嵬，然驎之名列《隐逸》之传，则非为侠者也。其汉郑当时之流乎？盖尚不逮王丹？然较诸盗跖定居民间者，则自贤矣。

能裁抑豪强者，莫如宋武帝。《晋书·张辅传》：补蓝田令。不为豪强所屈。强弩将军庞宗，西州大姓。护军赵浚，宗妇族也，僮仆放纵，为百姓所患。辅绳之，杀其二奴。又夺宗田二百余顷，以给贫户。一县称之。转山阳令。大尉陈准家僮暴横，辅复击杀之。蔡兴宗守会稽，亦能绳之法。谢览守吴兴，黄睦之子弟来迎。览逐去其船，杖吏为通者。自是睦之家杜门不出。沈瑀为余姚令，虞氏非讼诉无所通。召县南豪族老者为石头仓监，少者补县僮，皆号泣道路。自是权右屏迹。李安世设方略，诱李波及诸子侄三十余人，斩于邺市。境内肃然。泉企除东雍州

① 坎壈（lǎn）：不顺利。

刺史。部民杨羊皮，大保椿之从弟，恃托椿势，侵害百姓。守宰多被其陵侮，皆畏而不敢言。企收治之。将加极法。杨氏惭惧，宗族诣阁请恩。自此豪右屏迹，无敢犯法。此皆能不畏强御者。《周书·宇文贵传》：除益州刺史。先是蜀人多劫盗。贵乃召任侠轻健者，署为游军，二十四部，令其督捕。由是颇息。又《韩褒（bāo）传》：出为北雍州刺史。州带北山，多有盗贼。褒密访之，并豪右所为也。阳不之知，悉召桀黠少年，素为乡里所患者，署为主帅。分其地界，有盗发而不获者，以故纵论。诸被署者莫不皇惧。皆首伏曰："前盗发者，并某等为之。"所有徒侣，皆列其姓名。或亡命隐匿者，亦悉言其所在。褒乃取盗名簿藏之，因大榜州门曰："自知行盗者，可急来首，即除其罪。尽今月不首者，显戮其身，籍没妻子，以赏前首者。"旬月之间，诸盗咸悉首尽。褒取名簿勘之，一无差异，并原其罪，许以自新，由是群盗屏息。此亦能以方略除盗者也。然良有司不易得，欲以是绝其根株，难矣。《魏书·大宗纪》：永兴五年（413），诏分遣使者；巡求俊逸。其豪门强族，为州闾所推者，各令诣京师。当随才叙用，以赞庶政。《崔玄伯传》云：大宗以郡国豪右，大为民蠹，乃优诏征之。民多恋本，而长吏逼遣。轻薄少年，因相扇动，所在聚结。西河、建兴，盗贼并起。守宰讨之不能禁。大宗引玄伯及安同、叔孙建、元屈等问曰："今犯者已多，不可悉诛，朕欲大赦以纾（shū）之，何如？"屈对曰："民逃不罪，而反赦之，似若有求于下。不如先诛首恶，赦其党类。"玄伯曰："王者治天下，以安民为本，何能顾小曲直也？赦而不改，诛之不晚。"太宗从之。即永兴五年事也。可见普加诛翦之不易矣。《梁书·良吏·何远传》：迁东阳大守。远处职，疾强富如仇雠，视细民如子弟，特为豪右所畏惮。在东阳岁余，复为受罚者所谤，坐免归。《南史·范云传》：为始兴内史。郡多豪猾[①]大姓，二千石有不善者，辄共杀害，不则逐之。边带蛮俚，尤多盗贼，前内史皆以兵刃自卫。云入境，抚以恩德。罢亭候，商贾露宿。郡中称为

① 豪猾：强横狡诈，不守法纪。

神明。迁广州刺史。时江祏（shí）姨弟徐艺为曲江令，祏深以托云。有谭俨者，县之豪族，艺鞭之，俨以为耻，至都诉云，云坐征还下狱。然则无论德化刑威，良吏之得行其志，要不易也。

豪强游侠

豪强、游侠，二皆为民害。而丧乱之际尤甚。试就隋、唐间事观之。薛举家产巨万，交结豪猾，雄于边朔。李轨家富于财，振穷济乏，人亦称之。梁师都代为本郡豪族。皆豪强也。窦建德少以然诺为事。父卒，送葬者千余人。刘武周交通豪侠。其兄山伯，每诫之曰："汝不择交游，终当灭吾族也。"高开道少以煮盐自给。刘黑闼（tà）嗜酒好博弈，不治产业，父兄患之。而与窦建德少相友善。家贫无以自给，建德每资之。皆游侠也。李勣（jì）家多僮仆，积粟数千钟，与其父盖，皆好惠施，振济贫乏，不问亲疏。翟让为盗，勣往从之，时年十七，则二者兼之矣。盖丧乱之际，豪强不与游侠相交结，则无以自全，而游侠亦利得豪强以自助，故二者又互省关系也。萧铣（xiǎn）之起也，其众本欲推董景珍为主。景珍曰："吾素寒贱，虽假名号，众必不从。今若推主，当从众望。罗川令萧铣，梁氏之后。宽仁大度，有武皇之风。吾又闻帝王膺箓，必有符命，而隋氏冠带，尽号起梁，斯乃萧家中兴之兆。今请以为主，不亦应天顺人乎？"此徒以家世推之，欲借其名望以资号召，然铣既无党徒，亦无部曲，遂不够驾驭诸将，终至覆灭。而李密，奔亡时，尝依妹婿雍丘令丘君明，转匿大侠王季才家，及起，则任城大侠徐师仁从之，遂克称雄一时，略地甚广。刘文静之囚也，太宗入禁所视之。文静曰："今太原百姓，避盗贼者皆入城，文静为令数年，知其豪杰，一朝啸集，可得十万人。"所谓豪杰，亦必武断乡曲，或以武犯禁之徒也。故知风尘澒洞之时，非斯二者，殆莫能挺刃而起矣。然二者之情亦有异。

飞扬跋扈，万里云会者，游侠之士也。割据一方，负嵎（yú）不下者，豪强之家也。翟让、窦建德之徒，盖皆以游侠起。若卢祖尚者，史亦称其饶财好施，以侠闻。大业末，募壮士捕盗。属宇文化及之乱，遂据光州称刺史。然越王侗立，祖尚即以地归之。王世充僭位，祖尚复归唐，此则豪右欲保据自固者耳。唐末如黄巢、孙儒等，乃翟让、窦建德之伦，若留从效，则卢祖尚之类也。

豪强游侠，所由虽各殊途，而其为朘民以生则一故在承平之时，亦必不能无为民害。《旧书·尹思贞传》：补隆州参军。时晋安县有豪族蒲氏，纵横不法，前后官吏莫能制。州司令思贞推按，发其奸臧万计，竟论杀之。此豪右之作奸犯科者也。《孟简传》：简以元和九年，出为浙东观察使。承李逊抑遏士族，恣纵编户之后，一皆反之，而农估多受其敝。可见豪右与氓庶，利害之不相容矣。此犹骫[1]法以为利也！《良吏·王方翼传》：永徽中，累授安定令。诛大姓皇甫氏，而盗贼止息，则竟作逋逃之薮[2]矣。《郭元振传》：元振为通泉尉，任侠使气，前后掠卖所部千余人，以遗宾客，则竟躬为盗贼矣。此又豪强游侠，合而为一也。《张弘靖传》：东都留守杜亚辟为从事。留守将令狐运逐贼出郊，其日，有劫转运绢于道者，亚以运豪家子，意其为之，乃令判官穆员及弘靖同鞫其事。员与弘靖，皆以运职在衙门，必不为盗，坚请不按。亚不听，遂以狱闻。仍斥员及弘靖出幕府。有诏令三司使杂治之。后果于河南界得贼。此事令狐运虽云见枉，然是时豪家子之为盗者必多，故杜亚疑之深也。辛谠者，云京之孙，而史称其能击剑，重然诺，走人所急，豪家子之为侠者，盖不少矣。

游侠，虽云能走人所急，并有能奋起而立功名如辛谠者，然其什九，终不免为居民间之盗跖，则拟恒人之情，惟为身谋，其为侠，本不过谋生之一术，勤生薄死，非其素志，此墨子之教所以不能久存也。《隋

① 骫（wěi）：枉曲。

② 逋（bū）逃之薮：逃亡者的藏身之所。逋逃，逃亡的人。薮，聚集的地方。

书·沈光传》：父君道，仕陈为吏部侍郎。陈灭，家于长安。太子勇引署学士。

后为汉王谅府掾，谅败，除名。尝少骁捷，“善我马，为天下之最。略综书记，微有辞藻。家甚贫窭，父兄并以佣书为事。光独跅弛，交通轻侠，为京师恶少年所朋附。人多赡遗，得以养亲。每致甘食美服，未尝困匮。力田不如逢年，刺绣文不如倚市门，轻侠驰骋，而可致甘食美服，人亦孰肯勤苦力作哉？古士大夫家累多重，虽贵而贫，观于沈光之事，而可知当时名家子之所以好为侠矣。其下于此者，则为今世所谓痞棍之流？《新书·高仁厚传》云：事西川陈敬瑄为营使。黄巢陷京师，天子出居成都。敬瑄遣黄头军部将李铤、巩咸以兵万五千戍兴平，数败巢军。敬瑄喜其兵可用，益选卒二千，使仁厚将而东。先是京师有不肖子，皆着叠带冒持挺剽闾里，号闲子。京兆尹始视事，辄杀尤者以怖其余。窦潏（yù）治京兆，至杀数十百人，稍稍惮戢。巢入京师，人多避居宝鸡，闲子掠之，吏不能制。仁厚素知状，下约入邑闾纵击。军入，闲子聚观嗤侮。于是杀数千人。坊门反闭，欲亡不得，故皆死。自是闾里乃安。所杀至于数千，自不免于枉滥；然其徒数必不少，则亦可推见矣。窦潏杀数十百人而即戢畏，则此辈原非难治，然根株终难尽绝。平居虽无能为，乱时亦足为患。甘露变后，田全操等回京师，民相惊，无赖之徒，皆戎服兵仗，望阙以俟变，亦闲子之类也。在都邑，遇严明之吏；尚可镇慑，在道途则更难治。故王瑜欲入蜀，必与盗相结而行。《通鉴》：唐高宗永淳元年，以关中饥幸东都。出幸仓卒，扈从之士，有饿死中道者。上虑道路多草窃，命监察御史魏元忠检校车驾前后。元忠受诏，即阅视赤县狱。胡《注》：西京以长安、万年为赤县。得盗一人，神采语言异于众。命释桎梏，袭冠带，乘驿以从。与共食宿，托以诘盗。其人笑，许诺。比及东都，士马万数，不亡一钱。此即用盗贼为捕役之理。若此要约出于私家，则即为后世之保镖矣。此等事读史者多美其方略，实则不能治盗，而与相要结耳，与俗所谓出买路钱者，实无以异也。

僧徒为乱

宗教为治世之资乎？抑为作乱者之所藉乎？曰无定也。无论何教，皆可用以治民，亦可藉以犯上。道教自寇谦之而后，庙堂之上亦尊礼之，与儒、释并列矣。谓其非原出于张角、张鲁、孙恩之俦，不可得也。基督教在欧洲，几欲藉以驾驭帝王成统一之业；其在中国，太平天国起事之时，谓其非张角、张鲁、孙恩之流，不可得也。佛教最称柔和矣，然自传入中国以来，假以谋乱者，亦迄不绝；以其所成就，不如张角、张鲁、孙恩、太平天国等之大，读史者遂多忽略焉；然其性质实无以异，不可不一指出之也。

佛教流通，世皆信《魏书·释老志》之说，谓其以汉明帝之世来自西域，首至洛阳，非也。楚王英者，明帝之兄，而据《后汉书》本传，永平八年诏令天下死罪皆入缣赎，英遣郎中令奉黄缣白纨三十匹诣国相，国相以闻，诏报之，已有“楚王诵黄、老之微言，尚浮屠之仁慈”之语矣。然则佛教流通，南方殆先于北。大作佛事最早可考者，为汉末之笮（zé）融，事见《三国志·刘繇传》，亦见《后汉书·陶谦传》。《传》言融丹阳人，初聚众数百，往依徐州牧陶谦。谦使督广陵、彭城运漕，遂放纵擅杀，坐断三郡委输以自入。乃大起浮图祠，以铜为人，黄金涂身，衣以锦采，垂铜盘九重，下为重楼阁道，可容三千余人，悉课读佛经令界内及旁郡人有好佛者听受道，复其他役以招致之，由此远近前后至者五千余人户。每浴佛，多设酒饭，布席于路，经数十里，民人来观及就食且万人，费以巨亿计。曹公攻陶谦，徐土骚动，融将男女万口，马三千匹，走广陵，广陵太守赵昱待以宾礼。先是，彭城相薛礼为陶谦所逼，屯秣陵。融利广陵之众，因酒酣杀昱，放兵大略，因载而去，过杀礼。刘繇为孙策所破，奔丹徒，泝江南保豫章，驻彭泽。笮融先至，杀太守朱皓，入居郡中。繇进讨融，为融所破，更复招合属县，攻破融。融败走入山，为民所杀。其人实乱徒也。

《隋书·经籍志》论《佛经》云："汉末太守竺融亦崇佛法。"竺笮同音，佛徒以释为姓，始于道安，先此皆从所受学。《困学纪闻》二十引石林叶氏《避暑录话》。而僧人来自异域者，率以其国名为姓，如月支人姓支，安息人姓安是也。天竺人则姓竺，竺融疑从天竺人受学，因从其姓者；此说若然，则融，中国人出家之甚早者矣。《三国·吴志·孙琳传》言其"坏浮屠祠，斩道人"。其详不可得闻。今案《梁书·海南诸国传》述高祖改造阿育王寺塔，出旧塔下舍利及佛爪发事云："阿育王即铁轮王，王阎浮提，一天下，佛灭度后，一日一夜役鬼神造八万四千塔，此即其一也。吴时有尼居其地，为小精舍，孙琳寻毁除之，塔亦同泯。吴平后，诸道人复于旧处建立焉。晋中宗初渡江，更修饰之。至简文咸安中，使沙门安法师程造小塔，未及成而亡。弟子僧显继而修立。至孝武太元九年，上金相轮及承露。其后西河离石县有胡人刘萨何遇疾暴亡，而心下犹暖，其家未敢便殡，经十日更苏，说云：有两吏见录，向西北行，不测远近，至十八地狱，随报重轻，受诸楚毒；见观世音语云：汝缘未尽，若得活，可作沙门，洛下、齐城、丹阳、会稽并有阿育王塔，可往礼拜；若寿终，则不堕地狱。语竟，如堕高岩，忽然醒寤（wù）。因此出家，名慧达，游行礼塔，次至丹阳，未知塔处。乃登越城四望，见长干里有异气色，因就礼拜，果是育王塔所。屡放光明，由是定知必有舍利，乃集众就掘之，入一丈，得三石碑，并长六尺，中一碑有铁函，函中有银函，函中又有金函，盛三舍利及爪发各一枚，发长数尺。即迁舍利近北，对简文所造塔西，造一层塔。十六年，又使沙门僧尚伽为三层，即高祖所开者也。初穿土四尺，得龙窟及昔人所舍金银镮钏钗镊等诸杂宝物。可深九尺许，方至石磉（sǎng），磉下有石函，函内有铁壶，以盛银坩（gān），坩内有金镂罂，盛三舍利，如粟粒大，圆正光洁。函内又有琉璃椀，内得四舍利及发爪，爪有四枚，并沉香色。”说虽怪迂，然穿土所得诸物，不容妄言；则其追溯前代寺塔，亦必非虚语。然江东之有佛教旧矣，孙琳何故毁灭之？观于笮融之事，而知当时僧众，未必皆和柔自守之徒，琳或亦有所不得已也。然则佛教初入中国时，已有藉以谋乱者矣。

魏、晋以后，佛教之流通愈盛，其徒之反侧亦滋多。宋文帝元嘉九年，益州刺史刘道济绥抚失和，有司马飞龙者，自称晋之宗室，晋末走仇池，遂入绵竹，攻阴平，道济遣军击斩之。而五城人帛氏奴等复为乱，以道人程道养诈称飞龙。史虽云出于劫持，然其后道养亦迄未自拔，乱事绵延至十四年乃定焉。见《宋书·刘粹传》。二十八年又有亡命司马顺利，诈称晋室近属，自号齐王，聚众据梁邹城；又有沙门自称司马百年，号安定王，以应顺则。见《宋书·萧思话传》。孝武帝大明二年，先是，南彭城蕃县人高阇（dū）、沙门释昙标、道方等共相诳惑，与秣陵民蓝宏期《南史》作宕期。等谋为乱。又要结殿中将军苗允、员外散骑侍郎严欣之、司空参军阚千纂、太宰府将程农、王恬等谋，克八月一日夜起兵，攻宫门，晨掩太宰江夏王义恭，分兵袭杀诸大臣，以阇为天子。事发觉，凡党与死者数十人。见《宋书·王僧达传》。亦见《夷蛮传》，云高阇为羌人。观文武官员与谋者之多，而知其诳惑，史之所传，庸或得实。然孝武因此以陷王僧达，则其事必与士夫多所牵连可知矣。齐武帝永明十一年，有建康莲华寺道人释法智与徐州民周盘龙等作乱，《齐书·王玄载传》。梁武帝时有沙门僧强自称为帝，攻陷北徐州。《梁书·陈庆之传》。此皆南朝之反侧者也。北方则尤甚。《晋书·石季龙载记》云：有安定人侯子光，弱冠美姿仪，自称佛太子，从大秦国来，当王小秦国，易姓名为李子杨。游于鄠（hù）县爰赤眉家，赤眉信敬之，妻以二女，转相扇惑。京兆樊经、竺龙、此人或亦佛徒，故姓竺。严谌、谢乐子等聚众数千人于杜南山，子杨称大黄帝，建元曰龙兴。其见于《魏书》者：太祖天兴五年，有沙门张翘，自号无上王，与丁零鲜于次保聚党常山之行唐。高祖延兴三年十二月，有沙门慧隐谋反。太和五年二月，又有沙门法秀谋反，以上皆见《本纪》。法秀事亦见《天象志》《灵征志》。此役与大乘之乱，皆震动一时，与其谋者，有崔道固兄子僧佑及州秀才平雅。僧佑见《魏书·崔玄伯传》。雅，季之父，见《阉官传》。《苟颓传》云："大驾行幸三川，颓留守京师，沙门法秀谋反，颓率禁卫收掩，毕获，内外晏然。驾还饮至，文明太后曰：当尔之日，卿若持疑不即收捕，处分失所，则事成不测矣。"《恩倖·王叡》云："法秀谋逆事发，多所牵引。叡曰：与其杀不辜，宁赦有罪，宜枭斩首恶，余从疑赦。高祖从之，得免者千余人。"叡弟亮以告法秀反，赐爵永宁侯。此役似中国之士大夫谋欲覆魏，事未及发，而魏主归后，又株连颇广也。十四年有沙门司马惠御，自言圣王，谋破平原郡。世宗永平二年，有径州沙门刘惠汪聚众反。三年二月，有秦州沙门刘光秀谋反。延昌三年十一月，有幽州沙门刘僧绍聚众反，自号净居国明法王。皆见《本纪》光秀事亦见《灵征志》。僧绍事亦见《天象志》。至四年六月而大乘之祸作。《肃宗本纪》云：沙门法庆聚众反于冀州，自称大乘。九月甲寅，元遥破斩之，及渠帅百余人，传首京师。熙平二年正月，余贼复相聚结，攻瀛州，刺史宇文福讨平之。《本纪》。此事散见元遥及崔玄伯、宇文福、高允、萧宝夤、张彝、裴叔业、李叔虎、《酷吏》谷楷、《阉官》封津及《北齐书》封隆之等传。《元遥传》云："冀州沙门法庆既为妖幻，遂说渤海人李归伯。归伯合家从之，招率乡人，推法庆为主。法庆以归伯为十住菩萨、平魔军司、定汉王，自号大乘。杀一人者为一住菩萨，杀十人者为十住菩萨。又合狂药，令人服之，父子兄弟不相知识，惟以杀害为事，于是聚众杀阜城令，破渤海郡，杀害吏人。刺史萧宝夤遣兼长史崔伯驎讨之，败于煮枣城，伯驎战殁。凶众遂盛，所在屠灭寺舍，斩戮僧尼，焚烧经像，云新佛出世，除去旧魔。诏以遥为使持节、都督北征诸军事，帅步骑十万以讨之。法庆相率攻遥，遥并击破之。遥遣辅国将军张虬等率骑追掩，讨破，擒法庆并其妻尼惠晖等斩之，

《北史》作斩法庆。传首京师。后擒归伯，戮于都市。"《北齐书·封隆之传》言法庆之众，为五万余。《魏书·谷楷传》曰："沙门法庆反于冀州，虽大军讨破，而妖帅尚未枭除，诏楷诣冀州追捕，皆擒获之。"此盖法庆以外之小帅。《封津传》云："大乘贼起，诏津慰劳，津世不居桑梓，故不为州里所归。"《高允传》：允孙绰，"大乘贼起于冀州，元遥讨之，诏绰兼散骑常侍，持节，以白虎幡军前招慰。绰著信州里，降者相寻。"此则攻剿之外，别事招抚者也。

《张彝传》言："大乘贼起于冀、瀛之间，遣都督元遥讨平之，多所杀戮，积尸数万。（彝子）始均以郎中为行台，忿军士重以首级为功，乃令检集人首数千，一时焚爇①，至于灰烬，用息侥幸。"可见魏帅军纪之坏。法庆何故专以杀戮为务，甚至残及僧尼，殊不可解。归伯者，叔虎之从兄弟，叔虎弟台户亦同法庆反，叔宝则以连坐死于洛阳狱。见《魏书·李叔虎传》。士大夫之与其事者亦不少也。《源贺传》：贺出为冀州刺史，"武邑郡奸人石华告沙门道可与贺谋反，高宗谓群臣曰：朕为卿等保之。乃精加讯检，华果引诬。"《逸士传》：冯亮为中山王英所获，至洛，隐居嵩高，与僧徒礼诵为业。会逆人王敞事发，连山中沙门，亮被执赴尚书省十余日，诏特免雪，亮不敢还山，遂寓居景明寺。后乃复还山室。此二事虽不知僧人之果与谋与否，然其易于牵连，则亦甚矣。《北齐书·皮景和传》："陈将吴明彻寇淮南，令景和率众拒之；有阳平人郑子饶诈依佛道；设斋会，用米面不多，供赡甚广。密从地藏渐出饼饭，愚人以为神力，见信于魏、卫之间。将为逆乱，谋泄，掩讨，漏逸，乃潜渡河，聚众数千，自号长乐王。已破乘氏县，又欲袭西兖州城。景和自南兖州遣骑数百击破之，斩首二千余级，生擒子饶，送京师烹之。"此则利用佛教斋会供赡穷民，以聚众者。《魏书·卢玄传》：子渊，"高祖议伐萧赜（zé）。渊表曰：臣闻流言：关右之民，自比年以来竞设斋会，假称豪贵，以相扇惑，显然于众坐之中以谤朝廷，无上之心，莫此

① 爇（ruò）：烧。

为甚。愚谓宜速惩绝，戮其魁帅。不尔，惧成黄巾、赤眉之祸。”渊虽云尔，实则豪贵参与其事者正多，不必出于假托，观法秀、法庆之事可知。郑子饶能为地道，多出饼饭以赡人，亦必豪桀之流也。显然腾谤于众坐之间，至引为南伐之后患，其中或有华夏有心之士志存覆魏者矣。

《宋书·文五王传》：竟陵王诞迁镇赓陵，“大明二年，发民筑治广陵城。诞循行，有人干舆扬声大骂日：大兵寻至，何以辛苦百姓！诞执之，问其本末，答曰：姓夷名孙，家在海陵，天公去年与道佛共议，欲除此间民人；道佛苦谏得止。大祸将至，何不立六慎门？诞问六慎门云何？答曰：古时有言，祸不入六慎门。诞以其言狂悖，杀之。”此人非有心恙，则亦必能假道佛以惑众者也。

《魏书·释老志》：高宗复佛法时下诏曰：“欲为沙门，不问长幼，出于良家，性行素笃，无诸嫌秽，乡里所明者，听其出家。”有是限制，足见是时入道，豪猾者多也。《宋书·垣护之传》：其伯父之子阆，元嘉中为员外散骑侍郎。母墓为东阿寺道人昙洛等所发，阆与弟殿中将军闳共杀昙洛等五人，诣官归罪，见原。《北齐书·阳州公永乐传》：弟长弼，小名阿伽，性粗武，出入城市，好殴击行路，时人皆呼为阿伽郎君。时有天恩道人，至凶暴，横行闾肆，后入长弼党，专以斗为事。文宣并收掩付狱，天恩党十余人皆弃市，长弼鞭一百。此两事，并足见僧众中凶人之多。《周书·齐炀王宪传》：齐任城王潜、广宁王孝珩等据守信都，高祖复诏宪讨之。大开赏募，多出金帛，沙门求为战士者亦数千人。其人可应募为兵，无怪其易于为乱矣。

《魏书·释老志》：高祖延兴二年四月诏曰：比丘不在寺舍，游涉村落，交通奸猾，经历年岁，令民间五五相保，不得容止。无籍之僧，精加隐括，有者送付州镇，其在畿郡，送付本曹。若为三宝巡民教化者，在外赍州镇维那文移，在台者赍都维那等印牒，然后听行，违者加罪。《本纪》云：“诏沙门不得去寺浮游民间，行者仰以公文。”观此知当时僧众亦有如基督教士巡游劝化者，而奸猾乃因之以行矣。世宗永平二年冬，沙门统惠深上言："与经律法师，群议立制：或有不安寺舍，游止民间，乱道生过，皆由此等，若有犯者，脱服还民。"仍与延兴之诏同意。

僧众游涉，究较平民为自由，观当时遭难者，或变形为沙门，或由沙门加以隐匿可知。《晋书·祖约传》：祖逖有胡奴曰王安，待之甚厚，及在雍丘，告之曰：石勒是尔种类，吾亦不在尔一人，乃厚资遣之，遂为勒将。祖氏之诛也，安多将从人于市观省，潜取逖庶子道重藏之为沙门，时年十岁，石氏灭后，来归。《宋书·邓琬传》：子勋之败，郢州行事张沈、伪竟陵太守丘景先闻败，变形为沙门逃走，追禽伏诛。《梁书·陈庆之传》：洛阳陷，庆之马步数千，结陈东返，尔朱荣亲自来追，直嵩高山水洪溢，军人死散，庆之乃落发为沙门，间行至豫州。《陈书·王质传》：侯景军至京师，质不战而溃，乃翦发为桑门，潜匿人间。《南史·宋宗室诸王传》言长沙王道怜之孙彦节谋攻齐高帝被杀，子俣（yǔ）与弟陔（gāi）剃发被法服向京口，于客舍为人识，执于建康狱，尽杀之。又《齐武帝诸子传》言竟陵王子良子昭胄，王敬则事起，明帝召诸王侯入宫；及陈显达起事，王侯复入宫，昭胄惩往时之惧，与弟永新侯昭颖逃奔江西，变形为道人。《魏书·房法寿传》言法寿从弟崇吉南奔，夫妇异路，剃发为沙门，改名僧达，投其族叔法延，住岁余，清河张略之，亦豪侠士也，崇吉遗其金帛，得以自遣；妻从幽州南出，亦得相会。《萧宝夤传》言兄宝卷子赞，本名综，为齐州刺史，尔朱兆入洛，为城民赵洛周所逐，为沙门，潜诣长白山，未几，趣白鹿山，至阳平遇病而卒。《裴叔业传》言长兄子彦先，正始中转渤海相；属元愉作逆，征兵郡县，彦先不从，为愉拘执，踰狱得免，仍为沙门，潜行至洛。此皆身为沙门以求免者也。

《宋书·王华传》：父廞（xīn），举兵以讨王恭为名，恭遣刘牢之击廞，廞败走，不知所在。长子泰为恭所杀，华时年十二，《南史》作十三。在军中与廞相失，随沙门释昙永《南史》作昙冰。逃窜。《南史·袁昂传》：雍州刺史颛之子也。颛败，藏于沙门。沙门将以出关，关吏疑非常人，沙门杖而语之，遂免。又《梁宗室传》：临川王宏，宣武之难，兄弟皆被收。道人释惠思藏宏。及武帝师下，宏至新林奉迎。又邵陵王纶，元帝闻其盛，乃遣王僧辩帅舟师一万以逼纶。纶将刘龙武等降僧辩，纶遂与子踬（zhì）等十余人轻舟走武昌。沙门法磬与纶有旧，藏之岩石之下。又《王僧辩传》言甥徐嗣先，荆州灭亡，为比丘慧暹藏得脱。《魏书·司马楚之传》：刘裕诛夷司马戚属，叔父宣期、兄贞之并为所杀，楚之乃亡，匿诸沙门中，济江自历阳西人义阳竟陵蛮中。又《王慧龙传》：自云司马德宗尚书仆射愉之孙。刘裕微时，愉不为礼，及得志，愉合家见诛。慧龙年十四，为沙门僧彬所匿，百余日，将慧龙过江。此皆藉沙门之隐藏以获免者也。沙门中虽多豪猾，究为方外之人，故其或行或居，稽察者究较宽弛矣。

宦官的专横

唐朝亡于藩镇，是人人知道的。其实藩镇之祸，还不如宦官之深。为什么呢？藩镇之中，始终抗命的，其实只有河北三镇。其余诸镇，虽也时时有抗命的事情，然而从黄巢作乱以前，显然拒命，始终不能削平的其实没有。不过外权太重，中央政府，陷于威权不振的状态罢了。要是有有为之主，赫然发愤，原未尝不可收拾。然而从中叶之后，也未尝无有为之主，而始终不能振作，则实由于宦官把持朝局之故。宦官所以能把持朝局，又由于他握有兵权之故。所以唐朝宦官之祸，是起于玄宗，而成于德宗的。

唐初的宦官，本没有什么权柄。玄宗才叫宦官杨思勖（xù）出平蛮乱。又信任高力士，和他议论政治。于是力士“势倾朝野”。权相如李林甫、杨国忠，尚且交结他。至于太子亦“事之以兄”。然而高力士毕竟还是谨慎的。肃宗即位后，宠任李辅国。辅国因张良娣有宠，和他互相结讬（tuó）。后来张良娣立为皇后，又和辅国相恶。肃宗病重了。张皇后要想除掉李辅国，辅国竟勒兵弑后。代宗即位，乃阳尊辅国为尚父，而暗中遣人，把他刺杀。代宗又宠任程元振，鱼朝恩，一味蔽聪塞明，以致吐蕃入侵，兵锋已近，还没有知道，仓皇出走，几乎大不得了。然而这时候，宦官的兵权还不甚大。除掉他毕竟还容易，所以程元振、鱼朝恩，虽然威权赫奕，毕竟各伏其辜。

到德宗从奉天回来，鉴于泾原兵变时候，禁军仓卒不能召集；不愿意兵权专归武将；于是就神策、天威等军，置护军中尉、中护军等官，以宦官窦文旸（yáng）、霍仙鸣等为之。又置枢密使，令宦官宣传命令。宦官的势力，从此就深根柢（dǐ）固了。顺宗即位，东宫旧臣王伾、王叔文，居翰林中用事。引用韦执谊做宰相；杜佑做度支使；韩泰、刘禹锡、柳宗元等，参舆谋议；要想减削宦官的权柄。派范希朝做神策京西行营使，以收禁军的兵权。而宦官遣人告诸将，“无以兵属人”。希朝到了奉天，诸将没一个人理他。兵权收不回来，就弄得一筹莫展。于是宦官藉口顺宗有病，逼着他传位于太子，是为宪宗。王叔文等一班人，都遭贬斥。这是士大夫和宦官斗争第一次失败。宪宗即位，也信任宦官吐突承璀，教他带兵去征讨。宪宗太子甯（níng）早死，承璀要立丰王恽，而宪宗以恽“母贱”，立遂王宥为太子。宪宗晚年，喫[①]了方士的金丹，躁怒无常，为宦官陈弘志所弑。并杀掉吐突承璀和丰王恽，而立穆宗。

穆宗和敬宗，都是荒淫无度的。穆宗性尤褊急，左右动辄获罪，也为宦官刘克明所弑。立宪宗子绛王悟。枢密使王守澄，又杀掉刘克明和绛王，而立文宗。文宗即位之初，就用宋申锡做宰相，和他谋诛宦官。

---

①喫（chī）：同“吃”。

宦官诬以谋反，文宗不得已，把宋申锡贬斥。又不次擢用李训郑注，和他谋诛宦官。于是正陈弘志弑逆之罪，鸩杀王守澄。郑注先出镇凤翔，谋选精兵入京，送王守澄葬，乘势诛灭宦官还没到期，李训等就先动手。诈言左金吾殿后有甘露降，派宦官去看，想趁此把他们杀掉。谁知事情泄漏，中尉仇士良、鱼弘志，就劫文宗入宫，以神策军作乱。杀掉李训和宰相王涯贾悚（sù），凤翔监军，也把郑注杀掉，凡监军，都是宦官。于是大权尽入宦官之手，宰相不过奉行文书而已。这是士大夫和宦官斗争第二次失败。文宗一子早死，立敬宗子成美为太子。文宗病重了，仇士良、鱼弘志矫诏立武宗为皇太弟。文宗崩后，武宗杀太子而自立。武宗还算英明。即位之后，渐次夺掉仇士良的权柄。然而武宗也没有儿子。武宗病重，中尉马元贽（zhì）等定计，立宣宗为皇太叔，武宗死后即位。宣宗留心政治，唐朝人称为“小太宗”。然而也并没夺掉宦官什么权柄。宣宗长子郓（yùn）王温，无宠。临朝时候，把第三个儿子夔王滋属讬枢密使王归长。左军中尉王宗实，又靠着兵权迎立懿宗。懿宗也没立太子，病重时候，中尉刘行深、韩文约共立僖宗。僖宗死后，群臣要立他的长子吉王保。而观军容使杨复慕，又仗着兵权，迎立昭宗。昭宗即位之后，一心要除宦官。于是宦官倚仗着方镇之力，肆行叛逆。毕竟弄得朝臣也借助于方镇，以除宦官，这是士大夫和宦官第三次斗争，就弄得宦官灭而唐亦以亡。总而言之：中央的兵权和机务，都操在宦官手里；六七代的皇帝，都是由宦官拥立；这是历代所没有的。然而其初，不过起于君主一念之差；专制政体的危险，就在这等地方。

宦官的专权

明朝的内治，差不多始终为宦官把持。太祖、成祖两朝，内治总算是清明的。仁宗在位，只有一年。宣宗时，北弃大宁，南弃安南，对外的不竞，就从此开始了。英宗立，宠任了一个王振，一切妄作妄为，其结果，就弄出土木之变。从成祖建立东厂，叫宦官刺探外事，宦官有了司法之权。王振专权时，也派他的义子马顺，管理镇抚司。有和他反抗的人，就叫镇抚司捕治，所以朝臣都拿他无可如何。英宗回国以后，本没有再做皇帝的道理。却是当英宗北狩时，朝臣有主张迁都的，也有主张坚守京城的。侍讲徐有贞，便是主张迁都最力的人。英宗回来之后，不免心怀惭愧。战将石亨，守京城有功，也因赏薄怨望。景帝初立英宗的儿子见深为太子。后来把他废掉，立了自己的儿子见济。偏偏见济又不争气，死掉了。景帝就久不建储。1458 年，景帝有病。徐有贞、石亨等和内监曹吉祥相结。以兵闯入宫中，迎接英宗复位。废景帝，复为郕（chéng）王。徙之西内，不多时，就死了。是为“夺门之变”。徐有贞旋为石亨所排挤，贬谪而死。石亨曹吉祥都因谋反事泄，伏诛。英宗再做了皇帝。似乎他的行为，总应当改弦易辙了。却是依然昏愦（kuì）。靠锦衣卫使门达逯杲（gǎo）做耳目（石亨的反谋，系门达所举发。曹吉祥造反时，逯杲为其所杀）。因此英宗格外信任锦衣卫，锦衣卫就广遣校尉，到各处去侦探事情。弄得敲诈官吏，诬害平民，天下大受其害。1464 年，英宗崩，宪宗立。诛门达。却又宠任了太监汪直。于东厂之外，别立西厂，派汪直领其事。缇骑四出，屡兴大狱；无赖校尉，布满民间。贻毒更不堪设想。1484 年，才诛汪直，罢西厂。然而所信任的，仍是太监梁芳、方士李孜省，和尚继晓等一班人。1487 年，宪宗崩，孝宗立。才把这三个人杀掉。刘健、谢迁、李东阳，相继秉政。把先朝弊政，极力厘剔。天下翕然。在位十八年，政治总算是清明的。到孝宗崩，武宗立，就又闹得不成样子了。武宗宠任太监刘瑾，于东西厂之外，别立内厂。派刘瑾主其事。武宗坐朝时，不知什么人投了一封匿名书于路旁，数瑾罪恶。瑾就矫诏召百官三百多人，都跪在午门外，加以诘责，至于半日之久，然后把他们都送到监里，其专横如此。

1510 年，安化王寘璠（zhì fán），反于宁夏。遣都御史杨一清讨之。太监张永为监军。一清游说张永，回见武宗时，极言刘瑾的罪恶。武宗方才省悟，把刘瑾杀掉。又有个大同游击江彬，交结了内监钱能的家奴，以蹴鞠[①]侍帝。极言宣府、大同景物之美。于是武宗自称镇国公朱寿，出游宣府、大同，又从大同渡河，幸延绥，南至西安，由西安到太原。于是人心惶惶，谣言蠭（fēng）起。宁王宸（chén）濠，乘机反于南昌。1519 年。陷南康、九江，东攻安庆。幸而王守仁起兵赣南攻其后，仅三十五日而平。总算是徼幸万分了。武宗却丝毫不知反省，反借亲征为名，到南京去游玩了一趟。平心论之，武宗不过是一个纨绔子弟，傥使不做皇帝，也不过是个败家子，无甚大害及于社会。要是处境困阨，或者还能养成一个很有才干的人。却是做了个皇帝，就把天下弄得如此其糟（从古以来的皇帝，像这样的很多）。这也可见得君主世袭制度的弊害了。

---

① 蹴鞠（cù jū）：中国古代的球类运动。